COLECCIÓN POPULAR

523

BREVE HISTORIA CONTEMPORÁNEA DE BOLIVIA

MARIANO BAPTISTA GUMUCIO

BREVE HISTORIA
CONTEMPORÁNEA DE BOLIVIA

FONDO DE CULTURA ECONÓMICA

MÉXICO

Primera edición, 1996

D. R. © 1996. Fondo de Cultura Económica
Carretera Picacho-Ajusco, 227; 14200 México, D. F.

ISBN 968-16-4840-4

Impreso en México

INTRODUCCIÓN

Se entiende que una historia contemporánea abarca cuando menos la vida activa de una generación; digamos, en promedio, algo más de medio siglo. De ahí la razón de que ésta arranque de los días anteriores a la guerra del Chaco, que sostuvo Bolivia con Paraguay, y con la que el país ingresó, de una manera brutal, al siglo XX.

Al escribirla, quise guiarme del consejo de Bolívar que decía que "para juzgar bien de las revoluciones y de sus actores es preciso observarlos muy de cerca y juzgarlos muy de lejos". No ha sido tarea fácil, pues la cercanía de los acontecimientos a veces impide tener una visión de conjunto y, sobre todo, distinguir lo trascendente de lo efímero e insustancial. Pero por otra parte, no creo en la pretendida objetividad y perspectiva que antaño se atribuía a la distancia de los hechos. Nuestro tiempo vertiginoso exige también —lo estamos viendo en Europa y en los Estados Unidos— una especie de "historia instantánea", escrita cuando aún no se ha disipado el humo de los proyectiles que se asoman a los espacios siderales. El último siglo ha visto en el plano universal mayores cambios que los que ocurrieron desde la época del Imperio romano hasta la primera Guerra Mundial —llamada ingenuamente por los participantes como "la Gran Guerra"—. Hundiéronse imperios como el austro-húngaro, el alemán y el británico, rodaron coronas, y en su lugar se impusieron comisarios o

7

jefes de bandas guerrilleras. De las antiguas colonias nacieron decenas de países nuevos que han descubierto que la independencia no siempre es sinónimo de liberación y que a veces los viejos amos son sustituidos por otros, tan venales y atrabiliarios como los anteriores.

Se reprocha a los historiadores su afán de encerrar el pasado en fórmulas del presente, buscando nada menos que extraer lecciones para el porvenir. Si eso fuera posible, nuestro siglo no se hubiese llevado el campeonato olímpico de masacres, genocidios y holocaustos. Nunca hubo tan poca piedad para el hombre, ni tan demencial empeño por envenenar y destruir la naturaleza. Es cierto que no puede minimizarse la importancia del conocimiento del pasado, pero hemos aprendido que todo es relativo y que no hay fórmulas inmutables, y menos determinismos inevitables, como creían los pensadores de la Ilustración, seguidos por Hegel y Marx, hasta Spengler y Toynbee, quienes se empeñaron en hallar un sentido al devenir de los hechos. Sabemos ahora que en la historia no hay necesariamente finales felices ni desgraciados y que nada ata a los hombres a un destino ineluctable. Lo único evidente es la incertidumbre del futuro. La "historia —dicen Will y Ariel Durant— se ríe de todos los intentos de forzarla a discurrir conforme a modelos teóricos o por cauces lógicos; desbarata nuestras generalizaciones y quebranta todas las reglas; la historia es barroca".

¿Quién hubiese pensado hace 10 años que la Unión Soviética, que parecía edificada en acero (una de las novelas soviéticas de más éxito se intitulaba precisamente *Así se templó el acero,* y para el régimen los escritores eran *ingenieros de almas),* se vendría abajo súbitamente, arrastrando en su caída no solamente una ideología política y económica sino una concepción de la vida a la que se adhirió de grado o por fuerza casi la mitad de la humanidad?

El adelanto científico y tecnológico ha sido apabullante: desde las armas absolutas hasta la conquista del espacio, la cibernética, o el desciframiento del código genético y los secretos de esa pequeña masa gelatinosa que puede caber en una mano, pero cuya facultad de raciocinio mueve el mundo: el cerebro humano. Junto a estos hallazgos asombrosos, el hombre descubrió también que no era precisamente una criatura de razón y que hay una vasta zona de irracionalidad y extravío en todas sus acciones y reacciones. La trilogía de Marx, Freud y Einstein representa el vuelco fenomenal que han sufrido las concepciones sobre el lugar del hombre en la sociedad, sobre el inconsciente que guía nuestros actos y encubre nuestras motivaciones, y sobre la relatividad no solamente en la física sino en todo el orden del universo.

El cambio ha sido demasiado vertiginoso y radical como para que la humanidad haya podido asimilarlo, y de ahí proviene la actual crisis de valores y la quiebra de las ideologías, incluida la del marxismo, con su pretendida validez científica, heredera directa del determinismo optimista del siglo XIX en que nació. Pocos se explican a qué se debe la violencia que campea sin freno en un mundo donde, pese a todas las injusticias, hay, como nunca en el pasado, mayores oportunidades para todos. Se trata, como afirma Alvin Toffler, de otra forma de evasión: "para aquellos que carecen de un programa inteligente y claro, que no pueden enfrentarse con lo novedoso y las complejidades del cambio, el terrorismo sustituye al pensamiento. El terrorismo no podrá derribar regímenes, pero remueve dudas".

Estos sucesos y trastornos se reflejaron de alguna manera en nuestra pequeña comunidad boliviana, encerrada en sus montañas y sus llanos infinitos, añorando el aire vivificante del océano, que perdió en la malhadada guerra de 1879. También en Bolivia el último medio siglo estuvo repleto de circunstancias que transformaron nuestros modos de vida: el conflicto del Chaco, que sepultó a 50 000 jóvenes de toda condición en el candente osario del sudeste; la revolución de 1952, que recuperó para el país las riquezas que permitieron unas pocas, inmensas fortunas, a costa de la miseria del resto; y la reforma agraria, que dio tierra y dignidad a las masas indígenas, aunque sin levantarlas de su postración económica o cultural; el retorno del militarismo rapaz; las guerrillas y la muerte de uno de los pocos santones laicos que ha consagrado la mitología de nuestro siglo: el *Che* Guevara.

Todo esto y mucho más representaron las últimas décadas para los bolivianos. Busqué capturar su esencia de una manera amena, casi cinematográfica, sin caer en el masoquismo autodenigratorio con que juzgaron la historia del país Gabriel René-Moreno o Alcides Arguedas, ni acomodar los hechos del pasado a la mentalidad o las ideas políticas del presente, sino viendo a personajes y acontecimientos en su justa dimensión, cual figuras y mecanismos de un proceso complejo y fascinante, como la vida misma. La misión del historiador es la de tratar de recrear el pasado y no la de corregirlo, ni menos erigirse en juez de las generaciones anteriores. Sostiene Raymond Aron que "la realidad histórica al ser humana es equívoca e inagotable", por eso el historiador sabe que nada es definitivo: su propia interpretación es coyuntural y tentativa, y provisionales sus conclusiones.

Para hacer inteligible la historia contemporánea de Bolivia era necesario explicar, en rápidas pinceladas, de qué manera laboriosa y al mismo tiempo accidentada surgió el país que ahora lleva el nombre del héroe caraqueño. Su acta de bautizo es de agosto de 1825, pero naturalmente sus orígenes se remontan a la colonia española (los aficionados a los mitos hablan incluso de la ciudadela de Tiwanaku como el antecedente remoto de la nacionalidad); más precisamente, al descubrimiento del Cerro Rico de Potosí en 1545 y a la casi inmediata creación de la Real Audiencia de Charcas, con su arco de irradiación e influencia, en un vasto territorio que los bolivianos considerarían después como propio en virtud del *Uti Possidetis Juris* consagrado por Bolívar para la delimitación de las nuevas repúblicas surgidas del caldero colonial, regalo envenenado envuelto con los mapas que los consejeros de la Corona trazaban a ciegas en Madrid y que servirían después para encender la hoguera de los conflictos bélicos republicanos. En esa confusión de límites, la Providencia, que se había mostrado tan generosa con el nuevo país en bienes naturales, le esquilmó el puerto de Arica, que había servido durante siglos para la salida del mineral de plata, dejándolo en territorio de Perú. En la costa más al sur, que era parte del territorio altoperuano, el nuevo país no tuvo tiempo ni recursos para crear un puerto, pues apenas medio siglo después Chile

11

quedó en poder de toda la franja litoral. La presencia de las misiones jesuitas en el oriente, que, *ad majorem gloria Dei,* edificaron la única utopía benigna que se conozca en la historia y sin proponérselo, sirvieron para contener el avance lusitano, coadyuvó a la actual conformación territorial del país. Todos estos hechos sirven de marco para entender la historia contemporánea de Bolivia.

I. DE UN SIGLO AL OTRO

COMO "un desenfrenado amor de libertad" definió Bolívar a la nación que lleva su nombre. La historia de este antiguo país, que se remonta a las altas culturas andinas, los reinos aimaras, Tiwanaku, el incario, la colonia española y la actual república, parece en efecto un canto a la rebeldía humana frente a la opresión impuesta de fuera, o al poder a veces sobrecogedor y aplastante de la naturaleza. Bolivia ocupa el corazón del continente, y en ella chocan y sobre ella afluyen las presiones y corrientes de las naciones que la rodean. Es el gran factor de equilibrio geopolítico en el cono sur y constituye la ruta natural de sur a norte (de Argentina a Perú) y de este a oeste (de Brasil y Argentina a Perú y Chile), o sea, del Océano Atlántico al Océano Pacífico.

En la interpretación de Humberto Vásquez Machicado (que compartimos), si bien el Estado boliviano nació en 1825, sus orígenes se remontan tanto a las antiguas culturas andinas como a la integración del oriente y el occidente de su actual territorio cuando Ñuflo de Chávez es nombrado por el virrey de Lima gobernador de Moxos, desprendiendo esa región de la órbita de Asunción del Paraguay, integración que se fortalece en los siglos coloniales con la autoridad centralizadora, administrativa y jurídica, de la Real Audiencia de Charcas, creada a su vez cerca del emporio de Potosí, cuya gran

13

población era excelente mercado para la producción agrícola cruceña.

Su superficie actual alcanza 1 098 581 km², cuatro veces más que la de España, tres veces la de Alemania y el doble de la de Francia. A ese organismo nacional, que limita con cinco fronteras, se le amputó el pulmón marítimo en el siglo pasado. Carece, pues, de acceso al océano, y es como si respirara a medias. Las agencias de noticias usan el sobrenombre de "país del Altiplano", cuando en verdad Bolivia se halla ubicada en la región tórrida de América del Sur, quedando fuera del trópico austral únicamente su extremo suroeste.

El país pertenece a las cuencas del río Amazonas y el río de la Plata, que desembocan en el Atlántico, y, a la vez, por su mayor proximidad, a la costa del Océano Pacífico. El núcleo fundamental de su relieve está formado por el macizo andino; es decir, por la alta estepa altiplánica, que se alza en medio de las inmensas murallas montañosas de la Cordillera Real u Oriental, con 360 kilómetros de longitud, y la Cordillera Occidental de los Andes, con 620 kilómetros. En medio de ese majestuoso escenario se encuentra el lago Titicaca, el más alto del mundo, cuna del Imperio incaico, pues de sus aguas, según la leyenda, surgió la pareja fundadora, Manco Kapac y Mama Ocllo. A través de la historia republicana, el lago Titicaca ha constituido una prueba de buena vecindad entre dos pueblos hermanos, pues es de condominio entre Perú y Bolivia.

Es en el altiplano y los valles interandinos donde hoy vive la mayor parte de la población, y es allí donde se formaron las altas culturas precolombinas de los quechuas y aimaras y se asentaron las principales ciu-

14

dades, como Charcas (hoy Sucre), La Paz, Cochabamba, Oruro y Potosí, y las explotaciones mineras. En el oriente se fundaron las ciudades de Santa Cruz, Trinidad, Riberalta y Cobija, y una miríada de pueblos fundados por los jesuitas en los siglos XVI y XVII.

Los tres climas de su territorio: frígido, templado y tórrido, que corresponden a distintas altitudes sobre el nivel del mar, hasta superar los 5 000 metros de altura, albergan una impresionante variedad de recursos de toda naturaleza, pero Bolivia ha sido y es todavía, esencialmente, un país minero. La exportación de plata en la época colonial hizo famosa en el mundo entero a la ciudad de Potosí, al punto que se habla de una "era potosina" en la historia universal, en la que Europa alcanzó una prosperidad nunca antes alcanzada, prosperidad que, lamentablemente, no favoreció ni a los potosinos ni a los americanos en general. Se decía por entonces que con la plata extraída de Potosí la Corona habría podido tender un puente de metal sobre el Atlántico… y otro puente paralelo con los huesos de los *mitayos,* o trabajadores indios que extrajeron el mineral durante tres siglos, en condiciones de inconcebible sacrificio que solamente pudieron ser soportadas con el bálsamo adormecedor de las hojas de coca.

La muy celebrada, siempre ínclita, augusta,
magnánima, noble y rica Villa de Potosí;
honor y gloria de la América; centro de Perú;
emperatriz de las villas y lugares de este Nuevo Mundo;
señora de los tesoros y caudales;
benigna y piadosa madre de ajenos hijos;
columna de la caridad; espejo de liberalidad;
protectora de pobres; a quien los reyes y naciones apellidan

ilustre, pregonan opulenta, admiran valiente,
confiesan invicta, aplauden soberana,
realzan cariñosa y publican leal;
a quien todos desean por refugio,
solicitan por provecho, anhelan por gozarla
y la gozan por descanso.

BARTOLOMÉ ARZANS DE ORSÚA Y VELA
Historia de la Villa Imperial de Potosí, 1735

LAS PRIMERAS DÉCADAS DEL SIGLO XX

Había caído el precio de la plata en el mercado internacional y surgían otros minerales, entre ellos el estaño. La Ley de Radicatoria que presentaron los diputados chuquisaqueños, con la intención de que el gobierno se instalara definitivamente en Sucre (antes había sido itinerante, estableciéndose muchas veces en La Paz), sirvió para que la delegación paceña se retirara, lo que provocó la "revolución federal" (1899), bajo el principio de terminar con el unitarismo y hacer de Bolivia un Estado federal. En esos hechos participaron activamente los campesinos aimaras al lado de los insurgentes liberales, distinguiéndose el caudillo Willka. Pero una vez que los liberales triunfaron, bajo el comando del general José M. Pando, se arrió la bandera federalista y se olvidaron también las reclamaciones de los campesinos para que se les devolvieran tierras y derechos políticos. Willka fue fusilado por el nuevo gobierno.

La última consecuencia de la revolución fue el desplazamiento de los conservadores y el traslado del gobierno a la ciudad de La Paz. Concluía la "era de la plata", y con el nuevo siglo apareció en el horizonte un nuevo mineral, que también daría fisonomía a una época: el estaño. Como símbolo de la capitalía formal, uno de los poderes del Estado, el judicial, quedó en Sucre.

Con los conservadores concluyó en la política boliviana un estilo de conducta que no admitía el enriquecimiento a costa del erario público, como sucedería después con tanta y grosera frecuencia. Algunos de los presidentes llegaron al poder con fortuna acumulada en el negocio minero, como Pacheco y Arce; otros tuvieron que trabajar hasta el último de sus días para atender a sus familias, como Campero, Baptista y Fernández Alonso. Éste es el juicio que sobre ese régimen anota el historiador estadunidense Herbert S. Klein:

> La era de la "oligarquía conservadora" había sido singularmente fructífera para Bolivia. Bajo el régimen de los conservadores, la nación había presenciado el establecimiento de los primeros medios de comunicación, la mayor expansión de su economía y el primer largo periodo de gobierno civil en su historia. Lo más importante de todo, participó en la fundación de un moderno sistema de partidos políticos y formas constitucionales de gobierno, que sobrevivieron intactos en los siguientes 30 años. Paralelo a la estabilidad política y económica devino un florecimiento intelectual, y por primera vez en Bolivia en el último cuarto del siglo XIX empezó a desarrollarse una cultura nacional característica y surgieron clases cultas dedicadas a explorar los asuntos y problemas nacionales. En todo sentido, por lo tanto, el periodo conservador fue la época "clásica" de la historia boliviana y estableció los fundamentos para el desarrollo del siglo XX.

Aún antes de los desmembramientos del Pacífico y el Acre, Julio Méndez escribió un folleto sobre la neutralidad perpetua de Bolivia, en el que avizoraba los días aciagos que se aproximaban y señalaba que el país estaba destinado a ser "un puente que ha de unir todos los extremos de América. No convendría su anexión a ningún Estado, ya que el centro es como el fiel de la balanza, el justo medio de la circunferencia y, por consiguiente, la neutralidad por excelencia", convicción que se ha afirmado contemporáneamente en el sentido de hacer de Bolivia, como señalaba Alberto Ostria Gutiérrez hacia 1940, una tierra de contactos y no de antagonismos, añadiendo:

> La geografía impone a Bolivia, no una función aisladora y de aislamiento, sino de atracción, de articulación, de unión, de soldadura entre los países que la rodean. La función así señalada en Bolivia es, por tanto, esencialmente pacífica y excluye por completo toda idea de fuerza y de violencia, dada la naturaleza de nuestra gente.

Cronológicamente, los siglos XIX y XX empezaron con tres décadas de retraso. En efecto, el nuevo país se organizó en 1826 bajo la atinada conducción del mariscal Sucre. Y en el siglo siguiente continuó impertérrito el régimen social y económico del siglo anterior hasta la guerra del Chaco, en 1932.

LOS LIBERALES

El régimen liberal se inicia con el gobierno del general José Manuel Pando, quien realizó su gestión bajo el lema de la unificación nacional, después de las heridas que dejó en el país la revolución "federal". Un suceso internacional, de graves consecuencias, se presentó en el horizonte con la rebelión en el Acre (1900), promovida por el gobierno de Brasil, que era en realidad el segundo intento separatista, pues antes se había producido otro durante el gobierno de Alonso. Lidereaba el movimiento probrasileño Plácido Castro. En ambas ocasiones, partieron pequeños contingentes bolivianos del altiplano y los valles, pero tuvieron que recorrer ríos y selvas durante tres meses para llegar a su destino.

Se produjeron varios hechos de armas, siendo los más importantes los de Riosinho, Vuelta de Empresa y Puerto Rico. Abnegados jefes como Andrés S. Muñoz, Ismael Montes, Lucio Pérez Velasco y el propio presidente Pando, que se trasladó al escenario de la guerra, condujeron a los destacamentos bolivianos. El conflicto se prolongó tres años en forma intermitente, y, ante la amenaza de Brasil de intervenir directamente, el gobierno boliviano firmó el Tratado de Petrópolis, cediendo el Acre a cambio de una compensación de dos millones de libras esterlinas para la construcción del ferrocarril Madera-Mamoré (1903), que nunca se materializó. El gran incentivo de la guerra fue la explotación de la goma, que por entonces no se hallaba en otra parte del mundo fuera de la Amazonia boliviana, explotación que representaba una importante fuente de ingresos para el Estado, dado que, además, en 1895 se produjo la crisis de la plata con la caída de su precio.

La desmesurada extensión del territorio en relación con la escasa población boliviana ha sido una de las causas de las derrotas impuestas por los países vecinos. En la guerra del Pacífico, Bolivia llegó a movilizar 14 533 hombres, siendo Potosí el departamento que ofreció el mayor contingente (4 736 hombres). En el siguiente conflicto, dada la enorme distancia de las ciudades principales de Bolivia a la zona del Acre, se enviaron varias expediciones con un total de 2 000 hombres, la más numerosa de las cuales, al mando del ministro de Guerra, coronel Ismael Montes, contaba con 321 soldados. En cambio Brasil, en apoyo de los aventureros de Plácido Castro, llegó a movilizar una fuerza de 4 000 hombres.

A Pando lo sucedió el general Ismael Montes, quien apenas iniciado su gobierno firmó con Chile (1904) un tratado de cesión del litoral marítimo a cambio de 300 000 libras esterlinas y de la construcción del ferrocarril Arica-La Paz por parte del vecino país. Bolivia tendría también libertad aduanera (sumamente restringida en los hechos hasta hoy). Se reprocha a los gobiernos aludidos la firma de ambos convenios, pero deben tenerse en cuenta las presiones que tuvieron que sufrir por parte de los dos países vecinos, mucho mejor armados y poderosos que Bolivia. En el caso de Chile la presión se hacía mucho más evidente, pues los puertos en su poder servían para la salida de los minerales bolivianos, y una interrupción de las exportaciones habría provocado el colapso de la economía boliviana.

En el campo de las ideas, después de la derrota de 1879 frente a Chile, la escuela tradicionalista católica libró sus últimas batallas con Mariano Baptista y Miguel de los Santos Taborga al finalizar el siglo XIX. El flamante Partido Liberal se apoyaba, en el plano filosófico, en el positivismo y el darwinismo, a los que se adhirió Gabriel René Moreno, cuya sólida y monumental obra historiográfica está teñida de resabios racistas. Los últimos epígonos de Comte y Taine fueron Alcides Arguedas, Daniel Sánchez Bustamante y Bautista Saavedra, en las primeras tres décadas del siglo XX.

El programa liberal no se cumplió en cuanto al federalismo y tampoco se atendieron los reclamos de los campesinos aimaras liderados por el "temible Willka". Tampoco hubo cambio en cuanto a la política económica seguida por los conservadores, de apoyo y finalmente rendición del Estado a la minería privada.

En lo que sí se cumplió el programa liberal fue en la relación con la Iglesia. Aunque tan católicos como los conservadores, los liberales establecieron el decreto de supresión de la enseñanza religiosa y de las leyes de libertad de culto, de abolición del fuero clerical, de secularización de cementerios, y de matrimonio civil (el divorcio se estableció en Bolivia durante el gobierno de Salamanca, en 1930). La Iglesia, por su parte, fundó varios colegios privados en las principales ciudades y los obispados de Potosí, Oruro y Tarija, así como numerosos periódicos de orientación católica.

En su primera versión de *Pueblo enfermo* (1909), Arguedas reproduce una entrevista hecha al presidente de la compañía minera Huanchaca, ubicada a 4 200 metros de altura, donde "casi no hay ser humano que resista tan baja presión atmosférica". Según el presidente de la empresa, ésta tiene

casi en propiedad 10 000 indios quechuas. Éstos trabajan para la mina exclusivamente y viven en el suelo y en las casas de que la compañía es propietaria y dueña absoluta.

De los 400 nacidos anualmente, mueren alrededor de 360 antes de los tres meses... Los trabajadores de las minas de Potosí sólo viven cerca de 10 años porque trabajan 36 horas seguidas; sólo descansan a pequeños intervalos y beben demasiado, con mucha frecuencia.

Las exportaciones de estaño se quintuplicaron en las tres primeras décadas y la producción boliviana llegó a representar un cuarto del total mundial. La salida del mineral en tales cantidades significó también la construcción de ferrocarriles que vincularon al país con el Pacífico y, en lo interno, con todo el altiplano minero. El ferrocarril Cochabamba-Santa Cruz, iniciado en 1928, no se concluyó nunca, y en su lugar, mucho tiempo después, se construyeron carreteras. Las ciudades se electrificaron y se tendieron los primeros planos de agua potable y alcantarillado. La red telegráfica se extendió al oriente de la República, y en 1925 se fundó, por iniciativa de ciudadanos alemanes, el Lloyd Aéreo Boliviano, empresa pionera en América Latina. Pocos años atrás se temía que ningún avión podría despegar en el altiplano, tema que desvelaba a los paceños, orgullosos de la primacía de su ciudad. La incógnita se despejó en 1920 con el vuelo entre La Paz y Oruro de un piloto estadunidense.

La influencia inglesa predominante en el siglo XIX decayó paulatinamente dando lugar, después de la primera Guerra Mundial, a la de los Estados Unidos como principal importador de minerales bolivianos y exportador de bienes manufacturados al país.

Del impuesto a la exportación en función del precio de la cotización internacional, el gobierno introdujo en 1920 el impuesto a las utilidades, que llegó hasta un 15% del valor de las exportaciones en los años siguientes; pero en su indigencia el Estado, en lugar de aumentar su participación en el próspero negocio minero, buscó empréstitos en el exterior a elevados intereses y de dudosa eficacia en su utilización, aumentando la deuda externa a 70 millones de dólares para 1930.

SIMÓN I. PATIÑO, REY DEL ESTAÑO

La figura predominante de las dos primeras décadas en la política fue el abogado y general Ismael Montes, quien gobernó de 1904 a 1909 y, en una segunda presidencia, de 1913 a 1917. Pero muchísimo más importante que él resultó su contemporáneo Simón I. Patiño, nacido en la provincia cochabambina, prácticamente autodidacto y aprendiz en Oruro del negocio minero como empleado de administración. Ninguna mina como La Salvadora, de su propiedad, pudo tener mejor nombre, pues se convirtió en la más grande del país; en 1910 Patiño adquirió de capitalistas chilenos las minas de Uncía y Llallagua y llegó a controlar 50% de la producción de estaño. De ahí no paró hasta hacerse en Liverpool de la mayor fundidora mundial de estaño y continuar diversificándose hasta manejar también la producción estañífera de Malasia. Su hijo Antenor declaró años más tarde que su padre había acumulado una fortuna de 3 000 millones de dólares, de los que una ínfima parte quedó o retornó a Bolivia. El otro 50% de la producción nacional se lo distribuían las empresas de Carlos Víctor Aramayo, heredero de una tradicional familia boliviana que ya había explotado plata en el siglo XIX, y la de Mauricio Hochschild, quien salió de Alemania después de la primera Guerra Mundial buscando nuevos horizontes. Un tío radicado en Inglaterra le prestó 5 000 libras para que se viniera a América. Después de una estadía en Chile se trasladó a Bolivia, donde amasó una enorme fortuna, llegando a controlar la explotación del legendario Cerro Rico de Potosí.

> Aquí estamos a solas construyendo la patria,
> en este hachazo rojo de la insigne montaña.
> Hace muchos milenios, milenios y centurias
> que construimos la patria con clavos y con hachas,
> con cinceles de sílex, con nuestra propia sangre,
> con el rosario líquido de nuestras propias lágrimas.
>
> GUILLERMO VISCARRA FABRE

Simultáneamente a *Pueblo enfermo,* de Arguedas, apareció *Creación de la pedagogía nacional,* de Franz Tamayo, el primero apoyado en el positivismo y el segundo en el vitalismo de raíz germánica. Ambas obras han tenido profunda influencia en el país y todavía son objeto de discusiones. Arguedas atribuía todos los males de la República al mestizaje; más concretamente, a la presencia del cholo en la vida pública. Pese a la simpatía con que trató a los indios en *Raza de bronce,* novela precursora del indigenismo literario latinoamericano, los consideraba miembros de una raza vencida destinada a desaparecer. Su opinión no era mejor sobre su propia clase social, pues decía que la minoría blanca era inculta y brutal, ociosa y acostumbrada a vivir del presupuesto, pero disparó sus peores dardos contra los mes-

24

tizos, quienes en su opinión habían heredado todos los vicios de sus padres y las taras de sus madres. Su enfoque nunca tuvo en cuenta la realidad económica y social del país, con una minoría ínfima en el poder y la gleba indígena en la base.

El racismo darwinista de Arguedas encontró su contraparte en el libro de Tamayo, quien, igualmente racista, encontraba virtudes sólo en los indios, denostando al cholaje y a la minoría blancoide. Al acusar a sus ex correligionarios liberales de practicar un "bovarismo" pedagógico, señaló que, por el contrario, la escuela debía crear el carácter nacional e insuflar en los niños la voluntad y el orgullo de la raza. Se proclamaba indio puro y tenía el mismo desprecio de Arguedas hacia los cholos. Los dos, a su vez, se detestaron toda la vida. Ni uno ni otro leyó a Marx o a Freud.

El libro de Arguedas irritó profundamente a los bolivianos de varias generaciones, y aunque los males que el autor achaca a sus compatriotas se repiten al carbón en los demás países americanos, el retrato contribuyó a acentuar en Bolivia "el mito del sino adverso" por el que la colectividad se ha sentido víctima siempre de factores que no puede controlar y que le impiden alcanzar un mejor destino.

> Hay en tu voz un desencanto
> que sigue siendo una esperanza
> y confundiéndose en tu llanto
> va con la fe la desconfianza...
>
> Dices que el mal está en ti mismo
> y que en ti mismo está el remedio

pero que sientes que un abismo
se abre en ti mismo con el tedio;

dices que sabes qué es la vida,
como la muerte, noble y seria,
pero que encuentras que va unida
a toda vida la miseria.

JOSÉ EDUARDO GUERRA

26

II. SE AVECINA LA TORMENTA

A LA caída de José Gutiérrez Guerra, el último presidente liberal, el poder pasó, en 1920, a las manos del Partido Republicano, gajo desprendido del tronco liberal, que era una conjunción heterogénea, no menos liberal, obsesionada por los aspectos formales de la Constitución y la "pureza" del voto en un país donde una exigua minoría ejercía tal derecho. Como fruto del cambio de la situación, se formó una Junta de Gobierno, que llamó a elecciones y reunió una Convención Nacional, de la que saldría el nuevo presidente. La opinión general señalaba el nombre de Daniel Salamanca, la figura más prominente del republicanismo; pero la Convención produjo lo inesperado: uno de los triunviros, Bautista Saavedra, político e intelectual paceño, había sido el organizador y estratega del incruento golpe de Estado a los liberales, que así resultó electo por la mayoría de los convencionistas.

A Salamanca no se le curó la herida y puso a su fracción, que se denominó "republicana genuina", junto a sus viejos adversarios para combatir al gobierno de su partido. Saavedra, que teorizaba sobre las bondades de la democracia formal, no dejó de protegerse con los medios policiales, pero, a la costumbre de aplicar la represión gubernamental, le agregó un elemento novedoso: levantó a la cholada artesanal, de ciudades y provincias, lanzándola a la solución violenta de las manifestaciones de los "cuellos blancos". La guardia republicana saavedrista, que se hizo dueña de las calles, compuesta en gran parte por los poblanos, recibió el apodo de "las ovejas de Achacachi", pues de esa aldea altiplánica provenían algunos de los más atrevidos. El insólito ingreso de los mestizos del bajo pueblo a las líneas políticas no agradó, como es dable imaginar, a los propietarios de fincas y burócratas de viejo cuño.

El experimento no pasó de ahí. Saavedra, no obstante sus fricciones con la plutocracia criolla, era y se sentía parte de ella. Al margen de los vaivenes meramente políticos, la minería consolidó sus posiciones internas, y además, para evadir impuestos, se internacionalizó, incorporándose al *trust* mundial estañífero. En 1921-1922 sobrevino una depresión, y luego los precios y las ventas se recuperaron, de tal manera que, a fines de la década, Bolivia exportó 32 600 toneladas finas de estaño, con una cotización de 261 libras esterlinas por tonelada.

A las utilidades crecientes que percibían los exportadores privados de minerales hubo de corresponderles un Estado cuya función primordial era ser guardián de sus intereses, famélico y mendicante; que se las veía duras para pagar los emolumentos de los empleados públicos. Saavedra acudió al expediente de contratar un empréstito de la casa estadunidense Stifel-Nicolaus por 33 millones de dólares, en condiciones considerablemente desventajosas para Bolivia.

El gobierno del republicanismo saavedrista (o "personalista") fue el ejecutor de la transferencia del país de la coyunda inglesa a la estadunidense. Poco antes de ser depuesto, Gutiérrez Guerra había entregado concesiones petroleras a la compañía Richmond, Levering and Co., de Nueva York, previas gestiones reservadas. También Spruille Braden y su padre obtuvieron otras concesiones petrolíferas. Las susodichas firmas beneficiarias resultaron ser simples intermediarias de la verdadera corporación interesada, la Standard Oil Co., de Nueva Jersey, que adquirió los derechos de aquéllas. Saavedra convalidó el traspaso, que significaba la exclusividad de exploración y explotación sobre tres millones de hectáreas a cambio de una bajísima participación impositiva del fisco.

La reforma tributaria del régimen republicano, que reajustaba las contribuciones de los exportadores mineros, provocó la reacción de Patiño, quien ya había consolidado hacía tiempo, expulsando a empresarios chilenos, su dominio sobre las minas de Uncía y Llallagua. Estaban muy lejanas las épocas en las que, con ayuda de su esposa y unos cuantos peones, arañaba en los recovecos de La Salvadora, y escribía a un amigo que había tenido que huir a otro sitio porque no pudo pagar los jornales a tiempo. Pero al amanecer del nuevo siglo uno de sus obreros surgió de un socavón como un topo, gritando: "¡Don Simón, venga a ver lo que conseguimos, parece plata pura, es una veta muy ancha!" Albina, su esposa, que se encontraba con las *palliris* (mujeres encargadas de moler la roca con un combo, para separar el mineral), se arrodilló ante un crucifijo rogando que no fuera plata sino estaño. Su oración fue escuchada. Patiño se convirtió rápidamente en el hombre más rico e influyente de la República. Verdadero

King Maker, intervenía activamente en la política, tumbando, si era preciso, a los gobiernos que se atrevieran a discutir su hegemonía. Se marchó del país para radicar en París, donde fungía de ministro plenipotenciario de Bolivia. Por entonces organizó la única transnacional sudamericana, la Patiño Mines, con sede principal en Delaware, Estados Unidos, que se extendía a las minas estañíferas de las Malayas y a la fundidora inglesa Williams Harvey. Fue uno de los pocos capitalistas latinoamericanos capaces de ponerse a la cabeza de un imperio mundial: el del estaño, "metal del diablo", como lo calificó Augusto Céspedes en la novela del mismo nombre, donde denigra a ambos.

Bajo el gobierno de Saavedra se aceleró el despertar del movimiento obrero. Núcleos socialistas de varias ciudades se reunieron en congreso y fundaron, con carácter nacional, un Partido Socialista, con un programa de reformas sociales. En 1922 se produjo un huelga general por la negativa de la empresa inglesa Bolivian Railway de reconocer la legitimidad de la representación sindical ferroviaria. Fue la primera huelga victoriosa de los trabajadores del país.

Al año siguiente los mineros de Uncía se manifestaron contra el apresamiento de sus líderes, y el ejército dio cuenta de la situación con varios muertos. Saavedra, que levantó a los artesanos cholos, no se entendió bien con mineros y campesinos. La fuerza armada, en defensa de los terratenientes, perpetró, también, una matanza de indios en Jesús de Machaca. La masacre de Uncía obligó al gobierno a reflexionar sobre la cuestión social. Así, Bautista Saavedra fue el iniciador de la legislación laboral en Bolivia.

Con objeto de profesionalizar y modernizar al ejército, el régimen trajo a Bolivia una misión alemana a la cabeza del general Hans Kundt, quien había combatido en la primera Guerra Mundial. El hombre no era estratego, sino comandante de tropa. Lo acompañaba un joven oficial, Ernest Rohem, quien años después disputaría a Hitler la jefatura del nazismo, siendo asesinado en la famosa "Noche de los cuchillos largos".

Desacreditados y acosados por todas partes, los gobernantes republicanos llevaron a cabo elecciones a la moda criolla, es decir, con el uso del cohecho, sacando adelante la fórmula oficial para presidente y vicepresidente de la República, con Gabino Villanueva y Abdón S. Saavedra, hermano este último del primer mandatario. El candidato triunfante, Villanueva, expresó públicamente su intención de hacer un gobierno de unidad nacional, arrumbando el monopolio de su partido. Los festejos del centenario de Bolivia, el 6 de agosto de 1925, en que se estrenó el sistema de alcantarillado en la ciudad de La Paz, encubrían, ante las delegaciones extranjeras, una atmósfera tensa. Poco después el caudillo asombró a la ciudadanía anulando las elecciones con un pretexto leguleyo, y el doctor Villanueva volvió al anonimato.

Hernando Siles y los jóvenes "nacionalistas"

Hernando Siles, abogado y profesor universitario de Sucre, ex ministro de Saavedra, y a la sazón, exiliado en Lima, apareció como la figura salvadora del saavedrismo. Se olvidaron las disidencias internas y para habilitarse como candidato oficial, Siles tuvo que suscribir una carta en la que se comprometía a gobernar a las órdenes del jefe de su partido. La garantía le pareció suficiente a este último y, por consiguiente, Siles resultó ganador de las nuevas elecciones.

El flamante mandatario se emancipó pronto de su patrocinante y, al hacerlo, intentó ensanchar la quiebra de las viejas formaciones políticas de la oligarquía. En busca de una fuerza nueva, apeló a la juventud intelectual, en cuya acción y pensamiento brotó, tímidamente, la concepción nacionalista de la élite de un país atrasado y dependiente.

La pequeña burguesía universitaria se hallaba en tránsito de la ideología liberal a los nuevos principios que llegaban con los resplandores de la Revolución rusa, el agrarismo mexicano, la insurgencia reformista de la Universidad de Córdoba y los escritos de los jóvenes peruanos Víctor Raúl Haya de la Torre y José Carlos Mariátegui. La nueva generación, todavía confundida, se hizo combativa. Los universitarios, en una manifestación de masas, liquidaron la paternalista "Cruzada pro indio", formada por la crema de la sociedad y encabezada por el Nuncio de Su Santidad. "¡Mueran los gamonales!", fue el grito de guerra que acabó con la farsa.

El gobierno invitó a la plana mayor de los jóvenes intelectuales, con la que discutió el advenimiento de una nueva colectividad política, opuesta al saavedrismo y a los partidos tradicionales. Los organizadores, convencidos del postulado de la "lucha generacional", realizaron una gira nacional, y obtuvieron bastante apoyo. Los jóvenes intelectuales Enrique Baldivieso, Augusto Céspedes y Humberto Palza redactaron un programa del nuevo partido, en el que se rechazaba el individualismo y se propiciaba una forma discreta de socialismo. Intuyendo los signos del cambio, muchos tránsfugas, oportunistas y burócratas se arrimaron al fogón silista. Los partidarios de Siles se llamaron "nacionalistas", pero sus opositores los calificaron como "mamones". Lo cierto es que la mayoría de los jóvenes intelectuales de izquierda y de derecha hizo sus primeras armas políticas a la sombra de Siles.

En cambio, la minoría radical de la clase media las hizo ligada al movimiento obrero. El Partido Socialista reverdeció gracias a la presencia de Tristán Marof (Gustavo Adolfo Navarro) y de Roberto Hinojosa. En la nueva etapa tomó el nombre de Partido Laborista o Partido Obrero, declarando que sustentaba "puntos doctrinales que tienen su esencia en el marxismo". En 1927, en Oruro se realizó, además, un Congreso Nacional de Trabajadores, en el que entraron en colisión anarcosindicalistas y partidarios de Marx y Lenin.

El gobierno de Siles contrató el empréstito *Dillon Reed* en los Estados Unidos destinado a la construcción de los ferrocarriles La Paz-Beni y Cochabamba-Santa Cruz, todavía no construidos en la actualidad. Trajo, asimismo, la Misión Kemmerer, que se ocupó de la reforma del sistema bancario en Bolivia al crear el Banco Central como instituto central de la moneda. Los correos y los telégrafos fueron entregados a la compañía estadunidense Marconi, la recaudación de impuestos a otra que tomó el nombre de Compañía Recaudadora Nacional. El ferrocarril Arica-La Paz se adjudicó, por su parte, a un grupo plutocrático del país.

Los grandes empresarios y hacendados, aunque con sus partidos históricos arrinconados y disminuidos, seguían rodeando al gobierno con sus asesores y sus consejos, influyendo en su orientación. Lo efectivo fue su distanciamiento de la clase trabajadora. En 1929, las tropas, al mando del mayor Enrique Peñaranda, dispararon sus fusiles en Potosí contra una manifestación obrera de protesta. Las pretensiones de aprobar una ley que coartaría la libertad sindical y política del movimiento laboral fueron activamente resistidas.

El congreso estudiantil de 1928 fundó la Federación Universitaria Boliviana, bajo el liderato de José Antonio Arce. La FUB planteó la autonomía de la enseñanza superior, el fraccionamiento de los latifundios y la "socialización de la riqueza privada", así en general. Su grito de guerra: "Sin amos en la tierra ni dioses en el cielo", era más un resabio ácrata que una consigna revolucionaria realista. Eso sí, denunció el "monroísmo" y sostuvo el principio de la solidaridad latinoamericana.

Durante la gestión gubernamental de Siles, hizo crisis el problema de las relaciones bolivianas-paraguayas sobre el Chaco, extenso territorio despoblado que en los mapas coloniales figuraba como parte de la Audiencia de Charcas, pero que el Paraguay también reivindicaba como propio, por su proximidad. Nueve misiones diplomáticas había enviado Bolivia para buscar un acuerdo.

Saavedra y Siles, que en materia de fronteras eran "reivindicacionistas" por oposición al "practicismo" liberal, fundaron algunos fortines en la baja planicie chaqueña. Durante sus gobiernos se produjeron incidentes entre soldados bolivianos y paraguayos, pero el mayor problema —como el antecedente inmediato de la guerra del Chaco— fue el ataque paraguayo al fortín Vanguardia, en la parte norte del territorio, a fines de 1928. El presidente Siles ordenó la retoma del puesto militar, y como ello no fuera posible por estar inundada el área, las represalias se cobraron sobre el fortín paraguayo Boquerón, en la parte centro-sur. El régimen boliviano denunció la agresión a la Comisión de Conciliación y Arbitraje de la Unión Panamericana, más conocida como la Comisión de Neutrales, pidiendo su intervención para resguardar la paz. La acción diplomática de Siles evitó la escalada belicista, con la firma de un acta de conciliación entre los países involucrados.

Obreros latinoamericanos, bajo la inspiración de la Tercera Internacional, celebraron una conferencia continental contra la guerra, cuya resolución central señalaba que, en caso de conflagración, los ganadores no serían los pueblos de Bolivia o del Paraguay, sino la Standard Oil —estadunidense— o las empresas argentinas ubicadas en suelo paraguayo "y tras de las que se halla el imperialismo inglés". La conferencia planteó la fraternización de los trabajadores de ambos países y la lucha contra el peligro de guerra mediante una "declaración de guerra a los imperialistas".

El impacto de la gran crisis económica mundial de 1929 llegó al país. Luego del *boom* de 1928, en el que la tonelada de estaño se cotizó en 225 libras, vino el brusco descenso del precio, que cayó a 206 en 1929 (aunque ése fue el año de mayor producción de la historia, con 47 000 toneladas métricas de estaño exportado) y a 118 en 1931. La disminución de la demanda industrial ocasionó fuertes restricciones, con la reducción de las actividades mineras y el lanzamiento de contingentes de trabajadores a la angustia de la desocupación. Patiño, el grupo minero más grande, que tenía en 1929 cerca de 7 000 trabajadores, redujo su personal en 1932 a 2 000. El mismo grupo, cuyas contribuciones al Estado alcanzaban en 1929 los nueve millones de libras esterlinas, declaró pérdidas en 1931-1932, de modo que los impuestos sobre utilidades fueron nulos. La participación de Bolivia en la producción mundial del estaño bajó de 25% en 1929 a 19% en 1934.

La situación bancaria, con el gasto público lleno de irregularidades, era desesperante, pues entre el pago de la deuda externa, el ejército y los sueldos de los empleados públicos apenas quedaban algunos centavos para las obras públicas, la educación y la salud. El Estado boliviano se hallaba completamente indefenso para enfrentar la embestida de la crisis internacional del capitalismo.

El avenimiento de Siles con la oligarquía, emergente del ataque paraguayo, fue breve. Las elecciones parlamentarias, que ganaron los nacionalistas con la habitual adulteración del voto calificado, desgarraron la coalición. No encontrando un hombre de suficiente valía para la continuidad del régimen de gobierno, Siles fue aconsejado para prorrogarse en el poder, delegando la presidencia en su consejo de ministros. La operación contó con el respaldo del ejército, que manejaban Kundt y Toro. El "prorroguismo" enfureció a la oposición liberal-genuina, al movimiento obrero y a los estudiantes, quienes aludían a la "d·ctadura" en todos los tonos.

36

Los partidos tradicionales quedaron debilitados por el cholaje saavedrista y el nuevo partido de Siles. El vacío que dejaron fue llenado por sucedáneos: la masonería como dirección política y las entidades "cívicas" localistas como comandos operativos. La hermandad, desde su sigilo esotérico, tendió hilos hacia el regionalismo, aludiendo a la procedencia chuquisaqueña del presidente; hacia los universitarios, cuya movilización fue aprovechada; y a la defensa de la democracia, tantas veces encarnecida.

En un clima de franco descontento se produjo la llamada "revolución de Villazón", cuando ya Siles había entregado el poder al consejo de ministros. Roberto Hinojosa, con un grupo de jóvenes, ingresó desde la Argentina a ese poblado fronterizo, puesto aduanero y estación ferroviaria que no tenía valor estratégico, capturándolo. El manifiesto de los rebeldes declaraba la "revolución social" y enunciaba un programa de nacionalización de las minas, el petróleo, los ferrocarriles, así como la abolición del latifundio. Sus lemas de "¡Tierra y libertad!" y "¡Las minas para los trabajadores bolivianos!" motivaron la simpatía de los trabajadores organizados de Oruro y Potosí. La desproporción entre los enunciados y la táctica hizo que la aventura fuera rápidamente vencida por las fuerzas regulares. Haya de la Torre elogió calurosamente el programa en su obra *¿Hacia dónde va Indoamérica?*

A iniciativa de los golpistas orureños se constituyó una Junta Militar, encabezada por el general Carlos Blanco Galindo, antiguo salamanquista y gerente de una empresa de Patiño en Cochabamba. Paradójicamente, Siles fue derrocado por la juventud.

La subversión se puso en marcha en las ciudades, atizada por el patiñismo. Las algaradas estudiantiles se sucedieron hasta hacerse más amplias. En La Paz, los cadetes del ejército se sumaron a la acción. El gobierno de Siles fue abatido en junio de 1930 y las turbas se desenfrenaron en los saqueos de las casas de los nacionalistas, incluida la del doctor Siles. La furia de los asaltantes no se detuvo ni ante el palacio de gobierno, que también quedó en cueros, al extremo de que, meses después, cuando el príncipe de Gales, Eduardo VIII (de efímero reinado debido a su enamoramiento, sin remedio, de Mrs. Wally Simpson), visitó el país, luego del banquete oficial que le ofreció al presidente Blanco Galindo, su alteza real pidió discretamente que se le indicara dónde quedaba el baño, ante la consternación general, pues la turba había cargado también con las tazas y lavabos. Sin perder su compostura, pues la fiesta continuó generosamente regada, el príncipe, acompañado de una comitiva, cruzó la plaza hacia el hotel París, de donde volvió aliviado a continuar la jarana.

La deposición de Siles fue el ensayo general de una nueva táctica: el uso del movimiento universitario y de la movilización popular en una poblada de trasfondo reaccionario. Siles resultó ser también una víctima de la quiebra de Wall Street, que arrastró a varios gobiernos del continente, junto con Hoover, quien perdió la reelección. De agosto de 1930 a agosto del año siguiente, como en un juego de dominó, cayeron, además de Siles, Irigoyen en Argentina, Leguia en Perú, Washington Luis en Brasil, Arosemena en Panamá, Ayora en el Ecuador e Ibáñez en Chile. Nunca se vio tan patéticamente expresada, como en aquella ocasión, la dependencia económica y política de América Latina del gigante norteño. El resfrío del Tío Sam equivalía en el sur a una pulmonía.

El ascenso de Blanco Galindo produjo la recomposición política de la oligarquía, cuyo poder económico quedó intocado. La "rosca" (en el argot político boliviano, el conjunto de potentados mineros y grupo de políticos, militares y periodistas que los apoyaban) dotó a la Junta Militar de adecuados asesores y, más tarde, de ministros decisivos. Con el argumento de que el Estado de un país pobre debía mantenerse en la pobreza, el nuevo gobierno se contentó con las migajas de la minería. En 1931 y 1932, el impuesto sobre las utilidades mineras alcanzó las irrisorias cantidades de 5 400 y 3 400 pesos bolivianos.

En el plano internacional, los productores y consumidores del estaño organizaron en Londres, por iniciativa de Patiño, un consejo internacional para regular los volúmenes de compraventa y las cotizaciones del mineral, estableciendo un sistema de racionamiento para épocas de crisis por medio de convenios periódicos.

Para justificarse, el gobierno *de facto* llamó a un referéndum destinado a aprobar reformas, computándose los sufragios en blanco como si hubieran sido afirmativos. Entre las modificaciones legales resaltaban la Ley del Divorcio Absoluto, que disgustó a la Iglesia, y la autonomía universitaria, aislada de la plataforma integral de la reforma universitaria, que sirvió para sustituir el partidismo secante del Estado por el dominio solapado de las logias masónicas y de los diversos partidos. La autonomía fue el premio de la "rosca" al equívoco comportamiento de los estudiantes. La universidad autónoma, por su *demos* de clase media, tuvo en adelante, según los momentos, una acción ambivalente y contradictoria, sin dejar de ser doctorista. En términos de rendimiento académico, ha sido desde entonces un verdadero desastre nacional, graduando (hasta 1995) a no más de 4% de sus estudiantes por año.

UNA ESTATUA PARA EL TIRANICIDA

Fue por entonces que Franz Tamayo, candidato a la diputación por La Paz, presentó a sus electores su sorprendente Ley Capital, destinada a terminar con lo que el notable bardo llamaba el "banditismo gubernativo", pensando en el frustrado propósito prorroguista de Siles.

> La Ley Capital —decía— no es una ley constitucional sino una ley ultraconstitucional, es la sola esperanza para alcanzar pronto el verdadero sufragio plebiscitario. Bajo el régimen de la Ley Capital no más mordaza y censura de prensa que es el signo más típico y propicio de toda tiranía. En su articulado establecía que la Ley Capital era el fundamento de la democracia, y que ella consistía en "el derecho individual que asiste a todo ciudadano de tiranicidio y punición sobre el tirano y sus cómplices..."

Tamayo había empezado a actuar en política desde 1910, como periodista por más de una década, fundador y jefe del efímero Partido Radical y, luego, delegado ante la Sociedad de las Naciones en Ginebra, designado para que fuera a plantear el alegato boliviano frente a Chile, por la forzada mediterraneidad del país. Su prestigio era grande y era evidente que la gente no percibía bien la línea divisoria que separaba sus geniales logros poéticos y profundas concepciones pedagógicas de sus actitudes e ideas políticas. Años antes había llamado "flor de la raza" a Ismael Montes, y ahora presentaba esta ley como el único antídoto para curar la enfermedad de Bolivia, como si la prolongación de un gobierno o la conculcación de la libertad de prensa fueran los únicos males que aquejaban a la República. Con excepción de Melgarejo, Bolivia no había sufrido nunca un gobierno que durara más de un quinquenio y desconocía, por tanto, esas interminables dictaduras tan corrientes en otras partes del continente, dictaduras en las que, al decir del venezolano Mariano Picón-Salas, se vivía "sobre un charco dormido, de aguas negras e inmóviles, donde sólo se abulta la gárgara de los sapos". No era el caso de Bolivia.

La situación depresiva de la economía mundial y nacional cargaba pesos adicionales sobre el Estado, mediante el incremento de la deuda pública, y sobre los asalariados, lesionados por las remuneraciones bajas y la cesantía. A falta de la seguridad social, se establecieron "ollas del pobre" en los principales centros urbanos. Las pugnas entre marxistas y anarquistas trabaron el ascenso del sindicalismo, al tiempo que la organización boliviana de los trabajadores se incorporaba a la Confederación Sindical Latinoamericana, filial de la Internacional Sindical Roja. En el exilio argentino se formó el grupo Túpac Amaru, animado por Tristán Marof.

41

La calma política frustró la formación del frente único de los partidos de la plutocracia, pese a que la Junta patiñista auspició el nacimiento de un *petit comité*. Las fuerzas dominantes, consolidadas en el poder, podían permitirse otra vez la contienda electoral entre los suyos. En las elecciones, a las que concurría una minoría de ciudadanos letrados, ganó el binomio Daniel Salamanca-José Tejada Sorzano, con 38 282 votos, frente a Bautista Saavedra, que obtuvo 9 294.

EL AUSTERO SALAMANCA LLEGA TARDE

En marzo de 1931, a sus 63 años, Salamanca se sentaba finalmente en la silla presidencial. Consolidaba con su presencia el retorno directo e inmediato de la oligarquía y del capital internacional a la administración del país. Ideólogo del libre cambio en la semicolonia, era un "hombre símbolo", pues durante 30 años, desde su retiro cochabambino o en las cámaras, había fustigado implacablemente a los regímenes en turno, reclamando, entre otras cosas, la pureza del sufragio. Sus credenciales eran la honradez y la devoción a las instituciones republicanas, y su austeridad era proverbial en un vecindario como el cochabambino, de "vecinos epicúreos, escépticos y socráticos", como decía Augusto Céspedes. Tan sólo una vez había llegado antes al gobierno, como ministro de Hacienda de Pando, y en tal carácter había aprobado y defendido en las cámaras el Tratado de Petrópolis, cediendo a Brasil la extensa zona del Acre, acto que, a juicio de Céspedes, incubó en su ser un complejo de culpa, del que trataría de liberar-

se, 30 años más tarde, "pisando fuerte en el Chaco".
Otra clave para entender la sombría personalidad de
Salamanca es su salud.

> Nació con un mal orgánico —dice el mismo autor—, sig-
> no nefasto de una existencia condenada a la enfermedad
> y a sus inseparables compañeras, soledad y austeridad.
> Sus hadas madrinas le hicieron los dones de la posición
> social, la riqueza y la inteligencia, pero, como en el cuen-
> to de Perrault, el hada que no había sido invitada se ven-
> gó donándole una estenosis del píloro que convertía el
> acto cotidiano de comer en un sufrimiento.

Jamás reía y siempre vestía de negro, guardando un
silencio distante y misterioso. Formidable orador, en
sus arengas se sobreponía a sus malestares físicos conmoviendo a sus partidarios y amedrentando a sus enemigos.

De entrada, el republicanismo salamanquista exhi-
bió una clara posición antiobrera. En su discurso de
posesión, el flamante presidente no se refirió a la crisis
económica que agobiaba a la población sino al peligro
comunista, proponiendo la adopción de una ley fuertemente represiva. Los marxistas eran por entonces
una minoría apenas perceptible incluso en los medios
universitarios. Llevó sus palabras a los hechos. La huelga que poco después decretaron los empleados de correos y telégrafos, en demanda de la aceptación de un
pliego de peticiones, fue violentamente disuelta, con
la ocupación de las oficinas postales por el ejército y la
destitución de los dirigentes laborales. El gobierno
logró igualmente el fracaso de la huelga general de solidaridad de la Federación Obrera del Trabajo, destru-

yendo esta entidad y encarcelando a sus portaestandartes.

Conservador en el plano económico, no compartía sin embargo la gazmoñería de otros mandatarios latinoamericanos de la misma época, como lo demostró al aprobar la Ley de Divorcio Absoluto, pese a la exaltada oposición de la jerarquía eclesiástica y a la protesta de muchos círculos. Bolivia, con esta ley, se adelantó por décadas al resto de América Latina.

Salamanca, halagado por la clase dominante, comenzó a sentirse autosuficiente y antepuso, para la formación del gobierno, el partidismo por sobre los entendimientos con sus aliados, los liberales, y los amigos del terruño a las conveniencias políticas. Ante la mala situación económica, el gobierno siguió una política inflacionaria. El régimen del patrón oro existía en Bolivia desde 1929 y la paridad vigente era de 13.33 pesos bolivianos por libra esterlina. Al bajar las reservas de oro y divisas en 57% en la segunda mitad de 1931, Salamanca planteó el abandono del patrón oro, la inconvertibilidad de la moneda y el aumento de emisiones de billetes en blanco. El Partido Liberal tuvo que avenirse a aceptar estas medidas, aunque luego pasó a la oposición.

El encarecimiento del costo de la vida produjo el descontento de los trabajadores, que demostraron su fastidio. El régimen republicano genuino, para suprimir la resistencia de estudiantes y obreros, presentó al Parlamento su anunciada Ley de Defensa Social que anularía los derechos democráticos y otorgaría facultades totalitarias y discrecionales al Poder Ejecutivo. La reacción popular, expresada en manifiestos y algaradas públicas, fue tan fuerte que obligó a Salamanca a archivar el proyecto.

Los empleados comenzaron a organizarse y se agregaron a la lucha estudiantil y proletaria. En las manifestaciones populares eran frecuentes los pedidos de nacionalización de la Standard Oil y de la empresa eléctrica Bolivian Power.

Salamanca impulsó sobre el papel los ambiciosos planes de penetración en el Chaco, elaborados por el Estado Mayor, mas la penuria económica fiscal los desbarató. Mientras el gasto público alcanzaba aquel año los 35 millones de pesos bolivianos, los ingresos llegaban solamente a 15 millones, y el saldo se cubría con emisiones monetarias del Banco Central. En la medida en que se acrecentaba su desprestigio y sufría derrotas internas, el presidente se volvía más arrogante y meditabundo, y retornaba a su antiguo belicismo, que tenía una base asombrosamente endeble: apenas 1 200 soldados bolivianos, armados con fusiles Máuser de principios de siglo, que debían proteger 400 kilómetros de frente, disponiendo de algunos pozos de agua y senderos completamente precarios.

El Estado Mayor, dirigido por el general Filiberto Osorio, había enviado sucesivas notas al gobierno con planes operacionales que nunca fueron tomados en cuenta. Osorio redujo sus pedidos a una mínima proporción "de veinte camiones para el sureste en lugar de los seiscientos que se necesitan".

Esos pocos camiones después de viajes de centenares de kilómetros se detenían ante las formidables aguas del río Pilcomayo, que los conscriptos atravesaban en toscas plataformas de troncos, pereciendo mu-

chos en el empeño. Sólo al final del conflicto pudo construirse un puente salvador, por iniciativa del ingeniero
Roberto Arze.

Tales fueron los antecedentes y los días que prece-
dieron al desencadenamiento de la tragedia.

> Un día que ya es historia,
> apenas tiempo transcurrido,
> encima la aridez de un territorio yermo
> nació la Patria de los sueños:
> fue un territorio despoblado,
> un alma sin océano,
> una llanura sin situación ni clima;
> una dolida superficie con árboles truncados,
> con serranías sin aureola
> y prescripción de manantiales;
> allí el sonido era tan sólo trueno
> y una obsecuente oscuridad.
>
> JULIO DE LA VEGA

III. SANGRE EN LOS ARENALES

LA GUERRA del Chaco partió, como un cuchillo, la historia boliviana del siglo XX, dividiéndola en dos porciones distintas. Sin embargo, el germen de los acontecimientos de la posguerra se remonta al periodo anterior a la contienda bélica. El conflicto en los pajonales del sureste fue el formidable catalizador que produjo la crisis de la oligarquía y la insurgencia de las fuerzas populares, originando un vivaz proceso de reforma y contrarreforma, revolución y contrarrevolución, en cuya vorágine el país ha vivido durante medio siglo.

El triángulo formado por los ríos Paraguay, Pilcomayo y Parapetí, en el sureste del territorio boliviano, constituía el Chaco boreal, una tierra avara, de flora magra y espinosa, que la canícula castigaba de día y el frío de noche. Según Jaime Mendoza, el Chaco no es sino una prolongación de las estribaciones andinas sobre la ribera oriental del río Pilcomayo. "El Chaco es hijo de los Andes", es su afirmación concluyente.

Tierra seca y salobre, retostada de ocasos
que atormentan las fiebres y enronquecen las savias
de los bosques enjutos, retorcidos de angustias;
silenciosos y tristes quebrachales oscuros.
Sed profunda, insaciable, de las pampas estériles,
sin senderos, sin huellas, sin un surco de agua,

desoladas, inmóviles, grandes sabanas grises
que atirantan los vientos trasmontados del sur.

RAÚL OTERO REICHE

Cuarenta años después de los hechos, escribió Roberto Prudencio:

> Fue como una guerra colonial en nuestro propio territorio; una guerra en un suelo desconocido y hostil; una guerra en un predio lejano, más lejano que si fuere extranjero, una guerra en un paraje despoblado; una guerra en una tierra estéril; una guerra en un planeta gris, donde ni la sangre era roja, sino terrosa y sucia; una guerra en un mundo sin vida, a no ser la de los insectos y serpientes; una guerra en un lugar sin paisaje y sin tiempo... una guerra sin odio, porque fue una guerra sin amor. Ningún soldado boliviano amaba la tierra por la cual luchaba y por la cual moría. El Paraguay, la nación adversaria, nos era ajena, no teníamos ningún conocimiento de ella. No había pues por qué odiarla y la guerra misma no nos enseñó a odiar.

Pero Bolivia, además de perder ese inmenso territorio de alimañas que sirvió de osario a 90 000 jóvenes de los dos países, no logró tampoco el único objetivo que habría paliado en cierta medida la carnicería: un puerto sobre el río Paraguay para romper la angustiante asfixia de la mediterraneidad impuesta por Chile desde 1879.

En tal escenario surgió la guerra como la pústula que se forma de una insignificante picadura, de incidentes entre las patrullas bolivianas y paraguayas. Los afanes de exploración y asentamiento de ambas partes eran patentes. En adelante los acontecimientos tomarían un ritmo propio, como si un hado se empeñara en dar paso a la tragedia. Después se escribirían centenares de artículos y algunas decenas de libros tratando de probar quién fue el responsable del desencadenamiento de la guerra. Inútil y bizantino empeño cuando cada paso, cada omisión, cada iniciativa llevaba ineluctablemente al confrontamiento. Y empezó la movilización y el viaje interminable, en tren, en camión, a pie, durante semanas o a veces meses, como sucedió con los soldados del Beni.

De las montañas gélidas de la altipampa andina, de los valles entre las montañas y de los llanos del oriente —escribe Roberto Querejazu Calvo— acudieron hasta ese territorio siniestro los pobladores indios, mestizos y blancos de los campos y ciudades bolivianas. El contraste les resultaba absoluto y brutal. Su adaptación a ese medio les era difícil y muchos sucumbían física y moralmente aun antes de enfrentar la realidad misma de la guerra. El ejército boliviano no había sido entrenado nunca para actuar en terreno boscoso. Su desventaja resultó evidente en el curso de toda la campaña. Su punto más vulnerable estaba en su poca resistencia a la sed, que fue causa predominante en los desastres de Campo Grande, Campo Vía, Cañada Tarija, Cañada el Carmen y Picuiba. El organismo del combatiente boliviano, acostumbrado al clima seco y frío de las alturas, donde la transpiración es escasa, al sentir la canícula del llano chaqueño se deshidrataba fácilmente y claudicaba hasta la muerte en dos o tres días sin agua. Su naturaleza de montañés acostumbrada a los espacios abiertos sufría de claustrofobia, al verse rodeada de ramas y troncos. Mientras el soldado boliviano se veía perdido entre la maraña, el soldado paraguayo, habituado al calor y a la selva, se desplazaba con rapidez y habilidad felinas.

La musa popular encontró que la guerra serviría desde entonces como fuente de dolorida inspiración, cuando los soldados cantaban los tristes aires de "Boquerón abandonado" o "Infierno verde":

Si aún queda llanto en tus ojos
para llorar mi partida
no llores mientras la vida
deje un minuto al amor.
Y ese minuto de vida
a la orilla de la muerte
tiene el encanto de verte
resignada ante el dolor.
Llorarás cuando mañana
ya de mí nadie se acuerde
porque del infierno verde
sólo Dios se acordará.

En abril de 1932, un avión piloteado por el mayor Jorge Jordán descubrió una gran laguna cubierta de vegetación y llena de aves acuáticas. Era un oasis líquido milagroso en medio del sediento desierto. En este momento, la comisión de neutrales de Washington dispuso que Bolivia y Paraguay señalasen con precisión las posiciones avanzadas de sus fuerzas, de manera que el Estado Mayor General ordenó la ocupación urgente del gran lago. El mayor Óscar Moscoso capturó el fortín paraguayo ahuyentando sin bajas a los pocos efectivos que allí se encontraban.

Salamanca se alarmó por la magnitud del hecho y las circunstancias desfavorables que presentaba. La comisión de neutrales había propuesto un pacto de no agresión, que Bolivia aceptó. El presidente mandó desocupar el sitio capturado, orden que el general Filiberto Osorio transmitió por orden regular a la 4ª División. El coronel Enrique Peñaranda objetó la disposición de Salamanca, y en seguida informó erróneamente a la superioridad sobre la ubicación exacta del campamento boliviano denominado fortín Santa Cruz. Los partes bolivianos llamaron Chuquisaca a la laguna grande, que los paraguayos habían bautizado con el nombre de Pitiantuta cuando la descubrieron y se instalaron a su vera en 1931.

La laguna fue objeto de tomas y retomas por los dos contendientes. Varios intelectuales suscribieron una declaración que coincidía con las posiciones belicistas del gobierno. Los enemigos de la guerra, como José Aguirre Gainsborg, Ricardo Anaya y Porfirio Díaz Machicao, fueron, en cambio, detenidos en Cochabamba junto con la plana mayor del movimiento obrero. Los afortunados salieron al destierro, pero los menos tuvieron que marchar a la primera línea a morir por las balas enemigas o ser ejecutados por los pelotones de fusilamiento. Esta última suerte corrió en el curso de la contienda el joven poeta Raúl Béjar, quien fue fusilado por negarse a disparar sobre los paraguayos, a quienes consideraba sus hermanos de clase. Seguirían otros fusilamientos a desertores e "izquierdistas" (llamados así por dispararse en la mano o pie izquierdo con la esperanza de ser evacuados).

Las desarmonías entre la cúpula del gobierno y el alto mando se produjeron cuando Bolivia se encontraba en lo más profundo de la crisis económica. Un nuevo tipo de cambio, que estableció un trato preferencial para la gran minería, causó la repulsa de la población, cuyas condiciones de vida fueron agravadas. El régimen salamanquista estableció el monopolio fiscal de la venta del oro, a cargo del Banco Central, y el depósito obligatorio de 65% de las divisas extranjeras de las exportaciones, casi exclusivamente de productos básicos minerales.

El presidente paraguayo, Eusebio Ayala, creyó que las acciones sucedidas en la laguna conflictiva acabarían, como en el caso del fortín Vanguardia, en un arreglo diplomático, por lo que indicó a la comisión de neutrales su deseo de que se reanudasen las iniciativas sobre el pacto de no agresión. Grande fue la sorpresa de Paraguay cuando el ejército boliviano, mediante un operativo comandado por el coronel Peñaranda, tomó los fortines de Corrales y Toledo, que eran las avanzadas de la penetración paraguaya.

La captura de fortines débiles por Bolivia significaba muy poco. El alto mando paraguayo, encabezado por el prudente coronel Félix Estigarribia, estaba en Isla Poi organizando un ejército numeroso y bien templado, enteramente apto para pelear en la llanura ardiente. Estigarribia había estudiado en la academia Saint Cyr de Francia y conocía el Chaco palmo a palmo. Durante toda la contienda, los hombres de trincheras de Bolivia fueron en su mayoría indios y mestizos del bajo pueblo; esto es, los "pongos" de las haciendas y los indígenas comunitarios, cholos artesanos, asalariados y proletarios. El gobierno de Salamanca utilizó un sistema de enrolamiento compulsivo, que no fue más que una extensa cacería humana, en la que la prepotencia de los grupos armados hizo estragos en la gente humilde. Los campesinos huían de sus lares y se "emboscaban" en la espesura de la selva y entre los riscos de las montañas.

Boquerón estaba solamente a 60 kilómetros de Isla Poi, la ciudadela militar repleta de tropas, talleres, vehículos y pertrechos, distante a su vez 80 kilómetros de la punta de rieles del ferrocarril a Puerto Casado. Desde el centro neurálgico paraguayo, en septiembre de 1932, 5 000 soldados guaraníes marcharon sobre Boquerón, que se hallaba guarnecido con apenas 1 200 efectivos bolivianos.

BOQUERÓN, "TIGRE HAMBRIENTO Y SEDIENTO"

La defensa y la caída de Boquerón fue la acción más notable del primer periodo de la guerra. Esa guarnición boliviana se encontraba a cargo del teniente coronel Manuel Marzana, quien recibió la orden de resistir el ataque de los efectivos paraguayos hasta el último cartucho y el último hombre. Las arremetidas de los adversarios fueron detenidas por una certera maniobra de los soldados bolivianos, y quedó frustrada esa táctica relámpago. El ejército de Paraguay optó por el sitio, evitando que los defensores fueran abastecidos de agua, alimentos y municiones.

Mientras el sitio se reforzaba con nuevas tropas, armas y abastecimientos, la situación de los bolivianos se hizo difícil, pues carecían de víveres y municiones. Los soldados tenían órdenes de disparar sólo sobre blancos visibles y accesibles. A una semana del encierro, la tropa boliviana no tenía alimentos más que para un día. La mayor parte de los bultos con balas arrojados desde aviones quedaron inutilizados por el impacto. Los heridos carecían de los elementos farmacéuticos más elementales. Hubo, no obstante, suficiente coraje como para repeler una embestida paraguaya, esta vez de 9 000 soldados. Ante una situación tan desesperada, la orden del comando de Muñoz, que decía: "Diez días más de inquebrantable resistencia y la victoria será nuestra", sonaba ridícula o espeluznante. ¡No había munición ni para un combate de horas!

Obsesionado por el tormento de la sed, como todos los que han escrito sobre el Chaco, Augusto Roa Bastos, en su novela *Hijo del hombre*, ofrece la mejor imagen de lo que fue Boquerón y sus defensores al describir el fortín boliviano:

…como un gran tigre hambriento y sediento, sentado sobre los cuartos traseros, relamiéndose de sus heridas, invisible dentro del monte en llamas, pero capaz todavía de saltar al fin, por encima de la trampa que hemos tendido, para desintegrarse en la embriaguez de cósmica violencia que lanza a las fieras más allá de la muerte… Boquerón es un hueso duro de digerir. El movimiento peristáltico de nuestras líneas trabaja inútilmente para deglutirlo. Hay algo de magia en ese puñado de invisibles defensores, que resisten con endemoniada obcecación en el reducto boscoso. Es pelear contra fantasmas, saturados de una fuerza agónica, mórbidamente siniestra, que ha sobrepasado todos los límites de la consunción, del aniquilamiento, de la desesperación.

Después de 20 días de cerco, a fines de septiembre, salieron de Boquerón unos emisarios con banderas blancas para parlamentar, pero las avanzadas paraguayas, creyendo que era una rendición formal, no tuvieron obstáculo en ingresar al fortín, tomando prisionero a Marzana, a sus oficiales y a su tropa. Los paraguayos no podían concebir que tan pocos defensores hubieran causado tanto estrago. El cuadro que vieron era conmovedor: 20 oficiales y 446 soldados harapientos y esqueléticos, más una centena de heridos gangrenados, que se revolcaban sobre sus miasmas. Después del desastre boliviano de Boquerón, el propio presidente de Paraguay reconoció la bravura de los sitiados.

La mala conducción de las operaciones militares corría paralela a la mala conducción de la política, influyéndose mutuamente una sobre otra. Salamanca, cuyo olimpo estaba por encima del común de los mortales, prefirió rodearse de un gabinete unipartidista de republicanos genuinos. Los pedidos de unión nacional, reducida a los partidos tradicionales, para hacer frente a la emergencia bélica sonaban a los oídos del presidente como subversión.

De parte de Bolivia, se encaró toda la contienda de principio a fin como una discordia permanente entre el alto mando militar y Salamanca, cuya capacidad era motivo de sarcasmo entre los oficiales. El presidente, mapas en mano, se puso a dirigir la guerra concienzudamente, desde el Palacio Quemado, a 1 000 kilómetros del frente, subalternizando a los jefes militares, que tampoco eran una maravilla.

Desde el primer momento, con ayuda argentina que fue permanente y cuantiosa, Paraguay estuvo en posesión de las claves bolivianas descifradas en Buenos Aires. Años después los bolivianos se enterarían que nada era secreto para sus adversarios.

Luego de Boquerón, el pleito del gobierno y el alto mando boliviano se hizo más vivo. Una manifestación belicista de la oposición liberal-saavedrista (Bautista Saavedra fue siempre un furibundo crítico de Salamanca desde posiciones guerristas) pidió la renuncia del presidente y el regreso de Hans Kundt. Otra contramanifestación oficialista atacó a *La República,* diario de los saavedristas, y apedreó las casas de los jefes políticos opositores. El Poder Ejecutivo se puso a descubrir conspiraciones "extremistas" para aumentar la dosis de la represión, aprovechándose del pretexto para implantar la temida Ley de Defensa Social. Así quedó destruido lo que quedaba del movimiento laboral, y las cárceles y el exilio se abrieron para los disidentes; se implantó la censura de prensa y se determinó que no habría más sindicalismo que el destinado al mutualismo o la beneficencia.

Salamanca quiso desviar los dardos de la crítica opositora sobre la conducción de la guerra hacia los militares, llamando a Hans Kundt, quien había vuelto a Alemania con una abultada pensión, después de la caída de Siles, para remplazar al jefe del Estado Mayor General. Esta determinación de poner a un extranjero a la cabeza del ejército boliviano alborotó a la opinión castrense.

Las tropas paraguayas que reconquistaron Boquerón fueron reforzadas hasta llegar a 13 000 efectivos, en tanto que el ejército boliviano contaba con unos 4 000 hombres, moral y materialmente cansados y repartidos en distintos fortines del Chaco. Salvo la primera movilización de las clases de 1927-1931, en que hubo un considerable porcentaje de estudiantes y jóvenes profesionales, el ejército en campaña se compuso de "repetes", es decir, de la carne de cañón indígena. Los soldados aimaras y quechuas, atragantados por el idioma de los blancos, ansiaban satisfacer su hambre pidiendo la repetición del "rancho". De ahí les vino el calificativo de "repetes".

¿Quién podría exigirles patriotismo a esos hombres salidos de las haciendas, donde vivían sometidos a instituciones que provenían de la colonia española, sin retoque alguno, semiesclavizados, ajenos no solamente a la cultura impresa, sino incluso al idioma oficial del país? Cuando algún oficial de buena voluntad trataba de inculcar en los flamantes soldados la obligación que tenían de defender su tierra, no faltaba alguno que con lógica aplastante le contestara en tartajeante español que ellos no tenían tierra, que la tierra era de los patrones, y que por tanto ellos (los oficiales) debían ocuparse de defenderla, si tanto la querían.

El mayor paraguayo Antonio E. González tuvo este juicio:

> Aun con las trabas que pesaban sobre él, fue un gran soldado... En general el soldado boliviano, de una u otra raza, era sufrido, abnegado y valiente... No era cruel, pero sí indiferente al dolor ajeno. En la defensa era temible..., en el ataque actuaba con empuje feroz. Agachaba la cabeza y avanzaba bajo fuego de ametralladoras a trote vivaz y rápido. Apenas existía fuerza humana capaz de detenerlo.

El siguiente objetivo de Estigarribia fue la toma del fortín Arce, un puesto adelantado boliviano que resultó fácil por una nueva confusión de banderas blancas. La ofensiva paraguaya obligó a las tropas bolivianas a abandonar los puestos de Yujra y Castillo. Los peores enemigos resultaron ser la insolación, la sed y la gangrena.

En diciembre de 1932 volvió al país el general Hans Kundt, con 60 años a cuestas. Se había distinguido en la primera Guerra Mundial en la campaña de los lagos masurianos. En ocasiones anteriores había dirigido el ejército boliviano para una hipotética guerra en la costa del Pacífico. En su cargo de jefe del Estado Mayor iba a gozar de un poder absoluto, ya que Salamanca reconsideró su afición a ordenar avances y repliegues tácticos. Kundt, por desgracia, no era un hombre de Estado Mayor, sino un oficial que se inquietaba más por la corrección de los uniformes y las formaciones que por la dotación al ejército boliviano de un cerebro colectivo estratégico.

NANAWA

Kundt elaboró, sin contar con los elementos necesarios, un ambicioso plan de contraofensiva boliviana dirigido a la captura de la cabeza del ejército paraguayo, es decir, de Isla Poi, despejando el camino mediante la toma del fortín Nanawa. Estigarribia, apercibido de las intenciones contrarias, se aprestó a la defensa de Nanawa, reforzando y fortificando este puesto. En enero de 1933 el ejército boliviano se lanzó a un ataque frontal, que incluía cañones, pequeños tanques, morteros y lanzallamas, al que sobrevino un denodado combate. Las tropas lograron rodear el fortín, mas para capturarlo se precisaba de la ayuda de un regimiento, el mismo que debido a las torrenciales lluvias de verano avanzaba a paso de tortuga en brega con los lodazales.

Otra parte del ejército boliviano, paralelamente al sitio de Nanawa, se dirigió a tomar los fortines paraguayos de Corrales y Toledo.

La batalla de Toledo se mantuvo encarnizadamente por varios días, sin resolverse. Aquí también se presentó acuciante el tormento de la sed. El agotamiento físico y las privaciones minaron el ánimo de algunos regimientos bolivianos, que desertaron. Se consiguió restablecer el orden con el fusilamiento de los cabecillas.

Kundt lanzó a los soldados del ejército en campaña a la reconquista de Alihuatá, puesto de importancia secundaria que solamente podía servir de apoyo a las tropas apostadas en Campo Jordán y en el fortín Arce. Los combates fueron singularmente sangrientos y prolongados.

Ante la inminencia de la asamblea de la Liga de las Naciones, que examinaría los acontecimientos bélicos boliviano-paraguayos, Kundt ajustó los preparativos para un nuevo asalto al fortín Nanawa, pero tales preparativos eran parciales y limitados por la dificultad de enviar tropas de refresco y los habituales cuellos de botella logísticos.

Se produjo el ataque boliviano con 2 500 hombres en un frente de cinco kilómetros, con una reserva de 3 500 soldados, sumando en total, con la gente de la artillería y los servicios, unos 9 000 combatientes. El ejército paraguayo sitiado poseía parecida cantidad de efectivos. Después de jornadas agotadoras, la batalla se estabilizó en las trincheras. Los ataques de frente, que exponían insensatamente a las tropas bolivianas, produjeron 2 000 bajas entre muertos, heridos y prisioneros.

La contraofensiva de Kundt fracasó y, en consecuencia, recomenzaron los reveses para el ejército de Bolivia. El alto mando paraguayo recobró la iniciativa y retomó el fortín Alihuatá, que estaba débilmente guarnecido por sólo tres regimientos.

Con la caída de Campo Grande, el cercano fortín Alihuatá, a cargo de la 9ª División, con 7 000 hombres a las órdenes del teniente coronel Carlos Banzer, entró en riesgo de copamiento, ya no sólo por sus costados, insuficientemente guarnecidos, sino desde su retaguardia, al norte, donde el enemigo tenía sus mayores contingentes.

La 4ª División, comandada por el coronel Emilio González Quint, se hallaba situada al sureste de Alihuatá, frente al fortín paraguayo Gondra, en el extremo oriental de un gran pajonal llamado Campo Vía, que estaba entre dicho fortín enemigo y el puesto boliviano sobre el kilómetro 22 de la recta Saavedra-Alihuatá, que tenía vista hacia el extremo occidental de aquel pajonal. Las dos divisiones se juntaron en Puesto Urey, con lo que facilitaron su captura en un solo encierro.

El ejército boliviano en campaña estaba completamente derrumbado. La contraofensiva descabellada y los asaltos frontales, planificados por Kundt, en los que la juventud boliviana en uniforme murió en masa, dieron ese resultado, sin que el proyecto del jefe germano pasase más allá de la fase preliminar. Era lógico que los jefes y oficiales del frente, al percibir el profundo malestar de la tropa sacrificada, comenzaron a oponerse a los desaciertos de Kundt, quien aun paseando erguido sobre las trincheras en sus visitas al campo de batalla no fue capaz de ver la realidad. El perspicaz coronel Toro, luego de consultas con sus colegas, mandó un emisario a La Paz para procurar el cambio de Kundt en la jefatura del Estado Mayor. Kundt, en represalia, determinó retirar a Toro del comando de operaciones, mandándolo de vuelta a la retaguardia.

En abril murió en Buenos Aires una de las figuras cumbres de la poesía boliviana e hispanoamericana: Ricardo Jaimes Freyre, fundador, junto con Darío y Lugones, del modernismo. Maestro y codificador del verso libre, intervino también en la política, y ocupó el Ministerio de Relaciones Exteriores en la época de Saavedra. No hubo duelo por tan infausta desaparición, y como se alegara que el gobierno no estaba en capacidad de pagar los gastos de repatriación, el presidente Salamanca escribió al hermano del poeta una carta donde le ofrecía 200 pesos bolivianos de su peculio, como base para una colecta (fiel a sus ideas y obsesionado por la honradez del Estado y del gobierno pobre, nunca alcanzó a ver la contradicción entre la gran riqueza de los potentados mineros en medio de una colectividad miserable; tiempo después, ya derrocado por los militares y de vuelta a Cochabamba, devolvió al tesoro el valor de tres días de su sueldo de noviembre, pues sólo había trabajado hasta el 27 de ese mes, día de su defenestración).

En noviembre, al regreso de una misión en el frente, se fue de este mundo Ismael Montes, la gran figura del liberalismo, dueño del latifundio Taraco y con poderosas ligaduras con los intereses bancarios y comerciales. En la vida de Montes se personifica el drama de un país acosado a dentelladas por sus vecinos: debe ser el único caso de un mandatario latinoamericano que acudió a tres conflictos internacionales, desde la guerra del Pacífico (en la que estuvo de combatiente, a sus 17 años, en el Alto de la Alianza) hasta la del Acre, y finalmente, a sus 71 años, en el frente chaqueño, llamado por el gobierno.

Una fuerte ola de protestas civiles y militares contra el gobierno y el alto mando boliviano obligó a Salamanca a remover a Hans Kundt. Su dirección de las operaciones arrojó, en un solo año, 14 000 muertos en acciones de armas y desaparecidos, 6 000 desertores, 10 000 prisioneros y 32 000 evacuados por heridas, enfermos, etcétera.

En vez de ser degradado y encarcelado de inmediato para ser enjuiciado, Kundt dejó el Chaco todavía convencido de que había obrado bien en favor de Bolivia, y se le permitió volver a Alemania sin que sufriera sanción alguna pese a haber mandado a la muerte a millares de bolivianos, por su terquedad y soberbia, y a que contribuyó decisivamente, por su incompetencia, a que se perdiera la guerra.

El presidente volvió a las andadas en cuanto a dirigir operaciones militares, colocándose por encima de los mandos normales del cuerpo castrense. Pretendió acentuar su control de las fuerzas armadas mediante un inspector militar cuyo cargo lo desempeñaría Joaquín Espada, un civil del elenco republicano genuino. Los jefes y oficiales del ejército en campaña resistieron tajantemente la proposición.

Los reservistas maduros fueron llamados bajo banderas junto con los que cumplían 19 años y debían hacer el servicio militar obligatorio. En pocas semanas, el Estado Mayor repuso la defensa chaqueña.

En el mismo mes se produjo la batalla de Cañada Cochabamba (o Cañada Strongest), en la que los efectivos bolivianos, para evitar ser copados por el adversario, se adelantaron en la realización de una contramaniobra preventiva. Esta vez el cerco boliviano concluyó en la victoria, con la captura de muchos prisioneros y gran cantidad de armas y vituallas. Los jefes triunfantes, el coronel Ángel Ayoroa y el mayor Eduardo Paccieri, recibieron la rendición de los comandantes paraguayos. También en la batalla de El Condado las tropas resistieron con buen éxito las arremetidas de los soldados enemigos, popularmente conocidos como "pilas" (contracción de "pies pelados" o descalzos). Los soldados bolivianos eran apodados "bolis" por sus adversarios.

La situación era apremiante y desesperada. El presidente Salamanca viajó al Chaco y manifestó ante los jefes militares bolivianos que se estaba "al borde de la ruina". Se compuso, febrilmente, la defensa boliviana, ayudada esta vez por una geografía montañosa más familiar a las tropas y distancias más cortas que aumentaban la eficacia del aprovisionamiento, de modo que logró contenerse el avance paraguayo.

En medio de esta crisis, de nuevo Salamanca pensó en restructurar los mandos del ejército, debido a las resistencias que encontraban sus planes sucesivos. Su idea de imponer una Misión Militar Checa, para "asesorar" al alto mando boliviano, colmó la paciencia de los militares bolivianos, que se pusieron incluso insolentes.

Las huestes de Paraguay dejaron mucho material de combate que fue aprovechado por el ejército de Bolivia. Tales regimientos componían la 6ª División paraguaya, que retrocedió hasta Algodonal y Santa Rosa, de donde también fue desalojada. Los soldados bolivianos, al mando del coronel Toro, reconquistaron Picuiba a costa de fuertes bajas de la caballería. El terreno montañoso era desconocido por los llaneros paraguayos y, además, sus líneas de abastecimientos tropezaban con muchas dificultades, por haberse hecho desmesuradamente largas.

En *Lugentes campi,* testimonio del ex combatiente Carlos Salinas Aramayo, se encuentra esta reveladora comparación entre el enorme escenario del Chaco y la geografía europea:

Conocen todos la odisea del coronel Luis Emilio Aguirre, que a la cabeza de un regimiento de 700 plazas se puso de La Paz a Boquerón en siete días, atravesando el inmenso territorio de la república en fatigantes jornadas. Ahora bien, si el coronel Aguirre en vez de salir de La Paz hubiese salido de París, trasladando esta guerra al continente europeo y tomando exactamente la distancia que cubrió para llegar a Boquerón, habría cruzado todo el territorio de Francia, Suiza, Italia, Yugoslavia y Albania, y habría tomado Atenas, pasando por todo el territorio griego. Napoleón destruyó su poderío militar e inició el ciclo de su decadencia con la desgraciada invasión a Rusia. Nuestras tropas, tomando el mismo kilometraje, habrían llegado al puerto de Tromso, Noruega, situado cerca del Polo Norte. En la guerra europea el frente aliado no pasaba en algunos sectores de 80 kilómetros. En las trincheras, a lo largo del territorio de Francia, se concentraron cerca de

12 millones de hombres. Nosotros tenemos un frente que llega a los 500 kilómetros. Es decir, que si utilizamos el procedimiento anterior, el coronel Óscar Moscoso estaría en Munich, Alemania. El coronel Toro en Venecia, Italia. El coronel Bilbao en Viena, Austria, y el general Lanza en Polonia. Las tropas de Paraguay, en cambio, sobre todo en la primera época de la campaña, apenas si tenían que atravesar, para llegar al frente, 500 kilómetros, 200 de fácil navegación, 200 en ferrocarril y 100 kilómetros por buenos caminos carreteros.

EL "CORRALITO" DE VILLA MONTES
Y EL FIN DE LA GUERRA

Obstinadamente aferrado a la legalidad y recordando quizá el fin de Siles, al que había contribuido con su verbo encendido, Salamanca, pese al estado de guerra, decidió convocar a elecciones generales. La oposición misma le hizo notar que no valía la pena elegir a un nuevo mandatario mientras la suerte de la guerra se hallaba en juego y el grueso del electorado batiéndose en las trincheras. Pero don Daniel era hombre de decisiones irrevisables y definitivas. Los liberales escogieron a Juan María Zalles y el gobierno apoyó a quien había servido de canciller del régimen: don Franz Tamayo, unido a Salamanca por mutuos lazos de admiración y amistad.

Tamayo triunfó en las elecciones, y en noviembre de 1934 se hacía su proclamación. En su discurso-programa señaló que la guerra debía ganarse "a cañonazos y no a talegazos" (aludiendo a los arreglos económicos que hicieran los liberales con Chile y Brasil, al ceder la costa marítima y el Acre), pero la oposición insistió en que debían anularse unas elecciones en las que no habían participado los combatientes. Los sucesos de Villa Montes, a los que nos referiremos en seguida, anularon el resultado de esta elección, y para Tamayo representaron la pedrea de su casa de La Paz por una muchedumbre opositora y el saqueo e incendio de su casa de hacienda de Yaurichambi por los colonos indígenas. Tamayo se encerraría en orgulloso aislamiento durante 10 años.

A diferencia de Paraguay, donde las relaciones entre el gobierno y el poder militar eran perfectamente armónicas y existía un claro entendimiento entre el presidente Ayala y el general Estigarribia, en Bolivia, prácticamente desde el inicio de la campaña, si no antes, hubo un divorcio completo. Salamanca no ocultaba su menosprecio por la "semiciencia" de que hacían gala los militares. De su parte, el coronel Ángel Rodríguez, que soñaba con llegar algún día a ocupar la silla presidencial, lo llamaba "el viejo chullpa". Cuando murió Alberto, el hijo del presidente, Salamanca recibió un telegrama en el que el alto mando le informaba que el deceso se había producido en "forma accidental". El mandatario tuvo fuerzas para replicar: "Todos los hijos de la patria mueren heroicamente en el Chaco, tan sólo el mío muere por accidente". Y ante la manifiesta incapacidad de los oficiales para utilizar eficazmente el material humano y los recursos que el país entregaba con enormes sacrificios, Salamanca concluyó por decir: "Les he dado todo, menos inteligencia".

A causa de los contrastes que se abatían sobre las fuerzas armadas de Bolivia, el presidente pensó en nuevas modificaciones al alto mando y, concretamente, en el relevo del general Peñaranda, y resolvió viajar al Chaco para imponer su criterio. En noviembre de 1934 la comitiva del primer mandatario de la República quedó rodeada por la tropa insurrecta. Los oficiales le exigieron su renuncia. Éste fue el famoso "corralito" de Villa Montes.

Obtenida la renuncia formal de Salamanca, los golpistas telegrafiaron a su vez al vicepresidente, José Luis Tejada Sorzano, del Partido Liberal, para que asumiera el poder. El gobernante depuesto regresó amargado a su refugio de Cochabamba y murió seis meses más tarde.

Los jefes militares volvieron a sus puestos y los que habían sido relegados, como Toro, fueron rehabilitados. Las fuerzas bolivianas, acantonadas en Picuiba, y el ejército paraguayo que vigilaba el frente se aprontaron para tomar, cada cual por su lado, la iniciativa del ataque. El enemigo fue quien se adelantó. En jornadas que fueron bañadas por una ola de calor combatieron los soldados antagonistas. La sed, por la canícula infernal, hizo estragos en el ejército boliviano, pues muchos murieron por falta de agua y otros prefirieron el suicidio al espantoso tormento. Picuiba tuvo que ser abandonada. De 5 300 hombres que formaban su guarnición, 1 600 dejaron sus huesos en el camino de retirada.

El ejército de Bolivia llegó a las estribaciones montañosas y allí reorganizó su defensa, instalándose en tres sectores independientes: Capirenda, Carandaití e Ibibobo, los que, no siendo suficientemente fuertes, cayeron ante el avance paraguayo. El ejército enemigo llegó al norte hasta el río Parapetí.

VILLA MONTES

El presidente Tejada Sorzano decretó la movilización general de todos los varones capaces de portar armas y él, personalmente, se constituyó en Villa Montes, cuartel general del comando superior de la campaña. Hasta entonces, frente a la masiva presencia de las tropas de Paraguay, los efectivos bolivianos habían sido movilizados mediante un procedimiento popularmente llamado de "cuentagotas". Otra vez se reconstituyó el ejército boliviano, por cuarta vez, en el terreno favorable, con 17 000 hombres, en tanto que el paraguayo contaba con 15 000; pero éste se encontraba en una zona hostil y se había extendido en un frente muy amplio, a mucha distancia de sus centros de abastecimiento.

La batalla de Villa Montes se libró en febrero de 1935, la embestida paraguaya fue neutralizada y ambos ejércitos quedaron frente a frente, en sus respectivas trincheras. Las tropas paraguayas fracasaron también en su intento de llegar a los centros petroleros, en la serranía de Aguaragüe.

Tejada Sorzano formó un gabinete de concentración nacional con la participación de los partidos tradicionales, incluyendo, en el Ministerio de Hacienda, al magnate minero Carlos Víctor Aramayo. Fue concedida una amnistía política parcial, que no incluía a las fuerzas de izquierda, merced a la cual regresó al país Bautista Saavedra. El gobierno boliviano reinició, asimismo, los intentos diplomáticos, aceptando de buena voluntad la mediación de la Liga de las Naciones Unidas.

La "neutralidad" proclamada por el presidente argentino Agustín P. Justo, exponente de la oligarquía ganadera y de los intereses británicos en la cuenca del Plata, era una cómoda manera de coparticipar en la guerra contra Bolivia. Paraguay se benefició de la ayuda secreta argentina en armas, alimentos y carburantes, aparte del espionaje. En el transcurso de la contienda, el gobierno argentino proporcionó al paraguayo 6 000 cajones de nafta y 400 toneladas de *fuel oil* por mes, además de asesoramiento militar. Las reclamaciones bolivianas, acerca de esta persistente violación de la neutralidad, nunca fueron atendidas. Más bien, Saavedra Lamas en una oportunidad amenazó a Bolivia con la ruptura de las relaciones diplomáticas.

El ejército boliviano reforzó sus fuerzas combatientes hasta llegar a los 45 000 hombres, y resolvió atacar el frente enemigo por el punto central para dividir en dos al ejército paraguayo. En tanto que las tropas de Paraguay se ocupaban de ingresar en Charagua, las divisiones bolivianas se movilizaron, de modo imponente, hacia el este, cerca de la zona petrolera de Boyuibe, donde arrollaron al adversario.

Con Paraguay firmemente posesionado de todo el Chaco boreal boliviano, Argentina se esmeró por precipitar un arreglo que consolidara esta situación. Mientras Tejada Sorzano aceptó la intervención de la Liga de las Naciones, el gobierno paraguayo se opuso, mereciendo la aplicación de sanciones, que debían cumplirse. Por acuerdo entre un alto emisario argentino y el régimen de Paraguay, este último determinó la cesación unilateral de las hostilidades, al mismo tiempo que el canciller de Argentina, Saavedra Lamas, junto con Chile, propuso la reiniciación de las gestiones diplomáticas, que los beligerantes aceptaron, dando cuenta de esta situación a la Sociedad de las Naciones Unidas, que dejó en manos regionales la solución del problema. Las iniciativas se radicaron en Buenos Aires. Bolivia sostuvo que la firma del armisticio fuera simultánea al arreglo de la cuestión de fondo, mientras que el bloque Argentina-Paraguay propuso separar ambas tareas. También la batalla diplomática fue perdida por la delegación boliviana, de manera que el 12 de junio de 1935 se firmó el cese del fuego entre el canciller boliviano, Tomás Manuel Elío, y el ministro de Relaciones Exteriores de Paraguay, Luis A. Riart, ante una gran multitud concentrada frente a la Casa Rosada. Los otros puntos quedaron pendientes para pláticas posteriores.

El estruendo de las armas se apagó a partir del mediodía. Los topos humanos salieron de las trincheras para encontrarse con que habían hecho una guerra tan absurda que ni siquiera habían logrado engendrar el odio recíproco. Roberto Querejazu Calvo ofrece las siguientes cifras del esfuerzo humano realizado por los dos adversarios:

Paraguay: 150 000 hombres movilizados, 10 000 en puestos de retaguardia, 25 000 prisioneros, 40 000 muertos.

Bolivia: 200 000 hombres movilizados, 30 000 en puestos de retaguardia, 25 000 prisioneros, 50 000 muertos.

Y añade en otra parte de su excelente obra sobre el Chaco:

Tal vez nunca en la historia de los conflictos internacionales estuvo la naturaleza del hombre sometida por tanto tiempo a un esfuerzo tan penoso como el que se exigió a combatientes de esta campaña. Sed y hambre, calor de 40 grados a la sombra e intenso frío al soplar el viento Sur, disentería, avitaminosis y paludismo sumados al peligro de alimañas, fusiles y ametralladoras acechando en la maraña, durmiendo en agujeros sobre el duro suelo, la arena o el barro, sin más protección que una frazada, haciendo marchas forzadas bajo el azote de un sol inclemente o la lluvia, combatiendo sin relevo, reducidos al denominador común más bajo en la escala humana, sirviendo de carne de cañón por los errores de comandos ineptos.

La desmovilización se hizo poco a poco, cuidando que los veteranos fueran llevados a sus sitios de origen por grupos, a fin de evitar concentraciones grandes. También se secuestraron muchos diarios y testimonios, y la censura militar evitó por algún tiempo la publicación incluso de novelas o cuentos. Pero había poemas, como el de Nicolás Ortiz Pacheco, que corrían de boca en boca:

> Señores generales, señores coroneles…
> Muy breve es vuestra historia:
> ¡Tiempo y un cuartelazo… coronel!
> ¡Tiempo y genuflexiones… general!
> Yo os vi que sin tener arte
> ni ciencia ni asomo de conciencia
> jugabais al azar, como con dados,
> con las vidas de miles de soldados…
> Teneis marcialidad en las ciudades,
> en cambio en el combate
> como un ser maldito
> todo lo paga el soldadito
> que os da ejemplo de honor y de coraje.
> ¡Mereceis de gallinas el plumaje!

En el frente y en la retaguardia, a medida que se sufrían los reveses militares, cundió la idea de que la mano negra de la Standard Oil Co. era la que había movido a los mandos político-castrenses como simples marionetas de la infausta guerra, pero siempre quedará en la penumbra la verdad entera del grado de influencia en la iniciación, el curso y los objetivos en la contienda de la citada empresa estadunidense (hoy parte del consorcio Exxon).

En el momento de la llegada de Salamanca al poder, el interés boliviano en asentar una soberanía real en el desierto del Chaco, cuyos títulos coloniales hacían llegar las fronteras a las puertas de Asunción, pudo muy bien haber coincidido con el interés oleoso de la Standard Oil. Por lo demás, ya Salamanca, años antes, desde su curul de diputado, había sostenido:

> Bolivia no puede llevar esos petróleos a Argentina, porque este país, en vista de sus intereses, le cierra el paso con fuertes derechos protectores. El remedio natural y lógico era construir un oleoducto al río Paraguay, pero allí está la república de Paraguay, detentadora de territorios bolivianos, cerrándole también el paso. Bolivia no puede resignarse a vivir miserablemente como país.

Pronto, como si se tratase de un Estado, la compañía estadunidense proclamó su neutralidad en la contienda. "Con la neutralidad —asegura Sergio Almaraz— podía sabotear el esfuerzo de guerra, vender gasolina a precios elevados y en caso necesario, si Bolivia fuera derrotada, llegar a acuerdos con el gobierno de Paraguay." En efecto, la legación boliviana en Buenos Aires comprobó que la Standard Oil vendía petróleo a Paraguay y le había concedido, incluso, un crédito durante el conflicto. La misma empresa mandó arrojar herramientas de zapa al río Bermejo para no entregarlas al ejército boliviano y desmanteló campamentos trasladando equipos y vehículos a sus concesiones tras la frontera argentina. Agravó su actitud inamistosa al negarse en redondo a proporcionar gasolina de aviación para las máquinas de combate, aduciendo la imposibilidad de su obtención local; el gobierno dispuso la incautación del crudo de Camiri y consiguió la gasolina precisa en la pequeña planta de refinación que existía y que operaban técnicos nacionales.

Diputados argentinos denunciaron en el Parlamento la existencia de un oleoducto de la Standard Oil, construido clandestinamente por debajo del río Bermejo para conectar el pozo Bermejo 2, que estaba en territorio boliviano, con el de Agua Blanca, también de la misma compañía, sito en el norte argentino. La repercusión de la noticia produjo un escándalo en Bolivia, por lo que el gobierno de Tejada Sorzano inició las investigaciones del caso y pudo comprobar la denuncia.

Otra creencia extendida fue que los grandes mineros financiaron el sostenimiento de la guerra. En cumplimiento de la entrega obligatoria de gran parte de sus divisas de exportación, la minería vendió entre 1932 y 1935 al Banco Central un poco más de 7 500 000 libras esterlinas. Los impuestos sobre utilidades mineras alcanzaron, en el mismo periodo, cerca de tres millones de pesos bolivianos, equivalentes a 150 000 libras esterlinas, al cambio de 20 pesos bolivianos por libra esterlina. Como esta contribución era ridícula, el gobierno obtuvo préstamos directos: del grupo Patiño 1 492 548 libras esterlinas; del grupo Hoschild 180 000, y del grupo Aramayo 120 000.

A cambio de estos préstamos, los grandes mineros obtuvieron la reducción del cupo de venta de divisas al Estado. El repunte de los precios de los minerales y la ampliación de la demanda mundial de los mismos, desde fines de 1933, favoreció a la gran minería durante los años de la guerra del Chaco. Mientras que en ese año Bolivia exportó sólo 19 957 toneladas finas de estaño, la exportación se elevó en 1935 a 25 282 toneladas. Las cotizaciones ascendieron, a su vez, de 118 libras en 1932 a 195 en 1933 y a 230 en 1934. Patiño obsequió un avión al ejército boliviano. En otras ocasiones se había mostrado más generoso, como cuando regaló hospitales equipados a Francia e Inglaterra durante la primera Guerra Mundial.

El déficit fiscal producido por el conflicto bélico se salvó apelando principalmente a nuevas emisiones de papel moneda, que acrecentaron la inflación. Los ingresos ordinarios del gobierno central bajaron a menos de la mitad, mientras que las erogaciones se agigantaron. Entre 1932 y 1934, las reservas internacionales de Bolivia bajaron 50%. En el mismo lapso, la circulación monetaria creció de 80 millones de pesos bolivianos a 443 millones. El pago de la deuda externa quedó suspendido.

Ninguna tragedia, de las muchas vividas por la República (ni la del Pacífico, cuya consecuencia funesta de enclaustramiento se sentiría poco a poco hasta que

Chile pudo ajustar sobre la yugular del desfalleciente organismo boliviano el tratado de 1904 o el cierre definitivo de sus puertos al tránsito boliviano; ni la del Acre, donde Brasil inventó un país de opereta que después deglutió opíparamente, poniendo en paz su conciencia con el leonino tratado de 1903), puede asemejarse a la del Chaco, por lo que representó como sacudimiento y congoja. Se apoderó de la gente la "sombría, muda y sórdida estupidez que nos agobia cuando los males nos desconsuelan", como decía Montaigne en su lúcido tratado sobre la tristeza.

Dentro de esa atmósfera enrarecida y luctuosa, penetraron a la ciudad de La Paz las tropas del Chaco, a cuya cabeza iban los altos oficiales a quienes no esperaba la cárcel ni la vindicta pública, sino los salones palaciegos y la adulación de las comparsas.

MAROF Y EL TROTSKISMO

La figura dominante de la oposición de izquierda durante la guerra y la posguerra fue Gustavo Navarro, alias Tristán Marof. Exiliado en Argentina, junto con Alipio Valencia Vega y otros militantes más jóvenes, formó varios grupos de propaganda antibélica, promoviendo la deserción de los soldados bolivianos. Fuera de los autoheridos que se hacían evacuar y de los emboscados, 10 000 personas en edad militar se marcharon a Argentina en los tres años de la lucha.

Sobre los desertores actuó una combinación de motivaciones, desde la prédica revolucionaria hasta la marginalidad de los campesinos, pasando por los privilegios y discriminaciones entre blancos e indios. En 1932, la población rural formaba 80% de los habitantes de Bolivia. Por las condiciones económicas precapitalistas existentes en el agro y la subsistencia de sus idiomas, quechua y aimara, esa enorme masa de bolivianos segregados no conocía otra patria que el terruño, el pegujal o la sayaña, microuniverso en cuyo seno nacía, padecía y moría. La Patria oficial, con mayúscula, de los hispanoparlantes de la minoría "blanca" no la entendía; la percibía ajena y hostil, ya que de ella recibía el agobio del latifundio, de la mina, la prohibición de entrar al centro de las ciudades y los abusos de toda laya de las autoridades. La República misma fue tan dura como la Colonia para la masa indígena. Según cifras de Herbert Klein, de 250 000 indígenas comunales que había al comenzar el siglo xx, hacia 1930 no quedaban más que 50 000 en 500 *ayllus*. La voracidad latifundista había hecho su trabajo.

Para el indio y el mestizo artesano, proletario o desocupado, existía una constelación de privaciones, sufrimientos y humillaciones, debido a que se trasladaron al campo de batalla las distinciones de la vida civil. Marof hizo una simbiosis entre el indigenismo y el marxismo, al señalar que los males del país no estaban en la existencia de indios y cholos, sino en la opresión y explotación de la oligarquía minera y feudal y del imperialismo, y en proponer la organización unitaria de obreros y campesinos para la conquista del Estado socialista. Durante el mismo año, el grupo más importante de los que actuaban en el destierro, llamado Túpac Amaru, bajo su liderato, lanzó un manifiesto que tuvo mucha resonancia, en el que denunciaba el crimen de la guerra y proponía la divisa de "tierras al indio y minas al Estado".

Marof fue el primero que refutó el negativismo de Arguedas, y ya en 1926 dibujó este retrato del autor de *Pueblo enfermo:*

> Escritor pesimista, tan huérfano de observación económica como maniático en su acerba crítica al pueblo boliviano. Arguedas tiene todas las enfermedades que cataloga en su libro: hosco, sin emoción exterior, tímido hasta la prudencia, mudo en el Parlamento. Sus libros tienen la tristeza del altiplano. Su manía es la decencia. La sombra que no le deja dormir, la plebe. Cuando escribe que el pueblo boliviano está enfermo, yo no veo la enfermedad. ¿De qué está enfermo? Viril, heroico, de gran pasado, la única enfermedad que le carcome es la pobreza.

Después de intentos preliminares para unificar las fuerzas de izquierda, el citado grupo de Marof, la izquierda boliviana de Chile, que capitaneaba José Aguirre Gainsborg, y el grupo de exiliados de Perú se reunieron en el congreso de Córdoba, Argentina, en junio de 1935, de cuyos acuerdos nació la colectividad más antigua de las formaciones políticas izquierdistas: el Partido Obrero Revolucionario (POR), que tuvo muchos avatares y que, años después, fue convertido en sección boliviana de la Cuarta Internacional. Las luchas internas de la Revolución rusa, trasladadas al plano mundial, originaron dos corrientes principales: la oficial, de Stalin, quien ya instalado en el poder en Rusia proclamó por decreto la dictadura del proletariado a través de los soviets (soldados, obreros y campesinos), y la disidente de Trotsky, quien combatía lo que llamaba la dictadura burocrática sobre el proletariado y formulaba la estrategia de la revolución permanente y universal. Por décadas esta división desvelaría y enfrentaría sañudamente a la izquierda nacional. Para muchos jóvenes bolivianos, ningún héroe o pensador del país podía compararse con Trotsky, aureoleado por el martirio después de su asesinato en México por orden de Stalin.

Con la desmovilización de los ex combatientes, que salían con descontento e ira, se produjo el rechazo total de los partidos tradicionales, la repulsa del orden establecido y la necesidad de un cambio. El saavedrismo fue el primero en captar esa desazón y optó por enfatizar su barniz "socialista", elaborando un programa que mezclaba un leve reformismo gradualista con una solución corporativa de la lucha social de imitación fascista. Hasta el racismo mostraba su hilacha en el punto programático en que se negaba la inmigración a Bolivia de negros y chinos.

LA IMPACIENCIA DE LOS SOCIALISTAS

Los silistas, que se opusieron a Salamanca, quisieron también reverdecer el Partido Nacionalista y realizaron una convención en La Paz. De inmediato, el ala izquierda y juvenil, acaudillada por Carlos Montenegro, señaló que dentro de esa colectividad había dos sectores. Como su proposición de crear un "nuevo Estado económico y social" no fuera aceptada, la izquierda terminó por abandonar la convención, acto con el que se decretó la liquidación del partido. Los autores de la ruptura se organizaron de inmediato en una célula socialista revolucionaria y se dirigieron a la búsqueda de la unidad con otras agrupaciones similares y, ante todo, con la legión de ex combatientes, que representaba a los 100 000 desmovilizados del Chaco. Estos grupos consiguieron constituir una entidad denominada Confederación Socialista Boliviana (CSB), lidereada por Enrique Baldivieso, que tenía un programa moderado.

En el movimiento radical habían muchos grupos socialistas y de izquierda, sobresaliendo el grupo Beta Gamma, donde estaban Fernando Iturralde Chinel, Aguirre Gainsborg, Hernán Siles Zuazo, Manuel Barrau, Víctor Andrade y Julio Zuazo Cuenca.

El gobierno de Tejada Sorzano, temeroso de la actividad independiente de los grupos emergentes, suspendió las elecciones municipales y prohibió la realización del congreso de la CSB. Convocó, más bien, a elecciones generales para la reforma de la Constitución y para presidente y vicepresidente de la República. Los partidos tradicionales suscribieron un pacto de no agresión e hicieron consultas acerca de una fórmula electoral conjunta. Al no lograrse el acuerdo, el Partido Republicano Socialista de Saavedra intentó un entendimiento con la CSB. Esta situación produjo la quiebra de la cumbre liberal gobernante, que entró en confusos debates de opciones dispares de solución política.

La maniobra de suspender las elecciones municipales y fijar las generales para el año siguiente (mayo de 1936) estaba dirigida a ganar tiempo para imponer, mediante el sufragio minoritario, la persistencia del estilo político de la preguerra. Enrique Baldivieso, de la CSB, comenzó a establecer contactos con los jefes militares con el propósito de obtener el gobierno para cumplir el programa de su agrupación. Tal era el desprestigio de los partidos tradicionales, que el propio industrial minero Carlos V. Aramayo quiso formar un sustituto: el Partido Centrista, que no prosperó.

El proceso inflacionario se acrecentó bajo el gobierno de Tejada Sorzano. La circulación monetaria, que era de 222 millones de pesos bolivianos en 1934, dos años más tarde llegó a triplicarse. El gobierno, después de intentar el cambio libre, volvió al control de cambios. El costo de la vida se encareció por la caída del poder adquisitivo de los salarios y de la moneda nacional.

El movimiento sindical, suprimido bajo Salamanca, resurgió rápidamente con la vuelta de los ex combatientes. Los sindicatos de obreros, empleados y artesanos y las organizaciones estudiantiles se multiplicaron. En Cliza, Cochabamba, fue fundado el primer sindicato campesino por obra de los marofistas. Los radicales organizaban también "soviets" de ex combatientes, de existencia esporádica. Las federaciones obreras departamentales fueron reinstaladas.

A principios de 1936, la federación obrera paceña, a cargo de Waldo Álvarez, presentó a las autoridades un pliego de peticiones. Por la renuencia del gobierno de tratar el pliego laboral, el combativo sindicato gráfico presentó las peticiones directamente a los empleadores. La parte patronal pretendió dar largas al asunto, a lo que los trabajadores contestaron con la huelga del sector. En las condiciones de quiebra del estrato político dominante y de organización y espíritu combativo de los obreros, de inmediato el movimiento se convirtió en una de las más grandes huelgas de la moderna historia de Bolivia. El ejército se situó en una neutralidad benevolente a las fuerzas populares, por lo que la sede del gobierno quedó en poder de los piquetes de huelguistas.

Pese al carácter salarialista de la huelga y a la falta de una vanguardia nacional que elevara el movimiento a metas políticas propias, el paro total generó una excepcional oportunidad que fue aprovechada por el poder militar para abatir en mayo de 1936 al gobierno anacrónico.

Como del caldero de las brujas de Macbeth, del infierno yermo del Chaco saldrían para Bolivia frutos de distinto sabor y apariencia, algunos envenenados: desde la liquidación de la antigua sociedad de privilegios exclusivos y multitudes humilladas, y la recuperación del estaño y el petróleo —metal y orín del diablo que pasaron a manos del Estado—, hasta el ascenso de las clases medias y obreras, la liberación del indio-pongo y colono y su nuevo sometimiento a otros pongueajes más benévolos: la revolución y el militarismo. Los nuevos césares no habían podido acercarse —no digamos cruzar— al río Paraguay, pero ya estaban listos para conquistar la soñolienta ciudad que fungía como sede de gobierno.

IV. LOS ALBACEAS DE LA TRAGEDIA

¿QUÉ clase de país saldría del Chaco? Se habían escrito ya algunas obras importantes que especulaban sobre el porvenir, y la prédica izquierdista y nacionalista ganaba cada vez más adeptos, pero la mentalidad tradicional estaba lejos de ser vencida. Liberales y republicanos todavía volverían al gobierno en sucesivos regímenes y la oligarquía minera, en la cumbre de una sociedad feudalista, mantendría aún su hegemonía hasta 1952.

En la *Gaceta de Bolivia,* Carlos Medinaceli comentó en junio de 1934 una obrita de Agustín Iturricha, intitulada *Los peligros de la posguerra,* que el viejo intelectual chuquisaqueño sintetizaba en tres: el comunismo (que también desvelara a Salamanca), la rebelión de los indios (que ya se habían alzado en Chuquisaca, Potosí y el altiplano paceño en 1927, tema que desarrolló magistralmente Óscar Cerruto en su novela *Aluvión de fuego*) y la dictadura militar. Iturricha no ofrecía ninguna fórmula salvadora, sino la panacea de un plan de federación no territorial, sino institucional, dentro de un "Estado científico", a todo lo cual se refería agudamente Medinaceli:

> Nos parece que el autor, llevado por una excesiva suspicacia de hombre que ya ha perdido la elasticidad psíquica y humana para adaptarse al ambiente de los tiempos nuevos que vendrán forzosamente, se esfuerza por sostener y

defender un estado de cosas sociales, una ideología política, y una económica ya incompatibles por insuficientes o ya gastadas por el uso y abuso de ellas, por ejemplo, nuestro feudalismo económico o el parlamentarismo burgués o la concepción estática del derecho... El porvenir no es ya —ojalá así sea— de los ideólogos racionalistas del ochocientos, sino de la acción de las masas probadas en el sacrificio del Chaco, que ahora van a entrar —y tienen derecho a hacerlo— en función histórica. El autor de este folleto, como aquel don Juan Joseph de Segovia, el que decía del indio que "es hermano del demonio", no ha tenido ocasión de rozarse con el oprobio de la vida boliviana y ver, no con los ojos de abogado sino de hombre, el horror de la explotación capitalista en las minas y las iniquidades del gamonalismo en los campos. Sus opiniones acerca del indio son los prejuicios de una casta privilegiada, y su visión del complejo económico es el temor pávido del mismo privilegiado que teme perder sus privilegios el día en que este absurdo que es la organización social del país cambie de raíz.

Germán Busch quedó como nuevo dueño del Palacio Quemado. Luego de un interinato de tres días, durante el cual dio satisfacción a los huelguistas, autorizando el aumento general de salarios, entregó el poder al coronel David Toro, cuando éste regresó de una visita al Chaco.

El golpe militar, al que coadyuvaron los obreros gráficos con su prolongada huelga, había sido preparado, en efecto, por el general Toro, líder indiscutido del comando militar, cuya fama, empañada por el desastre de Picuiba, se afirmaba ahora en el anhelo de los ex combatientes de derrocar a las viejas clases y partidos gobernantes —culpables a sus ojos de la impreparación con que el país enfrentó la campaña— y lograr un régimen en que la riqueza del país favoreciera a las mayorías. Alto, bien parecido, de tez blanca, en medio de camaradas cetrinos y retacones, Toro tenía un temperamento epicúreo y no tuvo resquemor alguno en escribir este retrato de sí mismo:

> Mi vida, clara y viril, nada tiene que esconder. En vano se pretenderá encontrar en ella algo que no sea completamente humano... Todo hombre culto debe saber que el hombre normal es un caos de deseos: le gusta comer, beber, dormir, mantener un canario, jugar al tenis, ir al teatro, andar bien vestido, hacer hijos, coleccionar estampillas, poseer una profesión y muchas otras cosas. La austeridad y la sobriedad extremas en el vivir son, en 95% de los casos, completamente ficticias cuando no esconden condiciones de anormalidad, debidas a enfermedades, herencia o aberraciones fisiológicas.

En las trincheras se había producido, si no la camaradería, por lo menos el conocimiento entre los indios, cholos y jóvenes de las clases urbanas. Este encuentro tendría consecuencias que pocos pudieron prever entonces. Pero en la superficie nada había cambiado todavía. Un viajero uruguayo, Francisco Curt Lange, hizo un paralelo de la realidad campesina boliviana con la Rusia de los zares y los mujiks:

> Su vida es un vegetar —decía del indio—, y ningún recurso les permite ampliar la choza inmunda. La familia, siempre numerosa, reparte la estrechez con los animales domésticos, y en este único cuarto, ventilado solamente desde la

puerta de entrada, baja y endeble, se cocina, se duerme y se copula. Perseguido y explotado, carne de cañón para los cuartelazos y las guerras, siempre engañado, cada vez más reducido en sus libertades, el indio se refugia en un pedazo de tierra, y aun cuando es ajeno, lo cultiva con sentimientos profundos que son herencia directa e imborrable de tiempos pasados. Y este refugio en su propio ser, esta oposición tenaz a las intenciones siempre sospechosas del cura, del latifundista, del militar, del corregidor, trae como consecuencia un aislamiento cada vez mayor, con condiciones de vida cada vez más miserables.

> Los hijos del sol tienen sueño desolado…
> su frente no se yergue, su corazón no late…
> es porque ya no quieren con ímpetu sagrado,
> haciendo de sus penas el mejor acicate,
> desenterrar con brío, del arca del pasado,
> el hacha de la guerra y el arco del combate.

JOSÉ ANTONIO DE SÁINZ

EL GENERAL TORO SE CONVIERTE AL SOCIALISMO

Comenzaba, pues, la era de los gobiernos militares "socialistas", que adoptaron esta denominación para estar a tono con el sentimiento predominante en la posguerra. El anhelo de cambiar el viejo orden dominado por la "rosca", por una patria que atendiese a los desposeídos y humillados se identificó con el socialismo, aunque éste se interpretara de varias maneras. El nuevo presidente prometió, en armonía con el ambiente, nada menos que implantar "el socialismo de Estado con el concurso de los partidos de izquierda".

85

El gabinete gubernamental fue una coalición de los militares triunfantes, del socialismo de Enrique Baldivieso y de los saavedristas. A petición de las organizaciones laborales que salieron fortalecidas de la huelga, y con el impulso en las esferas del poder de Carlos Montenegro, se creó el Ministerio de Trabajo, que fue entregado al líder sindical gráfico Waldo Álvarez, quien se rodeó de colaboradores extraídos principalmente del grupo de izquierda de Cochabamba, como José Antonio Arze y Ricardo Anaya.

Objetivamente considerada, la situación mostraba el completo desprestigio de los partidos tradicionales, se mantenía intacto el poder económico de la oligarquía de los grandes mineros y hacendados, en tanto que el ascenso obrero y de las clases medias no tenía cabeza, carecía de una vanguardia política. El vacío fue llenado por el ejército, que pretendió, aunque todavía informe y confusamente, remontarse por encima de las tensiones de las fuerzas sociales opuestas, frenándolas y favoreciéndolas sucesivamente.

La clase media militar, ni capitalista ni proletaria, ni liberal ni comunista, tomó algunos elementos del movimiento fascista que estaba en auge en Europa, adaptándolos a la estructura semicolonial. Tras de los oropeles y de la simbología fascistoide no estaba, precisamente, la contrarrevolución, sino un esbozo reformista de paños tibios, excepto una o dos medidas de trascendencia histórica. La denominación incongruente de "socialismo de Estado" significaba, ni más ni menos, el surgimiento de la nueva tendencia. En estas condiciones, la coparticipación de la dirección sindical, pese a sus frustraciones, no podía ser exactamente asimilada a lo que hacía la socialdemocracia europea.

La presencia del líder gráfico y secretario general de la FOT paceña en el gobierno de Toro generó, de inmediato, un ala izquierda, que fue la que polarizó el ataque reconcentrado de los intereses económicos y políticos de la reacción y de su prensa adicta. Gracias a esa izquierda el Poder Ejecutivo anunció una nueva política, aunque gran parte de ella hubiese quedado sólo en expresión verbal. La Junta Mixta de Gobierno anunció al país un programa que incluía la solución definitiva del pleito del Chaco; revisión de impuestos a la minería con tendencia a que el Estado participase como socio, progresivamente, en las utilidades; impuesto a la plusvalía, y "creación de un patronato nacional que estudie las cuestiones relativas a la clase indígena, especialmente su incorporación a la vida civilizada y a la parcelación de tierras".

Poco antes, Enrique Baldivieso, el autor de la consigna "Con la generación antes que con el partido", había señalado las proyecciones y los límites del "socialismo" oficial en un discurso público. Denunció las mentiras de la democracia formal que favorecía el privilegio y habló de devolver a Bolivia la soberanía económica para remediar la miseria y la pobreza. "Frente a los derechos políticos tantas veces proclamados —dijo—, debemos afirmar los derechos económicos del ciudadano: a la vida, al trabajo, a percibir el producto íntegro del mismo." El "socialismo" que propuso era reformista y consistía en promover la modernización capitalista de Bolivia, pues expresó:

Bolivia no está preparada para el advenimiento del socialismo integral; es un país monoproductor, de escasísimo desarrollo industrial; no tiene la gran técnica que es el índice de la industria plenamente desarrollada; es un país semicolonial productor de materias primas que se aprovechan en el extranjero, y vive de lo que el extranjero le envía.

Las compañías de Aramayo y Hochschild trataron de ganar influencia en el gobierno de Toro, en pugna con el grupo Patiño, a fin de tener mejor participación en las cuotas de exportación de estaño, reguladas internacionalmente. La asociación de ex prisioneros lanzó denuncias contra los conductores civiles y militares de la guerra.

El ambiente político se puso tenso. Las organizaciones de izquierda, el socialismo cogobernante y las organizaciones obreras exigieron la expulsión de los saavedristas. Saavedra rehusó la invitación de Toro a hacerse cargo de la representación boliviana en las negociaciones de paz en Buenos Aires. El deterioro de la situación fue cortado bruscamente por la intervención de la fuerza armada, ya que el Estado Mayor, jefaturizado por el teniente coronel Germán Busch, ocupó las calles, exilió a Saavedra y dispuso la sustitución del gabinete compartido por otro exclusivamente militar, aunque apoyado por el movimiento sindical y los ex combatientes, que Toro aceptó. Waldo Álvarez, desde el Ministerio del Trabajo, animó la agrupación de los sindicatos con miras a crear una central obrera nacional democrática e independiente.

Los cambios monetarios múltiples que daban origen al mercado paralelo de moneda, a la escasez y a la especulación, así como el déficit que era cubierto con emisiones extra de billetes de banco, lesionaban constantemente el poder adquisitivo de sueldos y salarios. El Ministerio del Trabajo se vio obligado a compensar esta situación desventajosa mediante un aumento salarial. Por aquel tiempo, las discriminaciones en materia de emolumentos demostraban la existencia de una gran injusticia nacional y social. En la escala de sueldos, un gerente de mina (generalmente extranjero) percibía 2 000 pesos bolivianos al día, frente a un obrero que ganaba 10 en el mismo lapso.

Fuera del experimento aislado de sindicalización campesina en la finca del monasterio de Santa Clara, en Cliza, Cochabamba, no hubo nada más para la masa indígena. Muchos de los ex combatientes quechuas, aimaras y cambas prefirieron quedarse en las ciudades, aumentando la desocupación, a soportar la servidumbre gratuita en los latifundios. Para conjurar esta situación, que restaba brazos a la economía rural y creaba una concurrencia ruinosa al nivel de los salarios del proletariado, se dictó la Ley de Trabajo Obligatorio.

Otro proyecto de iniciativa gubernamental fue el de la sindicalización obligatoria. En las filas de la izquierda se habló de corporativismo, mientras que la prensa de la derecha dijo que se trataba de entregar un poderoso instrumento a una masa ignara. El presidente Toro aclaró que la sindicalización forzosa no pretendía agudizar la lucha de clases, sino más bien someterla "al control del Estado". En suma, no se trataba de garantizar un sindicalismo independiente, sino uno moldeable desde el poder.

En 1936 salió a la luz un diario que tendría una trayectoria excepcional de lucha antiplutocrática, *La Calle*, como vocero del Partido Socialista de gobierno, dirigido por Carlos Montenegro y Augusto Céspedes. Baldivieso renunció a su cargo y el Partido Socialista se extinguió hacia fines del año. El gobierno de Toro dictó la prohibición de las actividades comunistas, marxistas y anarquistas, disponiendo la requisa y la destrucción de los libros de estas doctrinas sociales. También contrató una misión de la Italia fascista para reorganizar la policía boliviana.

Waldo Álvarez, acompañado de sus asesores, realizó una gira nacional con el fin de promover la concurrencia de delegaciones a un Congreso Nacional Obrero, que se realizó en Oruro a fines de 1936. Acudieron no solamente las representaciones sindicales, sino las de los más destacados grupos y partidos de izquierda. Los moderados del socialismo oficial y los republicanos-socialistas se coligaron para promover la exclusión de Aguirre Gainsborg y otros marxistas radicales, pero Álvarez, que renunció al Ministerio del Trabajo para que los congresistas dijeran su propia palabra, se opuso a la maniobra, evitando la fractura del congreso.

Los trabajadores se pronunciaron por la nacionalización de los bienes de la Standard Oil, por la jornada máxima de seis horas para los obreros del interior de las minas, el reajuste salarial en escala, la defensa de los inquilinos pobres, la reforma agraria y la abolición del pongueaje. El congreso organizó la primera central nacional de trabajadores de Bolivia (CSTB), que inicialmente mantuvo autonomía de afiliaciones internacionales, pero que posteriormente se afilió a la Confederación de Trabajadores de América Latina, comandada por Vicente Lombardo Toledano.

El gráfico Álvarez fue sustituido en el Ministerio del Trabajo por el abogado Javier Campero Paz, otrora discípulo predilecto de Saavedra. El gobierno del coronel Toro fue sindicado de favorecer los intereses de Carlos V. Aramayo, con la concesión de 300 000 hectáreas de tierras auríferas en las regiones de Tipuani y Guanay, en el subtrópico paceño.

El gobierno acusaba un cierto desgaste, porque pese a su fraseología había tomado medidas contradictorias y luego había entrado en un marasmo político fomentado por los partidarios de Busch, quien renunció a la jefatura del Estado Mayor General para dejar sin efecto tanto esta presión como el descontento popular; a los pocos días, el gobierno de Toro dictó la nacionalización del petróleo, medida inspirada por Montenegro. La resolución suprema respectiva expresaba la caducidad de todas las propiedades de The Standard Oil Co. of Bolivia por defraudación comprobada a los intereses fiscales, y todos sus bienes pasaran a ser propiedad del Estado. Simultáneamente se creó Yacimientos Petrolíferos Fiscales Bolivianos (YPFB).

La Standard Oil contrató abogados bolivianos y asumió la defensa de sus intereses frente al Estado y al pueblo de Bolivia. A su vez, las universidades de Sucre y Cochabamba destacaron a distinguidos catedráticos suyos para hacerse cargo de la defensa de los intereses nacionales y asegurar la efectividad del decreto respectivo, que fue el más importante de la era del "socialismo" militar. Al mismo tiempo, en el plano internacional, la empresa estadunidense desató una campaña de desprestigio, denunciando al gobierno de Toro de extremista y amenazando con recurrir al Tribunal Internacional de La Haya, como si fuese un país y no una empresa, y con promover represalias del Departamento de Estado de los Estados Unidos. De ese modo, se inició ante la Corte Suprema de Justicia de Bolivia un pleito largo y engorroso.

La nacionalización del petróleo, semejante pero anterior a la de México, que en la historia boliviana constituyó la primera de las estatizaciones de los hidrocarburos, insufló una nueva aura de popularidad al gobierno de Toro, haciéndole ver que, para soslayar el asedio castrense de Busch, era preciso que se dotara de un instrumento político propio que sirviera de contrapeso, pero no tuvo tiempo de hacerlo.

Luego de que su avioneta cayera en la selva, Busch volvió a La Paz, donde su aventura había causado un fuerte impacto psicológico. La legión de ex combatientes lo nombró su jefe supremo, con lo que resultó con un gran poder real en sus manos, ya que era, al mismo tiempo, jefe de las fuerzas armadas.

No faltaron quienes le hicieron ver que sus posibilidades personales se abrían de un modo promisorio. Comenzó entonces la conspiración del alto mando, se tomaron los acuerdos correspondientes y se ejecutaron sin tardanza. Busch, en connivencia con Peñaranda, le avisó a Toro que ya no gozaba de la confianza del ejército, y lo invitó a renunciar. La suerte había sido echada. El ex presidente fue expulsado en seguida a Chile.

En julio de 1937 Busch, con el respaldo del ejército, anunció que asumía "en propiedad" y no precariamente la presidencia. El movimiento sindical y las formaciones de izquierda consideraron que el ascenso de Busch implicaba un viraje a la derecha, especialmente hacia los intereses de Patiño. En sus visitas a palacio, personeros de la gran minería y jefes de partidos tradicionales ofrecieron, en forma unida, una "tregua política" a la administración y solicitaron elecciones inmediatas.

La debilidad que siempre tuvo Toro por Busch, que lo hizo ascenderlo hasta la jefatura del Estado Mayor, por encima de otros oficiales más experimentados y con mayores méritos, probó a la postre ser fatal para él mismo. El golpe de Busch se llevó a cabo alegando que el régimen torista había descuidado "armar al país para su defensa" y que no había cumplido los ideales revolucionarios.

Busch ratificó que su gobierno sería continuación del anterior proceso "socialista" y que estaba en vigencia el programa de "justicia social". Mas como hubiera fuertes rumores de que la nacionalización del petróleo sería revisada, el presidente, otra vez en manifiesto a los ex combatientes, aclaró que se reafirmaría la recuperación de ese importante recurso natural.

Se convocó a elecciones para la convención que reformaría la Carta Constitucional y que debería funcionar luego como Parlamento ordinario, manteniendo la determinación de Toro de que la legión de ex combatientes y la confederación sindical podrían intervenir en los comicios en igualdad de condiciones con los

93

partidos políticos. Volvieron los exiliados y el bloque de derechas se propuso ayudar a Busch, es decir, dirigirlo. Tristán Marof, después de 10 años de exilio, volvió al país entre manifestaciones de trabajadores y de gente humilde. Como la futura convención elegiría al presidente y vicepresidente constitucionales, se inició la propaganda en favor de Germán Busch para la primera magistratura.

Desde su exilio de Santiago, el coronel Toro, convocado por oficiales incondicionales, cruzó Argentina subrepticiamente y penetró al Chaco, donde se encontraba la mayoría de la oficialidad boliviana. Estuvo cinco días en conferencias, y en El Palmar fue recibido por el comandante del sitio, teniente coronel Juan de Dios Cárdenas. Concluidas sus conversaciones retornó a Argentina cuando el gobierno ya estaba avisado del hecho y había calificado a la incursión del ex presidente como la frustrada "revolución de El Palmar". Fueron detenidos varios jefes militares, y un tribunal también militar los juzgó en Tarija, resolviendo el fusilamiento de Cárdenas, ante la protesta airada del vecindario. En el periodo preelectoral, los afanes presidencialistas de Bautista Saavedra le ocasionaron un nuevo exilio. En las filas populares, la organización sindical ferroviaria, apoyada por la CSTB, la LEC y numerosos partidos socialistas y obreros, formó un Frente Único Socialista (FUS), con el que afrontaron la coyuntura electoral. No era extraño, entonces, que las nuevas fuerzas sociales de Bolivia, que habían aflorado en la posguerra, fueran las que señorearon en la convención de 1938, ya que los partidos tradicionales estuvieron en minoría. Esta convención inauguró lo que se llama el "constitucionalismo social".

De entrada, los ritos parlamentarios fueron rotos. Carlos Medinaceli, Fernando Siñani y otros juraron, no por la señal de la cruz, sino por la causa del proletariado, por Bolivia libre y por la humanidad.

La prensa de derecha arremetió contra los convencionistas, aludiendo a los cholos y analfabetos y contra el ministro de Gobierno, Elías Belmonte Pabón —aviador que fue a dar con su máquina a Paraguay como uno de los primeros prisioneros de guerra y fundador de la logia Razón de Patria (Radepa)—, por haber coincidido con los convencionistas de la mayoría en que la prensa oligárquica debía ser controlada y censurada en defensa del interés nacional. Al cabo de un amplio debate, en el que varios diputados denunciaron que *El Diario* era un instrumento patiñista, se aprobó una ley que facultaba al Poder Ejecutivo, con carácter extraordinario, para tomar todas las medidas de previsión y represión contra los desmanes y licencia de la prensa de derecha. Esto, mientras se dictara una nueva ley de imprenta que, contemplando la realidad boliviana, diera libertades amplias a los órganos de prensa, que por su organización económica y social fueran los verdaderos voceros de la opinión pública. Esta ley, que no era de censura general, sino solamente de la prensa reaccionaria, quedó inutilizada por la influencia de la alta burocracia y de la "rosca", cuyas presiones, más bien, determinaron la salida de Belmonte del Ministerio de Gobierno, quien fue reemplazado por el republicano ex saavedrista Gabriel Gosálvez.

Las principales innovaciones que la Convención del 38 introdujo en el viejo tronco del constitucionalismo liberal, que mantenía desde 1880 y aun antes, fueron: el enunciado de la "función social" de la propiedad como justificación de la existencia de ésta, arrumbando la santidad e intangibilidad de la propiedad privada; la igualación de las propiedades eclesiásticas con las de los demás latifundios para la imposición de gravámenes fiscales; la prohibición a los extranjeros de adquirir propiedades dentro de los 50 kilómetros de las fronteras, como un medio de poner coto a invasiones pacíficas que terminaron en anexiones y mutilaciones territoriales; la obligación de todas las compañías extranjeras de sujetarse, en sus litigios con el Estado, a las leyes y tribunales de Bolivia; la intervención del Estado en la regulación y dirección de la economía nacional, sosteniéndose la posibilidad de que las propiedades de los particulares pudiesen ser expropiadas por "necesidad y utilidad pública", previo pago de indemnización justa; el otorgamiento de plenas garantías para la libre organización y actividad sindicales y para el derecho de huelga; la participación de los trabajadores en las utilidades de las empresas (prima anual); la implantación del seguro social y la protección estatal del trabajador; la declaratoria de la igualdad de todos los hijos, matrimoniales y extramatrimoniales, ante la ley, para evitar designaciones denigrantes, y la ratificación de la autonomía universitaria.

Muchas de las proposiciones no alcanzaron la suficiente mayoría, ya que la tendencia socialista predominante era imprecisa y no ideológica, de modo que algunos proyectos no revolucionarios también pasaron. Walter Guevara Arze y Alfredo Arratia sostuvieron la necesidad de una reforma agraria radical, con el rechazo a la parcelación de los latifundios y a la reorganización de la propiedad y del trabajo de la tierra bajo los principios colectivistas del *ayllu*. Víctor Paz Estenssoro propuso el monopolio de exportaciones de minerales a cargo del Estado. Otros convencionistas sustentaron la confiscación lisa y llana de los bienes de la Iglesia.

La prensa derechista arremetía a diario contra la Convención, afirmando que era un gasto inútil de fondos fiscales a la vez que una plataforma de ignorancia y demagogia, no obstante que, junto a la variada calidad del "sector obrero", había intelectuales de altos quilates, como Augusto Guzmán y Carlos Medinaceli. Una salida de tono de uno de los diputados, al aludir a que los "pongos" (sirvientes indígenas que por turnos servían en las casas de los hacendados) eran utilizados para todo, hasta para menesteres *non sanctos* por ciertas damas de sociedad, sirvió de pretexto para que las organizaciones cívicas, controladas por la clase terrateniente, alborotaran el cotarro aludiendo a un inexistente insulto contra La Paz. El regionalismo se usaba otra vez para encubrir los peores intereses. Debido al alboroto tuvo que suprimirse el "régimen" referente al campesinado, que proporcionaría el antecedente constitucional para la abolición de la servidumbre gratuita y de la propiedad feudal. Fue un triunfo neto de los viejos gamonales.

"¡Lorenzo Chipana Quispe":
te gritan cielos y tierra
y ante este grito rechinan
con un temblor tus cadenas!
¡Ven a tomar lo que es tuyo,
ven que la gloria no espera,
ven a pelear en tus surcos
y a enarbolar tu bandera!

AUGUSTO VALDA CHAVARRÍA

La Constitución de 1938 fue criticada por reformar la superestructura jurídica del país sin tocar la realidad económica, pero es necesario reconocer que sus declaraciones de derechos humanos de la población y de obligaciones sociales del Estado eran banderas que se convertían en buenas intenciones cuando los gobiernos reaccionarios las utilizaban o conculcaban; y en realidades, parcial o totalmente cumplidas, cuando los gobiernos progresistas y revolucionarios las acataban.

Alcides Arguedas, novelista, historiador y político liberal, había expresado condenaciones adjetivales contra los miembros de la Convención y escrito una misiva dirigida al presidente. Arguedas era aficionado a dirigir cartas públicas con críticas y sugerencias para los presidentes, y la que envió a Busch, publicada por *El Diario* en agosto de 1938, contenía varias acusaciones que flotaban en el ambiente, como la muy directa de censurar —sin llegar a nombrar al personaje— el envío de Elías Belmonte a Europa, con gastos pagados, después de que diera muerte a un ciudadano, a quien confundió con un oficial "torista" en la puerta de un club de La Paz. La carta se extendía en otras consideraciones y aludía al menosprecio en que se tenía a la cultura en nuestro país.

Arguedas fue convocado al despacho de Busch e invitado descortésmente a tomar asiento. Hubo una agria discusión y Busch, que era temperamental, propinó una bofetada al escritor, quien ensangrentado, dolorido e indignado protestó porque un joven de 34 años vejara a un hombre de 64. Fue un acto injustificado, del que Busch se arrepintió de inmediato, pero el mal, producto de la intemperancia, ya estaba hecho. Arguedas era por entonces el más celebre escritor boliviano y la torpeza de Busch fue interpretada, por los estudiantes que se manifestaron en las calles, como un atentado a la cultura nacional. El escritor volvía de París donde escribió su voluminosa *Historia de Bolivia,* cuya edición financió Simón I. Patiño.

Arguedas había sido un crítico severísimo del ejército, al que dedicó su último capítulo en *Pueblo enfermo,* y su mal humor con los uniformados aumentó después del descalabro del Chaco.

> Nada pues tan rápido ni tan provechoso —decía— como la carrera militar en estos días y en Bolivia. Es la única que procura sustento seguro y abundante, respetabilidad y posibilidades de ir mejorando todos los días, y alcanzar, en tiempo relativamente corto, dinero, honores, situaciones y aun consideración social.

Durante este gobierno se concedió el "Cóndor de los Andes" nada menos que a Saavedra Lamas, ganador también del Nobel de la Paz por su actuación "mediadora" para la conclusión de la guerra del Chaco. El canciller argentino había actuado como solapado enemigo de Bolivia, al aceptar con inocultable tenacidad cada una de las pretensiones paraguayas, y poco le importó que los contrincantes se desangraran hasta quedar como ectoplasmas, si ello servía a su pedestal de pacificador. Nunca un premio Nobel fue peor asignado ni un Cóndor más avergonzado de posarse en el pecho de un diplomático, como en este caso del vampiro chaqueño, quien en las fotos de la época aparece con anchos cuellos postizos para lucir más alto.

La primera labor práctica de la Convención había sido la elección de Busch y Baldivieso como presidente y vicepresidente constitucionales de la República. Al término de sus sesiones, ambos gobernantes juraron la nueva Constitución. La misma Convención eligió a Busch como presidente y aprobó la negociación del acuerdo para poner punto final al conflicto del Chaco. No fue una gestión afortunada, pues no se cumplió el punto sobre el que se había insistido tanto en Buenos Aires, en cuanto a reconocer para Bolivia un acceso al río Paraguay —único motivo que podía explicar, si no justificar, la horrible sangría—.

Poco tiempo después Saavedra moría en el exilio, en Santiago de Chile. En los últimos años había evolucionado de sus antiguas posiciones liberales a la recomendación de soluciones socializantes y fascistas para el país. Sus exequias fueron solemnes. El entierro del vigoroso caudillo paceño fue una muda manifestación de repudio al régimen de Busch. Saavedra había sido exiliado sucesivamente por Siles, Salamanca, Toro y Busch. Como tantos otros mandatarios y políticos bolivianos, volvía al seno de su tierra, pero encerrado en un ataúd. Muchos de sus jóvenes discípulos, cansados de soportar tantos años de inopia, servían ya a los regímenes salidos del Chaco, como obedeciendo al aforismo de lord Acton, reformado para los tiempos nuevos: todo poder corrompe, pero la falta de poder corrompe absolutamente.

A propósito de la nueva ola italiana en Bolivia, cabe señalar que por aquellos años un joven orureño, José Luis Johnson, escribió un libro intitulado precisamente *El fascismo,* que proponía la aplicación de esta corriente al país. También, en 1937, un grupo de universitarios bolivianos que estudiaban en Santiago, encabezados por el estudiante de agronomía Óscar Unzaga de la Vega, bajo la inspiración próxima del partido nazi chileno de Von Marés y la ultramarina del grupo de José Antonio Primo de Rivera, fundó la Falange Socialista Boliviana. Al abandonar sus estudios, Unzaga regresó a su ciudad natal, Cochabamba, y se dedicó a la difusión de su credo entre los hijos de los terratenientes locales y de la clase media católica, siendo por varios años, el suyo, un partido casi exclusivamente formado por colegiales de camisas blancas, dotado de un decálogo moralista, el saludo con el brazo derecho levantado y ceremonias nocturnas a la luz de fogatas y antorchas.

El fascismo se hallaba en auge en Europa, y en España acababa de ser fusilado Primo de Rivera. Aún no se sospechaban los extremos de bestialismo y vesania a los que iban a llegar los regímenes de ese signo, particularmente el de la Alemania nazi. Algunos aspectos de la nueva ideología seducían a sus admiradores latinoamericanos: su repudio al liberalismo y al comunismo; su "corporativismo" económico con el que presuntamente se eliminarían antagonismos de clase para trabajar exclusivamente por el Estado, como representante de la colectividad; su exaltación, en fin, de la juventud y el trabajo. El propio Alcides Arguedas, pese a su liberalismo decimonónico, se dejó cautivar por estas banderas que prometían terminar con el caos y la corrupción e imponer un orden, que en los hechos resultaría muy parecido al de los cementerios.

En la perspectiva histórica los únicos méritos de la dictadura mussoliniana serían, en Italia, el secamiento de los pantanos de Pontine y el cumplimiento preciso de los horarios ferrocarrileros; pero para sus contemporáneos, Mussolini aparecía como una figura de enorme atractivo, gracias a su oratoria, sus poses y la retórica romanista de su régimen. ¿Cómo no iban a caer en el señuelo los jóvenes aprendices de la política boliviana, si muchos estadistas europeos lo adulaban y si Bernard Shaw, con toda su sabiduría e ingenio, encontraba que el dictador italiano era la representación del super-hombre hecho carne y hueso?

En octubre de 1938, José Aguirre Gainsborg y Tristán Marof lograron reunir en La Paz un Congreso Nacional del Partido Obrero Revolucionario, que se denominó "Segunda Conferencia Nacional". En su seno se produjo una lucha de tendencias entre el ala bolchevique trotskista y el ala populista de Marof. Poco tiempo después de estos sucesos, el POR recibió una estocada con la muerte absurda de su joven líder José Aguirre Gainsborg, quien se precipitó a tierra desde la altura de una "rueda de Chicago", en un parque de diversiones en La Paz. Este partido, aunque encerrado en el capullo de los grupos de estudio y propaganda del marxismo-leninismo en la versión de Trotsky, logró sobrevivir hasta que se afianzó, a fines del gobierno de Villarroel.

A fines de 1938 se llevó a cabo el IV Congreso Nacional de Universitarios, que aprobó el programa más radical, con la proclama de que "la cuestión universitaria es parte de la cuestión social", por lo que "el área de lucha del universitario comienza allá donde empieza el área de lucha del proletariado". Sostenía que la FUB era una avanzada de la clase trabajadora, con una posición antiimperialista y antifeudal, y propuso la formación de un "Frente de explotados" para procurar la toma del poder por la clase obrera y la transformación socialista de la sociedad. Su autor fue Ernesto Ayala Mercado, orador y dirigente de las filas juveniles del POR.

Al término del congreso universitario los dirigentes de la FUB solicitaron al presidente Busch la adopción de varias medidas, entre las que figuraban la exclusión de los funcionarios que defendían los intereses de las grandes empresas mineras y la ilegalización de las sociedades secretas, concretamente de la masonería, contra las que, también, en la convención del año anterior, lucharon Augusto Guzmán, Abel Reyes Ortiz, José Romero Loza y otros socialistas.

Los partidos tradicionales lograron juntarse en un frente de derecha que tomó el nombre de Concordancia, que emitió un manifiesto suscrito, entre otros, por Demetrio Canelas, Enrique Hertzog, Alcides Arguedas y Waldo Belmonte Pool. Ellos, que habían cooperado antes en la junta del general Blanco Galindo, condenaban las "infecundas espadas".

El país conoció la denuncia del *affaire* de la inmigración judía, hecha a consecuencia de que Busch había eliminado, el año anterior, las restricciones para el ingreso de los refugiados judíos, que escapaban de la persecución y los campos de exterminio del nazismo. Esta generosa apertura humanitaria de Bolivia sirvió para la escandalosa venta de "confirmaciones" de visas, hecha por el cónsul general boliviano en París. Fuera de la exclusión del nombrado cónsul, el turbio asunto determinó el cambio del canciller Eduardo Díez de Medina

103

por Alberto Ostria Gutiérrez, quien ocupaba el cargo de embajador en Brasil.

El Parlamento, mientras trataba públicamente la "molienda" de divisas por parte del monopolio molinero nacional, en sesiones reservadas consideró el tratado y los protocolos adicionales relativos a la construcción del ferrocarril Corumbá-Santa Cruz y a la explotación petrolífera de los llanos orientales, que firmaron Ostria Gutiérrez por Bolivia y Pimentel Brandao por Brasil.

Ostria Gutiérrez, colocándose por encima de las rencillas internas, elaboró un consistente programa de política internacional, recogido en su libro *Una obra y un destino,* en el sentido de hacer salir a Bolivia de su aislamiento internacional para que realizara en plenitud su función de centro integrador (como único país que forma parte de los sistemas del Pacífico, del Amazonas y del de la Plata), pusiera en movimiento la riqueza potencial del país y obtuviese la cooperación económica de los países vecinos para abrir nuevas vías de comunicación y transporte. Tal programa se plasmaba en la construcción de los ferrocarriles que vincularan a importantes redes ferroviarias continentales; en el aprovechamiento de puertos fluviales para el comercio internacional boliviano, como Corumbá, Formosa y Barranqueras; en la vinculación terrestre-fluvial con Paraguay y con Uruguay; la doble salida al Atlántico (Buenos Aires y Santos); en la transformación y progreso de los departamentos de Tarija, Chuquisaca y Santa Cruz, uniéndose a los ferrocarriles argentinos y brasileños; en la utilización, con fines nacionales, de una riqueza antes solamente en potencia y que por un imperativo geográfico deriva hacia Argentina y Brasil.

Jaime Mendoza fue quien, en sus ensayos, propuso la salida de Bolivia por el Atlántico. Mas en la ejecución de esta política, con cuyos fundamentos y proyectos nadie discrepó porque se trataba de una eminente necesidad nacional, Ostria Gutiérrez fue criticado alegando que los convenios suscritos favorecían el expansionismo brasileño.

Brasil dio a Bolivia un millón de libras esterlinas para la construcción del citado ferrocarril, liquidando de paso el saldo de una deuda incumplida, por indemnización de la guerra de despojo territorial del Acre. Las sumas excedentes necesarias serían prestadas con intereses, debiendo pagarlas en dinero o en petróleo, al precio de costo, y sin incluir ningún recargo por el transporte. Además, Brasil aportaría 750 000 dólares para la explotación petrolera en sociedad mixta, debiendo poner otra suma igual la parte boliviana. Al efecto, la entrega que iba a hacerse, a los intereses brasileños, de concesiones de áreas de hidrocarburos era ciertamente desaprensiva: los convenios hablaban de la "zona subandina del Parapetí al norte", que muy bien podía interpretarse como un gran fideicomiso desde la frontera argentina hasta la frontera peruana.

Los diputados Paz Estenssoro, Augusto Céspedes y otros, a quienes Gualberto Villarroel, joven oficial conocedor de la zona fronteriza de Bolivia con Brasil, hizo llegar informaciones y datos importantes, impugnaron los acuerdos suscritos por Ostria Gutiérrez y Pimentel Brandao. Empero, las presiones regionalistas orientales, que influían en el presidente cruceño, deseosas de progreso a como diera lugar, fueron suficientes para que el pacto internacional finalmente fuese aprobado.

La oligarquía desarrolló una táctica dual con los gobiernos militares "socialistas": por una parte quiso devorarlos por dentro, poniendo puntas de lanza en el gabinete, como se demuestra por el hecho de que los ministros de Hacienda, salvo en pequeños periodos, fueron siempre hombres de la gran minería; o debilitarlos armando los mecanismos políticos para volver a los viejos esquemas. Los ministros de mentalidad liberal y con conexiones con las grandes empresas repentinamente se volvieron apologistas de los sistemas totalitarios (e insistieron en los éxitos del fascismo clásico europeo) y de los aspectos semifascistas del gobierno de Getulio Vargas, por lo que terminaron por señalar que en Bolivia, donde no faltaban la politiquería y la intriga de las propias clases dominantes, era necesaria la mano dura de un salvador providencial. Bajo un régimen autoritario se pensaba terminar con los díscolos y hacer mejores negocios.

Así, en abril de 1939, Busch declaró disuelto el régimen parlamentario y se proclamó dictador. Ninguno de quienes lo aconsejaron tomar tan grave paso se preocupaban de la suerte personal del valeroso capitán del Chaco. Y posiblemente nadie tampoco había leído la advertencia que el sabio Solón hizo a los atenienses cuando le pidieron que se perpetuara en el poder. La dictadura, les dijo el gran reformador de las leyes griegas, "es uno de esos sillones de los que no se logra bajar vivo".

Busch explicó su actitud por el estado de "tremenda descomposición" del país, y de quiebra de sus valores. Sin hacer ningún análisis económico o social, expresó de esta manera su posición: "A partir de hoy, inicio un gobierno enérgico y de disciplina, convencido de que éste es el único camino que permitirá la vigorización de la República en lo interno y en lo internacional. El país necesita orden, trabajo y moral para cumplir su destino". Busch se desprendió inútilmente de su investidura constitucional.

Algunos aspectos formales del "principio de autoridad" vinieron a confirmar lo dicho. El dictador Busch ratificó la sentencia de pena capital en los casos del cura Catorceno, de Potosí, y del chofer Saracho, de La Paz, ambos supuestamente estupradores. El saludo romano del brazo derecho levantado, que Busch dio a los ex combatientes, se extendió a los deportistas y al recién creado servicio premilitar de escolares y estudiantes secundarios. El combativo periódico antiplutocrático *La Calle* fue temporalmente clausurado, y después autorizado a salir bajo censura.

Libre del control parlamentario, el dictador aprobó la Ley General del Trabajo, redactada por Remberto Capriles Rico y Gastón Arduz, de la comisión formada por el ministro Waldo Álvarez. Esta ley, conocida como Código Busch, tenía sentido contradictorio. La parte social, o del derecho del trabajo, modernizaba, sistematizaba y mejoraba las conquistas y los beneficios de los trabajadores, incluyendo una parte correspondiente a la seguridad social, aunque la parte de la contratación colectiva fue simplemente enunciativa. En cambio, la parte del derecho sindical persistía en la disposición paternalista y burocrática del control estatal de los sindicatos, a los que ni siquiera se les permitía una central nacional, pese a la existencia de la CSTB. Reuniones más insignificantes de los sindicatos

107

debían contar con la presencia de los inspectores del Ministerio del Trabajo.

Dispuso la formación de la Biblioteca Boliviana, que sería una colección de libros de los más destacados autores nacionales. Señaló el 2 de agosto de cada año como Día del Indio.

Se estatizaron las acciones particulares de grupos "rosqueros" en el Banco Central y del grupo Patiño en el Banco Minero, reivindicando al primero para la soberanía del Estado y al segundo para su función de impedir que las empresas rescatadoras privadas e internacionales siguieran extorsionando a los productores mineros.

La Corte Suprema de Justicia, con asiento en Sucre, dictó un fallo en el juicio de la Standard Oil contra la administración boliviana, declarando improcedente el recurso de la compañía por "falta de personería legítima en sus representantes". Los juristas de la Universidad de Cochabamba, defensores de los intereses nacionales, declararon que el auto supremo era "asexuado e inocuo". Esta actitud pusilánime proporcionó un arma legal a la Standard Oil para plantear, más tarde, el ajuste económico de cuentas. La Corte Suprema de Justicia cerró, temerosa, los ojos ante los "15 años de abuso, engaño y mala fe" de la empresa estadunidense, como dijeron José Valdivieso y Carlos Salamanca Figueroa.

En mayo se dictaron unos decretos que fijaban una nueva escala de tributación minera y la sustitución del porcentaje de entrega obligatoria de divisas, provenientes de las exportaciones de minerales, por el impuesto sobre las utilidades netas, que ya había demostrado ser tramposo durante la guerra. Ante las observaciones patrióticas que llegaron a los oídos del dictador, éste averiguó la procedencia real de los proyectos que él, ingenuamente, había convertido en norma legal. El ministro de Hacienda confesó a Busch que tales proyectos habían sido elaborados por la Asociación de Industriales Mineros, "conforme era la costumbre". El dictador montó en cólera y después se sintió amargado y decepcionado al ver que el Estado había sido convertido en simple mandadero de la "rosca". Reaccionó rápidamente y nombró a un nuevo ministro de Hacienda, ordenándole preparar el decreto sustitutivo "sin medir el tamaño del enemigo".

En junio de 1939, Busch y su gabinete firmaron el histórico decreto concentrando en el Banco Central 100% de las divisas provenientes del total bruto de las exportaciones. El Estado compraría las divisas a razón de 141 pesos bolivianos por libra esterlina y las revendería hasta en 50% a los mismos productores mineros para sus necesidades, aparte de permitirles la remesa de 5% del bruto al exterior. Finalmente, la minería tendría un miembro en el directorio del Banco Central. La clase obrera, los partidos de izquierda y los universitarios apoyaron el golpe asestado contra la "rosca". Una manifestación popular llenó la plaza Murillo, ante la que habló el dictador.

En su discurso puso de manifiesto el cambio de orientación de su gobierno. "Yo no he llegado a la presidencia —dijo— para servir a los capitalistas. Ellos deben servir al país, y si no lo hacen por su voluntad, lo harán a la fuerza." El jefe de Estado ignoraba que la oligarquía minera no era una fuerza capitalista nacional, sino que, al haberse entroncado al *trust* estañífero mundial, era apátrida y trasnacional. El decreto de junio hirió en las zarpas a los barones del estaño, dejando intacto al tigre económico, que se enfureció por la lesión. "La nueva actitud de Busch —expresa Augusto Céspedes— transformó súbitamente la proyección fascista y minoritaria de la dictadura en proyección nacionalista y popular."

Cambiar a Busch, que reconquistó el aura popular, tendría que hacerse cumpliendo las etapas de un proceso. Entre tanto, llegaron a manos del dictador unos papeles comprometedores que señalaban a Mauricio Hochschild como el autor de un preparativo de *lock out* de una de sus minas para burlar la entrega forzosa de divisas al Banco Central. Hochschild fue tomado preso y Busch ordenó la lectura de la documentación en gabinete, a cuyo término expresó: "Señores ministros: Mi aspiración máxima es liberar al país de su postración social, política y económica. Quiero que Bolivia se deje sentir como un país libre y soberano. Pido la pena de muerte para Hochschild, autor principal de la resistencia pasiva… Nada de paños tibios". En la votación de los ministros se produjo el empate, dirimiendo Busch la cuestión en favor del fusilamiento. El gabinete se sobrecogió ante el desenlace, lanzándose sus componentes a la expresión patética de arrepentimiento, ruegos y llanto, expresión que no hubo cuando se ordenaron fusilamientos de personas que no eran de la plutocracia. Tanto insistieron los ministros, que Busch se ablandó y revocó su determinación. Para fines de publicidad, se espaciaron los comunicados de la sentencia y de la conmutación, y se multó a Hochschild con 25 millones de pesos bolivianos, que también le fueron perdonados.

El dictador pudo intentar otro acto, dirigido a la liberación económica de Bolivia: envió a dos ministros a los Estados Unidos para buscar las posibilidades técnicas y financieras para la instalación de una fundición de estaño local, obra a la que se oponían los grandes propietarios mineros por ser dueños de las fundiciones inglesa y holandesa.

Uno de los motivos de permanente desasosiego espiritual de Busch era la diferencia de preparación y de cultura con sus colaboradores, pese a su gran deseo de aprender. Además, por su temperamento, era sensible a las conjeturas, rumores y noticias contradictorias que, oficiosamente, le hacía llegar todo tipo de gente.

La gran conspiradora era la "rosca", pero tampoco los amigos leales lograron imponerse en la formación de una corriente política sólida que buena falta hacía. Maniaco depresivo, Busch tenía siempre en mente la imagen de su padre suicida. Vivía en una modesta casa del barrio de Miraflores, con su familia y con las de su cuñado y edecán. En una fiesta íntima en la que celebraban el cumpleaños de uno de sus parientes, Busch, al calor de las copas, quiso salir de casa para continuar la diversión, pero sus cuñados se lo impidieron. Las señoras, por ser tarde, se retiraron a descansar a sus dormitorios; en cambio, los varones siguieron libando. Busch entró al despacho a trabajar y pidió un expediente. Estaba silencioso y cabizbajo. De pronto, exaltado extrajo su pistola a la vez que exclamaba: "¡Aquí se acaba la presidencia!" Pudo ser dominado por sus acompañantes, pero se le escapó un disparo que rompió el vidrio de la ventana. Volvió a la depresión y, otra vez fuera de sí, se descargó un tiro en la sien derecha, sin dar tiempo a que sus cuñados lo detuvieran.

Al entierro de los despojos mortales del dictador se volcó una marea humana, presa de dolor, formada por gente del pueblo que presintió, en el viraje del gobierno, el preanuncio de los días de la revolución y de la transformación social de Bolivia. En las lágrimas del cortejo fúnebre había una ira que no pudo ser contenida, y así, la masa proteica urgió: "¡Abajo los asesinos!" "¡Muera la rosca!" "¡Gloria a Busch!" Con su muerte se cerró la brecha que abrieron los gobiernos militares "socialistas". Su tiempo fue simplemente un prólogo, un esbozo de lo que vendría después.

> Eras el gran capitán,
> señor de guante y esplín.
> Y una noche de alquitrán,
> la dama del azafrán
> te citó en tu camarín.
> Y en tu camarín de plata,
> la dama del triste velo
> puso una mancha escarlata
> a siete dedos del cuello;
> en esa mancha escarlata
> se mojó más de un pañuelo.

WALTER FERNÁNDEZ CALVIMONTES

En enero de 1939 apareció la revista de estudios bolivianos *Kollasuyo,* dirigida por Roberto Prudencio Romecín, ex combatiente que en la posguerra se vio envuelto en la lucha política, sufriendo todos los avatares de quien, con entereza, se arriesga a hacerlo en Bolivia. Pensador vigoroso, seguidor al principio de Spengler, Prudencio se alineó entre los ideólogos de la corriente que Guillermo Francovich llamaría "mística de la tierra". De esa época data la definición que ofrecía Prudencio del devenir boliviano. "Nuestra historia política —decía— no es sino la resultante de la permanente contienda entre el espíritu colonial, orgánico, tradicionalista, aristocrático y católico, y el espíritu liberal, populachero y futurista que en Bolivia degenera en una oclocracia caudillista, enemiga de la Iglesia y de la tradición." La revista *Kollasuyo* algunos años silenciada, siguiendo la suerte de su creador, fue concebida no como representativa del Kollao solamente, sino de toda la nacionalidad, y tuvo siempre un carácter "inactual" y de valor permanente, sobreviviendo hasta 1976, año de la muerte de su fundador. Constituye un compendio de valiosas páginas escritas en esas décadas.

Jaime Mendoza y el macizo boliviano

También en enero de 1939 falleció Jaime Mendoza, quien además de médico de cuerpos tenía alma de visionario, pues a un país agobiado con el complejo de las derrotas del Pacífico, de Acre y de Chaco, y desorientado sobre su papel en América del Sur y, en buenas cuentas, sobre la posibilidad de su propia sobrevivencia, le señaló con claridad cuál era la fuerza que lo mantenía unido y que le había permitido soportar todas las adversidades desde su núcleo montañoso. A él correspondía la fórmula de "pisar fuerte en el Chaco", que Salamanca usó en términos militares, cuando Mendoza abogaba por una presencia colonizadora y humana. Mendoza fue el formidable refutador de Badia Ma-

113

lagrida, el español que, sobrevolando frívolamente sobre las unidades políticas formadas desde la Colonia, propuso una nueva división sudamericana y la virtual desaparición de Bolivia.

Mendoza explicaba con argumentación contundente la razón de ser de una nacionalidad, en el corazón montañoso del continente, por su dilatación natural al oriente. Creía en el poder plasmador del medio, y fue el primero en encontrar que no era casual la sucesión en los Andes de diversas formaciones políticas.

En cuanto al núcleo del territorio, señalaba:

> Un macizo montañoso, culminando a manera de gigantesco torreón en el continente; macizo boliviano que desempeña un papel sociogeográfico de capital significación para Suramérica, por su situación, su morfología, su paisaje, factor económico e influencias cósmicas. Forjó en la noche de los tiempos a Tiwanaku y varios milenios después hizo emerger del Titicaca la civilización incaica y en la Colonia determinó la aparición de la omnipotente Audiencia de Charcas y, en fin, ha hecho la actual República boliviana. Proseguirá cumpliendo en el mañana su trascendental papel, y aun cuando los bolivianos de hoy no supiesen responder debidamente a sus hondas sugestiones, él sabrá encontrar elementos más eficientes para construir la verdadera nación del poder.

Viajero impenitente por la geografía boliviana, no comprendía que otros escritores, como Jaime Freyre o Tamayo, buscaran inspiración en otras partes, cuando Bolivia les ofrecía la síntesis de todos los paisajes y climas del universo.

114

Diríase que el hijo de esta tierra —escribía—, por el mismo hecho de estar habituado a la contemplación diaria de su ambiente, ya no advierte sus mayores bellezas. Lo frecuente es más bien buscar inspiración en fuentes exóticas. Se tiene a la vera el Illampu, pero la trashumante inspiración vuela hasta la Hélade para cantar al Olimpo griego, que al lado del coloso boliviano resulta un chiquitín. Quedó sobrecogido ante los vestigios líticos de la ciudad altiplánica:

Tiwanaku

En la monotonía del llano inmenso y magro
surgen las imponentes ruinas como un milagro.
El tren se ha detenido…
Mil y mil pensamientos
me asaltan contemplando cerca los monumentos,
y como los creyentes que van a su santuario
me dirijo al augusto recinto milenario
que en medio de esas moles hieráticas encierra
uno de los misterios más grandes de la Tierra.

JAIME MENDOZA

V. DIES IRAE

RÁPIDAMENTE las fuerzas económicas y políticas de la reacción se movilizaron para aprovechar la nueva situación política determinada por la muerte de Busch. En 24 horas dieron un giro de 180 grados, ya que, de adversarias de la presencia de los militares en el poder, se volvieron sus propugnadoras. Este cambio táctico reflejaba el hecho de que, desprestigiados los partidos tradicionales, convenía a los intereses de la oligarquía minera cobijarse en las charreteras de los jefes castrenses de mentalidad conservadora.

El vicepresidente Enrique Baldivieso, cuya investidura permaneció durante la dictadura (aunque no podía ser vicedictador), fue sencillamente ignorado cuando se presentó en el Palacio Quemado para asumir la jefatura del Estado. El general Carlos Quintanilla, del liberalismo, ocupó la presidencia provisoria y disimuló el sentido en el que iría su gobierno, prometiendo ante el féretro del suicida "ser leal a su obra". Por ello, también, ratificó al mismo gabinete del dictador, con excepción del ministro renunciante Carlos Salinas Aramayo. El cargo de comandante en jefe del ejército, que dejó Quintanilla, fue ocupado por el general Bernardino Bilbao Rioja.

Los partidos tradicionales, organizados en la Concordancia, dirigieron una comunicación al Poder Ejecutivo manifestando su inquietud porque ya había transcurrido un lapso suficiente para convocar a los comicios, advirtiendo que no admitirían ninguna candidatura oficial. Quintanilla accedió a tales presiones, declaró en vigencia la Constitución de 1938 y convocó a elecciones presidenciales y parlamentarias para el año siguiente, 1940.

Despejada la incógnita política, el gobierno provisional dictó varios decretos que inutilizaron, y de hecho liquidaron, la política económica de Busch, después de que el general Quintanilla concedió una audiencia a los personeros de las cámaras de Industria y Comercio y de la Sociedad Rural Boliviana. Dictado el decreto, la parte pertinente decía: "Se levantan las cuotas de exportación de estaño de la República que fueron acordadas por disposiciones anteriores y se declara libre su exportación mientras no exceda en un mes la cuota total de Bolivia". En octubre, otro decreto disponía la postergación "transitoria" del decreto reglamentario de la centralización de 100% de las divisas. De este modo, las casas Patiño, Aramayo y Hochschild recobraron la libertad de llevarse la parte del león de las cuotas de exportación de minerales, en detrimento de la minería pequeña, y de gozar y disponer a su talante de las divisas producidas por sus exportaciones. Lo curioso fue que el ministro, autor de los decretos antirrosqueros de la dictadura, firmó los decretos prorrosqueros de la restauración.

Debido a la acción conjunta del Provisoriato, la oligarquía y la Concordancia, hubo desorientación en las filas del socialismo moderado. El Partido Socialista, por intermedio de su jefe, José Tamayo, había pedido al gobierno de Quintanilla, luego de su instalación, que aclarara el rumbo de su gobierno. Las agrupaciones de izquierda, en cambio, no vacilaron en calificar al nuevo régimen de derechista. Incluso, lo que era el ala izquierda de la colectividad de Baldivieso intentó sublevar algunos regimientos, llevando en un taxi al general Peñaranda, quien alternativamente, de acuerdo con la clase de recepción que le hacían en los cuarteles, se ponía o se quitaba el uniforme, buscando rescatar la herencia de Busch. El intento no llegó a prosperar.

NO HABÍA SITIO PARA OTRO HÉROE

La marcha ascendente de la reacción originó que la resistencia contra este estado de cosas se polarizara alrededor del general Bernardino Bilbao Rioja, quien, sin proponérselo, apareció como el peligro más visible de la tendencia renovadora, expresada, particularmente, por los ex combatientes. Bilbao Rioja tenía una mentalidad política difusa, con gran dosis de patriotismo sentimental, dogmas liberales y creencias en los mitos de los capitanes de industria de la plutocracia, de modo que no podía considerársele, propiamente, un hombre de izquierda. Pero por ser uno de los héroes de la pasada contienda, con gran crédito entre los ex soldados, por la fuerza de las circunstancias comenzó a emplear un lenguaje crítico y reformista. Fue nombrado jefe supremo de la legión de ex combatientes, y con este motivo pronunció un discurso sosteniendo los ideales de Germán Busch.

Mientras los diarios oligárquicos atacaban a los ex combatientes identificándolos con la dictadura, Bilbao

118

Rioja viajó al comprometedor distrito minero de Uncía y Llallagua, feudo del grupo Patiño, donde los antiguos soldados y los obreros lo recibieron calurosamente. Ya recuperado el poder de las fuerzas tradicionales le hizo pronto un cerco, poniendo como inmediato inferior suyo, en la jefatura del Estado Mayor General, al coronel Antenor Ichazo, firme puntal del régimen, quien organizó un sistema de espionaje político de sus actos, que comenzaba por su propio chofer. Al mismo tiempo, la Concordancia arreció su lucha contra la tendencia seguidora de Busch y acusó, insidiosamente, a Bilbao Rioja de pretender una dictadura de izquierda. Después de una golpiza en palacio, Bilbao Rioja fue enviado al exilio.

Finalmente, Enrique Peñaranda renunció a su cargo militar y aceptó ser el candidato único de la Concordancia. Para garantizar su victoria en las urnas, se prohibió a los empleados públicos —muchos de ellos ex combatientes nombrados durante el "socialismo" militar— la actividad política, se reorganizó el gabinete y se preparó la maquinaria oficial que, subterráneamente, regularía la concurrencia a la votación y los resultados del escrutinio.

Pero, en realidad, no hubo candidatura única. Buena parte de las fuerzas de izquierda lanzaron la del profesor universitario y sociólogo José Antonio Arze, quien, en el destierro chileno, a fines de 1939, organizó y animó una fuerza dentro del país que se llamó Frente de Izquierda Boliviana, que inclinaba sus simpatías hacia la URSS. El FIB se propuso realizar un congreso amplio de organización de la izquierda, a principios de 1940, para formar un partido.

A su regreso de Santiago de Chile, Arze formó con otras agrupaciones un frente popular al que no ingresaron los socialistas de izquierda, que se lanzaron en candidaturas independientes y que recibieron la oposición del POR y del PSOB. A esta dispersión se sumaron otras desventajas, como el hecho de que Arze dispuso únicamente de poco más de un mes para la labor de proselitismo electoral y para la exclusión de la mayoría nacional, por su condición analfabeta, de los registros de votantes.

En marzo de 1940 el cómputo electoral fue el previsto: el candidato de la Concordancia, general Peñaranda, obtuvo 58 000 votos gracias a todos los medios de la violencia y de la trampa electorales; sin embargo, lo inesperado fue que Arze obtuvo 10 000 votos, demostrativos del auge que en el obrerismo y las clases medias había alcanzado la prédica izquierdista. También los candidatos socialistas independientes, que prefirieron retomar la bandera del nacionalismo, ganaron diputaciones.

En el campo internacional, la derrota de la República española, en la que se vio la política de apaciguamiento de las potencias occidentales frente al fascismo, además del pacto Von-Ribentrop-Molotov, que dejaba las manos libres a Hitler, aceleró el estallido de la segunda Guerra Mundial, con el avance de los ejércitos alemanes que en pocos meses se merendaron media Europa, comenzando por Polonia. El signo de Marte dominaría los proximos cinco años de la historia mundial.

LA ESCUELA DE WARIZATA Y ELIZARDO PÉREZ

En 1940, después de una campaña de calumnias azuzada por los gamonales del altiplano, el gobierno de Quintanilla puso fin a las escuelas campesinas, cuyo centro principal era Warizata, fundado en 1931 por Elizardo Pérez, siendo ministro de Educación Bailón Mercado. En esa década, Pérez, verdadero apóstol de la educación indígena en Bolivia, logró que los aimaras hicieran de Warizata su verdadera casa. El gran mérito de este educador consistió en trascender las nociones al uso, sobre la simple "alfabetización" al español de los indígenas, respetando la lengua aimara y haciendo más bien de la escuela-madre un centro activo dotado de talleres, campos de cultivo, ganado, bibliotecas, internados, primeros auxilios, hornos para ladrillos, carpintería, instrumentos de trabajo. El núcleo educativo recreaba la antigua *marca* indígena con todas sus instituciones. El gobierno mexicano prestó valioso concurso y el nombre de Warizata empezó a propagarse en los demás países de raíz indígena, como bandera de redención para las masas preteridas del agro. Sin embargo, al tiempo que probaba su validez, Warizata despertaba también la furia de los hacendados, quienes finalmente consiguieron imponerse ante el Ministerio de Educación, destruyendo de raíz, con saña y alevosía, el magnífico experimento de la escuela-*ayllu*. El testimonio de esos 10 años de lucha ha quedado en un bello libro, *Warizata,* escrito por Elizardo Pérez (1962), y en un poema (también incluido en el libro), en el que Carlos Salazar Mostajo describe cómo luchó y cómo cayó la escuela que él ayudó a formar. Allí tam-

121

bién, marcados con letras de fuego, se encuentran los nombres de los profesores que se prestaron a destruir cobardemente esa esperanza de la educación campesina. Warizata se fundó demasiado temprano y ése fue su único pecado. Raúl Boltelho Gosálvez también fue profesor de Warizata y de esa experiencia surgió su novela *Altiplano*.

Mencionados estos dos maestros de verdad, como Elizardo Pérez y Salazar Mostajo, es justo señalar también a otros cuatro innovadores de ese medio siglo: Carlos Beltrán Morales (quien murió en el destierro, en Venezuela, después de la caída de Villarroel), Guido Villagómez (autor de la mejor legislación pedagógica, aprobada después de 1952, y de un plan de reorientación del ciclo medio, que lamentablemente nunca llegó a plasmarse en la realidad), Alfredo Guillén Pinto y Natty Peñaranda de Guillén Pinto. Todos ellos fueron, además, escritores distinguidos.

PEÑARANDA EN LA PENDIENTE

En abril de 1940, Peñaranda asumió el mando institucional de la República, rodeado por la Concordancia. "Es el general Peñaranda un producto neto del cuartel. Ni inteligente ni estudioso o preparado. La oligarquía usó y abusó de su buena fe, y gobernó —como quiso— en su nombre", anota Luis Peñaloza. Sus adversarios aseguraban que había nacido tonto, pero que tuvo una recaída al asumir la presidencia. En su defensa puede decirse que fue abnegado en el Chaco y que no trató de hacer daño a nadie en su gobierno. Pero, evidentemente, como a otros generales, el cargo le quedaba grande.

Los grupos de izquierda, que debían reunirse en un congreso general, acentuaron los trabajos preparatorios, realizando en mayo y junio conferencias regionales. Tal esfuerzo culminó en julio cuando 150 delegados se reunieron en Oruro y dieron nacimiento al Partido de la Izquierda Revolucionaria, liderado por José Antonio Arze y Ricardo Anaya. Este congreso fue atacado con el visto bueno del gobierno por los policías y los jóvenes falangistas de Cochabamba.

El PIR se definió marxista-leninista, pero independiente del Komintern, adoptando un detallado programa de realizaciones, que los más radicales tacharon de reformista. Se pronunció por la "revolución democrática-burguesa", antes que por una revolución socialista. La introducción sociohistórica del profesor Arze fue una valiosa contribución al descubrimiento del verdadero pasado de Bolivia porque desechó las falsedades y mitos racistas de la historia oficial.

A raíz del congreso de Oruro, el gobierno decretó el estado de sitio, tomó presos sindicales y políticos y confinó a los dirigentes del flamante partido, José Antonio Arze, Abelardo Villalpando, Josermo Murillo y Héctor Anaya, en la Amazonia.

En agosto se instaló el Congreso Nacional, con una combativa minoría de diputados de los partidos de izquierda. El gobierno deseaba concertar acuerdos económicos y políticos con los Estados Unidos, pero el Departamento de Estado exigió que, en forma previa, se accediera a las reclamaciones de indemnización de la Standard Oil por haber sido desplazada del país. Al informarse sobre el asunto a las cámaras, se reveló que Cordell Hull había sugerido tal extremo en una carta de marzo de 1940 a la cancillería boliviana. Las izquierdas atacaron el proyecto gubernamental creándole una amplia resistencia popular. No obstante, dos años después, aprovechando el receso camaral y en la trastienda de la conferencia de cancilleres de Río de Janeiro, el representante del gobierno de Peñaranda firmó un acuerdo con la Standard Oil para pagarle 1 750 000 dólares por la "venta de sus derechos, intereses y propiedades", con un interés de 3% anual desde marzo de 1937.

En la narrativa social de Bolivia, 1946 marca un hecho capital. Augusto Céspedes, luego de visitar los distritos mineros, escribió su libro más famoso, *Metal del diablo,* precursor del *boom* novelístico latinoamericano de los años sesenta, donde aparece la semblanza de Simón I. Patiño:

En los periódicos, el público europeo o estadunidense supone que este señor puede ser un maharajá indostánico de los que cobran anualmente su peso en oro, un magnate japonés del clan de los Mitsui, o un cacique de tribu exótica vestido a la europea, o un torvo tirano de Sur o Centroamérica con reminiscencias de bisonte. Es en realidad un poco de todo eso, pero de nacionalidad boliviana. Las señaladas circunstancias de ordinariez física y de "inferioridad racial" no impidieron que le rindieran acatamiento pulcros *tories* ingleses, *junkers* alemanes, magnates

124

estadunidenses y estadistas bolivianos. Un afecto no igualado le otorgaron nobles españoles y franceses. Una duquesa muy cercana pariente del rey don Alfonso XIII le llamaba "papi", y no en broma, porque verdaderamente llegó a ser su nuera. Y un marqués español fue su yerno. La verdad es que él es también un rey, dueño de todo un país y colonizador de un imperio discontinuo, constituido por minas, fundiciones, bancos, yacimientos y mansiones repartidos en diversos lugares de Europa, América y el Extremo Oriente.

El narrador impar que hay en Augusto Céspedes —entre los mejores del continente— se dejó llevar por el combatiente político, y de su pluma salieron, en años posteriores, *El dictador suicida*, *El presidente colgado* y *Salamanca, el metafísico del fracaso*. Como los personajes de Tolstoi que conocieron la guerra y la paz, los de Céspedes —no ficticios sino de carne y hueso— intentan llegar a la revolución y caen en el camino, atravesado el corazón de un balazo o con una cuerda en la garganta. Lo enrevesado de la trama, la espesa capa de sombras en la que se esconde la felonía, la inconsecuencia y la deslealtad, los pocos atisbos en los que el pueblo asoma la cabeza a un escenario en el que muchos hablan a su nombre y obran en su contra, la muchedumbre de almas y de hechos, cambiantes y tornadizos como un paisaje de varios celajes sobre el que al cabo caerá la noche pero también despuntará el día, han sido los ingredientes que Céspedes maneja con cautivadora amenidad.

Metal del diablo es, naturalmente, más que la biografía novelada de Patiño, el retrato de un país convertido en gigantesco campamento minero. Como Juan Montalvo, quien exclamó al saber el deceso del sátrapa García Moreno: "Mi pluma lo mató", bien pudo Céspedes decir, 23 años después de publicada su novela, cuando el país tomó dominio sobre las minas de estaño, que su libro había contribuido, como ningún otro documento, a sepultar el patiñismo en Bolivia. Esa novela y *Nacionalismo y coloniaje,* de Carlos Montenegro, ensayo de interpretación de las influencias del periodismo en la historia del país, pero más que eso, intento original de explicar el decurso republicano en los términos de la antinomia entre la minoría dominante y el pueblo sumergido, ansioso de ser nación, fueron los libros que mayor influencia tuvieron en la formación del Movimiento Nacionalista Revolucionario y en la revolución de 1952.

Este libro, publicado en 1944, se cierra con estas palabras que a los jóvenes nacionalistas les sonaban proféticas:

> una inmensa mayoría del pueblo ha recuperado la vieja posición del sentimiento de la nacionalidad frente a la tendencia colonialista, que tampoco ha desaparecido. Si estas dos fuerzas tradicionalmente enemigas chocaran, habría sonado la hora del renacimiento de Bolivia, porque sólo cuando haya quien luche materialmente por ella, podrá creerse que ella existe.

El grupo de socialistas independientes, agrupado alrededor del diario *La Calle,* contrajo, mediante acta suscrita en La Paz en mayo de 1941, el compromiso de "promover un movimiento patriótico de orientación socialista dirigido a defender y afirmar la nacionalidad boliviana". El MNR surgió a la vida pública en una especie de constitución por etapas, ya que su programa, elaborado por José Cuadros Quiroga, fue aprobado apenas en junio de 1942, bajo la denominación de "Bases y principios del MNR". Este programa se pronunciaba contra la

> falsa democracia entreguista y las empresas extranjeras; contra el seudosocialismo, los partidos internacionales, las organizaciones secretas y el judaísmo; por la extirpación de los monopolios privados, la nacionalización de los servicios públicos, el estudio del problema agrario y la unión de las clases media, obrera y campesina; por la consolidación del Estado y la seguridad de la patria; por la liberación económica y la soberanía del pueblo.

Con prosa vibrante, que invitaba a la acción inmediata, el programa del MNR hacía una relación sumaria de la historia de Bolivia, y en particular de los regímenes liberal y republicano, que habían permitido el crecimiento de la plutocracia minera y llevado al país al holocausto del Chaco. Decía Cuadros Quiroga:

> La adversidad nos ha endurecido; nos ha enseñado a ver y a resolver, sobre la marcha... Entre la anteguerra y la posguerra queda un rojo punto fúlgido que delimita dos épocas separadas y unidas como la causa y el efecto. Sabemos que somos víctimas del pasado, pero también que en el presente debemos asumir las responsabilidades del porvenir. Somos una fuerza viviente que reacciona contra el imperialismo. Somos una consecuencia de la guerra del Chaco. Después de la pérdida del litoral, ninguna catástrofe tuvo en la historia de la República poder convulsivo más tremendo, resultados tan vertiginosos y corrosivos, ni nada sacudió tan hondamente el alma nacional...

127

Las intemperancias del documento sobre el "judaísmo" iban dirigidas sin duda a Hochschild y deben entenderse en el cuadro de intolerancia racial característico de esos años. En las luchas parlamentarias de la época de Peñaranda, entre las más agitadas de la historia de Bolivia, sobresalieron Víctor Paz Estenssoro (apodado *el Honorable Cifras*), Hernán Siles Zuazo, Germán Monroy Block, Fernando Iturralde Chinel, Rafael Otazo, Alberto Mendoza López y otros del MNR, quienes tenían la cobertura de *La Calle*. Su columna "Monos de Wall Street", de denuncia de los oligarcas y sus servidores, y su lenguaje sabroso le dieron una gran celebridad. José Antonio Arze, Ricardo Anaya, Alfredo Arratia, Abelardo Villalpando, Fernando Siñani, etc., del PIR, contaban con el apoyo de *El Día* de Cochabamba. En el PSOB estaba la oratoria y la capacidad de diatriba del barbudo Tristán Marof. El POR carecía de representación parlamentaria, ya que estaba recluido en células de discusión marxista, pero pronto tendría un notable desperezamiento. En febrero de 1942, el viejo POR fue reorganizado en Cochabamba y La Paz, gracias a la batuta política de un joven teórico, Guillermo Lora, natural de los distritos mineros de Nor Potosí, que organizó células en Siglo XX, Catavi y otros centros obreros. El POR, afiliado a la Cuarta Internacional, hacía una acerada crítica al imperialismo, a la "rosca" y a los otros grupos nacionalistas y de izquierda.

El canciller Ostria Gutiérrez suscribió acuerdos con Argentina, semejantes o equivalentes a los pactados con Brasil, por los que debían proporcionarse a Bolivia recursos para la construcción del ferrocarril Yacuiba-Santa Cruz, fuera de la obligación de Argentina de

128

construir un oleoducto desde los campos petroleros bolivianos hasta el empalme de sus propios oleoductos. Estos tratados fueron también criticados por las izquierdas.

A mediados de 1941, el gobierno quiso poner fin a la multiplicidad de cambios monetarios, colocando los precios de los artículos esenciales en "precios reales de mercado libre". Tal fue el ataque de las fuerzas de izquierda, que se precipitó la renuncia del gabinete de Peñaranda. Con objeto de separar al MNR de las filas de la oposición, el presidente ofreció a Paz Estenssoro el Ministerio de Hacienda. En junio, el jefe del MNR pasó a componer el elenco ministerial de militares y civiles reaccionarios, en el que duró apenas una semana, ya que sostuvo en forma terminante su disconformidad con el propósito de devaluar el signo monetario a 46 pesos bolivianos por dólar.

Como consecuencia de la segunda Guerra Mundial, las relaciones de Bolivia se hicieron más dependientes de los Estados Unidos. El gobierno boliviano suscribió un contrato con la Metal Reserve Corp. para la venta de wolframio a 21 dólares la unidad de 20 libras, un precio inferior a la cotización en el mercado mundial. El ministro Edmundo Vásquez firmó con la misma agencia estadunidense otro convenio de venta de estaño al precio de 40 centavos de dólar por libra fina, puesto en los puertos de llegada, cuando el precio de este mineral estratégico, a precios congelados, era de 52 centavos de dólar y Bolivia era el único proveedor seguro del hemisferio occidental. Estos acuerdos fueron denunciados por las fuerzas de izquierda como entreguistas y de "tipo africano". Pero nadie supo entonces, ni hasta mucho tiempo después, la magnitud de la pérdida para Bolivia.

Fernando Baptista Gumucio reveló luego, apoyado en una sólida investigación de varias fuentes, la insólita "ayuda económica de Bolivia a los Estados Unidos durante la segunda Guerra Mundial". Esta ayuda fue del entonces único productor de estaño que no estuviera controlado por los países del Eje, uno de los países más pobres del continente a la mayor potencia mundial, y alcanzó en cifras precisas 670 315 000 dólares, fruto de la diferencia de valor entre los precios controlados y los del mercado internacional, de acuerdo con convenios que los Estados Unidos firmaron con algunos países de sus zonas de influencia, para asegurarse materias primas, con el argumento del común esfuerzo para derrotar al nazismo, y aquellos que podría haber obtenido Bolivia, de acuerdo con las cotizaciones reales. El convenio incluyó el estaño, el wolframio y el caucho, altamente codiciados. El daño fue aún mayor, pues en poco tiempo, según señala el mismo autor, "Bolivia vio agotarse exhaustivamente sus ricos filones y depreciarse sus ya viejos equipos de ingenio y además perdió la gran oportunidad de aprovechar la coyuntura en la medida de lo razonable, como hiciera Argentina con el trigo durante y después de la guerra". Los mineros silicosos de Bolivia aparecían así —sin saber dónde quedaba Alemania ni quién era Hitler— como los más firmes sostenedores del esfuerzo de la guerra, ayudando de paso a las grandes potencias para que transfirieran sobre sus escuálidos hombros por lo menos una parte de los costos de la guerra.

Desde el Parlamento y fuera de él, la oposición no

dejaba prosperar las maquinaciones de las grandes empresas mineras y de los intereses neocolonialistas, aunque éstos se disfrazaran con el manto de la democracia. Para que las ligazones del gobierno de Peñaranda con los Aliados se hicieran más fuertes, había que quebrar esa oposición. Así, en julio de 1941, el gobierno dio a conocer, con dimensiones de escándalo nacional e internacional, el descubrimiento de un *putch* nazi encargado por Alemania al MNR.

La prensa de derecha, especialmente *La Razón* de C. V. Aramayo, hizo gran alharaca sobre el asunto y publicó el texto de una supuesta carta dirigida por el mayor Elías Belmonte Pabón, miembro de la delegación boliviana en Berlín, al embajador de Alemania en La Paz, Ernesto Wendler, en la que se hablaba de dar "nuestro golpe" para el que "se han acumulado buenas cantidades de bicicletas, lo que facilitará nuestros movimientos de noche, ya que autos y camiones son demasiado bulliciosos".

Esta historia se produjo así: el servicio de inteligencia inglés fraguó la carta y entregó una fotocopia al gobierno de los Estados Unidos, como si la hubiese interceptado en una valija diplomática germana en Natal, Brasil. El Departamento de Estado, mediante el embajador estadunidense en Bolivia, Douglas Jenkings, hizo llegar nueva copia al gobierno de Peñaranda, al que la misiva venía como anillo al dedo para sus fines de política interna.

Inmediatamente *La Calle*, diario dirigido por Armando Arce, y los semanarios *Busch* e *Inti*, dirigidos por Augusto Céspedes y Carlos Montenegro respectivamente, así como *La Prensa* de Cochabamba y Radio América, fueron clausurados y apresados sus directores. El secretario de Estado, Summer Welles, mandó una nota al gobierno sobre el imaginario *complot* sedicioso. Paz Estenssoro puso las cosas en claro al manifestar que el *putch* nazi era una invención maquiavélica para encubrir los sucios negocios de la gran minería.

El PSOB, que pudo mantenerse en su posición antiimperialista y antioligárquica, cayó en la trampa armada por las potencias aliadas, y su jefe, Tristán Marof, fue el único parlamentario de izquierda que atacó a los "movimientistas", por lo que el canciller Ostria Gutiérrez habló de su "posición gallarda en defensa del gobierno, a pesar de ser franco adversario de éste". Era el comienzo del tobogán político para dicho partido y su jefe.

El embajador Wendler fue expulsado del país, y el gobierno de Peñaranda aprovechó la psicosis originada para no dar cuenta del estado de sitio. Meses más tarde el régimen congeló los fondos de los súbditos alemanes, italianos y japoneses. En enero de 1942, Peñaranda declaró rotas las relaciones con los países de origen de los extranjeros damnificados.

Fue dictado un decreto en el que se aprobaba la partición de la herencia *inter vivos* del magnate Simón I. Patiño, a solicitud de su apoderado, el liberal Tomás Manuel Elío, excluyéndose diversos bienes, de modo que el monto de la herencia imponible se fijó en poco más de 148 millones de pesos bolivianos —no de dólares—, y el impuesto sucesorio, en 15 millones. El presidente Peñaranda mandó al multimillonario boliviano, radicado en París, un telegrama en que alababa su patriotismo y le anunciaba que el impuesto se dedicaría a obras de beneficio colectivo.

En el marco de un progresivo aumento de descontento social por el alza del costo de la vida y por el secante dominio de los grandes empresarios, que caracterizó el año 1942, en mayo las izquierdas tuvieron un ascenso parcial al ganar muchas diputaciones en la renovación de las cámaras legislativas. El MNR triunfó en las provincias de La Paz y en los distritos mineros, y el PIR, en Cochabamba y en el Oriente.

Ciertamente, había motivos de sobra para el descontento. En siete años, de 1940 a 1946, los tres grupos mineros triplicaron sus beneficios. Eran tiempos en que por una exportación de 47 000 toneladas de estaño la gran minería pagaba de cuatro a cinco millones de dólares en impuestos al Estado.

SOCAVONES EN MINAS Y PULMONES

Fue precisamente en aquellos años de bonanza para los empresarios cuando se publicó el informe de la Oficina Internacional del Trabajo (1941), preparado por Oswald Stein y bajo la responsabilidad de Remberto Capriles y Gastón Arduz, en el que aparecen los siguientes párrafos:

> Sin recargar en nada la nota dolorosa, puede hoy decirse que la población minera de Bolivia viene sufriendo el proceso de una creciente depauperación biológica y proyectando a la vida generaciones débiles y dotadas de una declinante capacidad de esfuerzo. El régimen alimenticio de la familia del minero no alcanza, en el más alto número de casos, a cubrir la ración de trabajo, pero ni siquiera la ración mínima ordinaria correspondiente a la

133

vida de reposo. La vivienda es, por lo general, estrecha, mezquina, sórdida y desprovista de toda condición de higiene. Cuando no se trata de rústicas y miserables cabañas —entre cuyos muros semiderruidos se deslizan el frío y el viento de la puna—, la habitación carece de ventanas y de todo otro medio de ventilación, de piso, de luz eléctrica, de agua potable, de cama y todo servicio sanitario. En la mayor parte de los casos, el obrero dispone de una sola pieza, que cumple simultáneamente las funciones de dormitorio, comedor, cocina, cuarto de diario y establo. La promiscuidad es espantosa, porque dentro de esa única pieza conviven el trabajador, la mujer y los niños, amén de los animales domésticos. Esto, cuando esa única pieza no sirve para dos o más familias. ¿El porqué de tan bajas condiciones de vida? Desde luego y en primer término, el índice bajísimo de los salarios. Nuestra mano de obra es colonial, y como tal se remunera. Un buen porcentaje de los obreros mineros de Bolivia recibe salarios que están por debajo —pero muy por debajo— de los que demanda una subsistencia mínima vital. Por lo demás, así como el abuso del alcohol en los centros mineros de Bolivia tiene su raíz en la horrible monotonía de la vida, el abuso de la coca es consecuencia evidente de las deficiencias de un régimen alimenticio incapaz de asegurar por sí solo las energías requeridas por las penosas condiciones de trabajo. En la coca busca y encuentra el trabajador minero artificialmente las fuerzas y la resistencia orgánica que no puede obtener en la alimentación.

Como un descenso al infierno de Dante, sigue el informe sobre el nivel 536 de una mina de la empresa Patiño:

El nivel 536 de la sección "Porvenir" que la comisión ha inspeccionado tiene una temperatura de 50 grados, por lo menos; dicho nivel se encuentra siempre lleno de agua caliente o de vapor, y sus paredes exhalan constantemente agua de 70 grados de temperatura y gases. En otros parajes, si bien no hay agua, el calor es más alto y de aire más escaso, habiéndose constatado en uno de ellos abundante emanación de gases que dificultan la respiración. En todos estos lugares el ambiente es insoportable para un hombre normal y el obrero debe trabajar desnudo, extenuándose en poco tiempo. En igual y aun en peores condiciones se hallan otros niveles y secciones; las condiciones de trabajo en esta mina son las peores que pueden darse en toda la América del Sur... Dos problemas fundamentales emergen de las condiciones de vida y trabajo presentadas: la tuberculización progresiva de las poblaciones mineras y el índice muy elevado de la mortalidad infantil. Los dos sombríos problemas de la salud y de la raza suscitan un tercero, en orden a la economía: el de la depauperación cuantitativa y cualitativa humanas de la producción.

El informe da cuenta de las varias huelgas producidas por los bajos salarios y por las condiciones de trabajo, así como de la represión y el confinamiento de los dirigentes a la isla penal de Coati, en el lago Titicaca.

¡Pedro Marca!...
Arrúgate ahora corazón de coca
y hiérete los pies hasta la cara.
Cinco pelos de barba tenías al llegar,
te trajo el no saber de nada
y empezaste a golpear con ojos ciegos
el fuego de mi entraña.
Yo te di la ubre negra de mi estaño
para sacarte arriba la canalla,
desnudándote el hambre,

y hoy está canosa ya tu alma...
Te he tullido la risa.
¡Pedro Marca!

ALCIRA CARDONA TORRICO

En marzo de 1942 se produjeron movimientos rei-
vindicativos de los maestros y de los choferes, cuyas peticiones no fueron atendidas. El gobierno invalidó el
reconocimiento de la personería jurídica de sus organizaciones, declaró cesantes a los maestros que no vol-
vieran a labores, clausuró el año escolar en Cochabamba
y dictó la tan resistida Ley de Seguridad del Estado, a
la que las fuerzas de izquierda motejaron de "ley li-
berticida". Ya antes, en 1940, el ministro de Gobierno,
Joaquín Espada, trató infructuosamente de hacer votar
por el Parlamento una ley semejante. Como seguía la
resistencia sorda del magisterio, el gobierno canceló el
Consejo Nacional de Educación por considerar que su
autonomía había permitido los avances del PIR.

Varios sindicatos mineros estuvieron movilizados en
noviembre de 1942 en procura de reajustes salariales
y pago puntual del aguinaldo próximo. Las huelgas
de Potosí y Oruro fueron conjuradas satisfactoriamen-
te en las minas de Hochschild, pero no hubo modo de
arreglar el problema de Catavi-Siglo XX, perteneciente
al grupo Patiño, dado que la empresa no daba su brazo a torcer.

Urgido por telegramas de la Patiño, desde su sede
en Delaware, Estados Unidos, el gobierno de Peñaranda presionó a su vez al comandante militar de Catavi,
coronel Cuenca, autorizándolo a conjurar el conflicto
mediante una labor "severa y enérgica". En la primera

quincena de diciembre, las pulperías fueron cerradas por orden de la gerencia, condenando a los trabajadores y a sus familias al hambre. Los dirigentes sindicales fueron llamados al cuartel y tomados presos, como una provocación más. Las amas de casa y sus niños hicieron manifestaciones pidiendo alimentos, pero fueron atacados por la policía regular y la de la empresa. Una enorme columna de los obreros de Siglo XX, sus mujeres y sus hijos, aproximadamente de 8 000 personas, se dirigió en manifestación a las oficinas administrativas de Catavi. El coronel Cuenca conminó a los obreros a interrumpir la huelga y a regresar al trabajo incondicionalmente. La marcha ya no se podía detener, pero era pacífica e inerme, salvo, naturalmente, por los vítores y los cantos marciales. Las tropas del ejército, apostadas en las alturas de los cerros del sitio por donde debía cruzar la manifestación, en la pampa, recibieron la orden de disparar "al bulto". Las balas crepitaron en un solo sentido, con el saldo de 21 muertos y el doble de heridos en el bando de los huelguistas. Encabezaba la marcha María Barzola, *palliri*, cuyo oficio durísimo aún pervive en las minas bolivianas. Fue la primera víctima de la metralla.

> Con un arco iris al hombro
> marchó María Barzola
> rumbo a la muerte minera,
> rumbo al país de la gloria,
> abanderada del hambre
> y avanzada de la aurora.
> Con un laurel en la frente
> marchó María Barzola,
> trigo maduro y tostado,

en socavones de sombra
espiga de pan moreno,
harina de penas hondas
que se hizo pan de batalla
para nutrir la victoria...

GONTRÁN CARRANZA FERNÁNDEZ

Después de la masacre de Catavi, la gran minería y el gobierno trataron de dar un cariz político al conflicto original, que fue típicamente social. Ambos trataban de echarle la culpa al PIR, que no tenía arraigo minero y comenzaba, debido a la ruptura del pacto Von Ribbentrop-Molotov y a la agresión de Hitler a la URSS, un viraje hacia la derecha, en justificación de la causa de los Aliados. Por eso, sus desmentidos fueron débiles y en el Parlamento sólo interpeló a una parte del gabinete. Por estar las cámaras en receso, una comisión de parlamentarios suscribió una comunicación a Peñaranda pidiendo la suspensión del sitio, la investigación de los infaustos sucesos y el estudio de la situación social de los mineros.

Peñaranda visitó los Estados Unidos y varios países latinoamericanos. A su retorno debió enfrentarse con el huracán político desatado desde Catavi. De las varias peticiones de informe, la que el MNR convirtió en interpelación completa hizo estremecer al régimen. Después de más de tres semanas de violentos debates, en septiembre de 1943 se produjo la votación. Las izquierdas se pronunciaron por la censura y el gobierno se salvó de ella por un voto; sin embargo, el gobierno de Peñaranda estaba ya políticamente hundido.

Durante la presidencia del general Enrique Peñaranda, los partidos tradicionales, pese a encontrarse en el gobierno, no pudieron trabajar en un frente sólido y permanente. Después de disolverse la Concordancia, las distintas formaciones republicanas se agruparon en el Partido de la Unión Republicana Socialista (PURS), aliado con los liberales.

Peñaranda gobernó mediante sucesivos estados de sitio. Lo que no pudo detener fue la conspiración militar de las logias secretas de los oficiales, de tenientes coroneles para abajo, las cuales eran lidereadas por un mayor de carácter reservado, Gualberto Villarroel, y cuyo centro se encontraba en la Escuela de Guerra de Cochabamba.

Desde hacía tiempo, los militares conspiradores mantenían conversaciones con civiles, especialmente con el MNR. Ante la inminencia de los cambios de destino de fin de año, adelantaron los planes de la rebelión. De ese modo, el 20 de diciembre de 1943 grupos mixtos de oficiales rebeldes y de militantes del MNR se apoderaron de los cuarteles, en La Paz, y de las prefecturas y alcaldías departamentales, dando un golpe de Estado limpio y sin efusión de sangre.

Al amanecer, los dirigentes "movimientistas" anunciaron la caída del régimen de la "rosca" y la aurora de un nuevo día para el pueblo boliviano. Fuera de los apresamientos consabidos, el único incidente memorable fue que uno de los más resistidos personajes del régimen depuesto, el ex ministro de Gobierno Pedro Zilveti Arza, fue obligado a bañarse con agua helada en la prisión por un capitán que se pasó de copas. Después el régimen endureció mucho más sus métodos.

El mayor Gualberto Villarroel, poco conocido y de origen humilde, fue el nuevo presidente del gobierno revolucionario. Era el líder de las logias militares triunfantes, de la visible "Santa Cruz" y de la invisible Radepa, cuyo primer jefe, Elías Belmonte Pabón, quedó anclado en Berlín. Varios de sus cofrades integraron el gabinete y la policía fue encomendada a sus elementos duros: Jorge Eguino y José Escobar. Completaron los ministerios Paz Estenssoro, Montenegro y Céspedes, y los civiles que salieron de la disuelta agrupación "Estrella de Hierro", Víctor Andrade, Gustavo Chacón y José Tamayo, dirigente este último del Partido Socialista de la línea de Baldivieso.

El manifiesto inicial del nuevo gobierno decía: "Bolivia recobra hoy, mediante las armas y el espíritu patriótico de sus hijos, la condición de Estado libre y soberano". Proclamaba su fe en la democracia y su solidaridad con los intereses americanos. Sin embargo, esta declaración no sedujo a las fuerzas económicas y políticas tradicionales, que iniciaron una campaña orquestada dentro del país por *La Razón* y por el resto de la prensa conservadora, y en el exterior por el Departamento de Estado de los Estados Unidos y su instrumento latinoamericano: la cancillería de Uruguay. Se difundía la especie de que el gobierno de Villarroel era nazi. Una comisión de hombres de prensa, presidida por un representante de la revista estadunidense *Life,* se encargó de magnificar luego la calumnia.

El no reconocimiento diplomático se convirtió en un arma de chantaje que duró seis meses. El comisionado confidencial boliviano en los Estados Unidos, Enrique Lozada, se fue plegando a la tesis contraria y presionó para hacer que el reconocimiento dependiera del ingreso del PIR a los ministerios, ya que era muy amigo de José Antonio Arze, que entonces trabajaba en la biblioteca del Congreso de Washington. En enero de 1944, el jefe del PIR llegó a La Paz, se entrevistó con Villarroel y planteó la unión de todas las izquierdas y los demócratas. El presidente rehusó el compromiso e hizo notar que le complacía la inclusión del MNR en el proyecto pirista.

La presión se intensificó. El secretario de Estado, Summer Welles, se refirió en un memorándum a las "Relaciones del nuevo régimen boliviano con elementos hostiles a la defensa continental", recogiendo insidias indocumentadas. También el magnate boliviano Carlos Víctor Aramayo entrevistó a Villarroel y habló contra los "nazis" Carlos Montenegro y Augusto Céspedes, quienes se vieron obligados a renunciar, siendo sustituidos por otros hombres del MNR: Walter Guevara Arce y Rafael Otazo.

El reconocimiento se otorgó, finalmente, cuando el gobierno de Villarroel tuvo que capitular ante las exigencias del enviado estadunidense, Avra Warren. Todos los residentes alemanes y japoneses, muchos de ellos establecidos por más de una generación, fueron capturados con sus esposas e hijos y entregados a los Estados Unidos, que los trasladó a campos de concentración en su territorio mediante un puente aéreo. Sus bienes fueron intervenidos.

El gobierno convocó a elecciones para la convención constituyente, cuyos miembros sesionarían después

141

como Congreso ordinario. Los comicios generales se realizaron en junio, ganando el MNR, que obtuvo 66 escaños, pese a que los elementos militares habían apoyado a independientes competidores, que tuvieron 40 escaños. También el PIR tuvo buena representación. "Especie de momia política enterrada ya en el olvido de 10 años", escribió Franz Tamayo, refiriéndose a sí mismo, al recordar que el nuevo régimen lo arrancó de su voluntario y orgulloso retiro en la calle Loayza para prohijarlo como diputado por La Paz y luego como presidente de la Convención. Por acuerdo entre los militares y los movimientistas, Villarroel fue elegido por los congresistas como presidente constitucional de la República, y fue precisamente Tamayo quien, a nombre de la Asamblea, hizo la proclamación.

Los radepistas, proclives a la influencia de la oligarquía y del Departamento de Estado estadunidense, fueron los autores de los cambios de ministros del MNR para lograr el reconocimiento diplomático internacional. En noviembre de 1944 quisieron imponer, en forma vertical, que el Congreso eligiera como vicepresidente constitucional al hombre que la Radepa escogiera, lo que no fue aceptado por el MNR, que optó por la elección del mayor Clemente Inofuentes, también radepista y líder de la logia "Avaroa" de capitanes y tenientes del ejército. En todo el curso del gobierno de Villarroel, muchos de los fuertes dolores de cabeza provinieron de las actitudes protagonizadas por el fanatismo exaltado de los radepistas intransigentes, que inspirados en los totalitarismos de Alemania y de Italia creían que la mejor manera de lidiar con los opositores era eliminarlos.

A los tres meses de cogobierno, el MNR fue totalmente desplazado de las funciones del poder. Villarroel optó por inmovilizar a su gobierno y por proclamar el apoliticismo, con lo que se debilitó. En abril de 1944, la minería grande, o por lo menos una de sus empresas, intentó un golpe de Estado con la intervención del embajador chileno en La Paz, Cohen. Mauricio Hochschild y sus abogados fueron tomados presos.

En las elecciones, uno de los escaños parlamentarios por la sede del gobierno fue ganado por el jefe del PIR, Jose Antonio Arze. Los diputados oficialistas del MNR —ahora solamente oficioso— pensaron inhabilitar sus credenciales por no haber concurrido dicho dirigente político a la guerra del Chaco, ya que durante el conflicto con Paraguay fue pacifista y estuvo exiliado en Perú junto con el teórico del MNR, José Cuadros Quiroga. Empero, dos semanas antes de la instalación del Congreso, un desconocido atentó contra la vida de Arze disparándole a la espalda. Arze fue trasladado a los Estados Unidos y salvó la vida con el uso de la penicilina recién descubierta. Años más tarde, el agresor confesó haber sido instrumento de los radepistas y, concretamente, del jefe de la policía de La Paz, José Escobar.

El PIR completó rápidamente, bajo el régimen de Villarroel, su evolución política, más por sus simpatías internacionales que por las necesidades del país, y pasó a ser, de defensor de los trabajadores y del pueblo, un aliado de la vieja oligarquía y del imperialismo estadunidense. El pirismo se hizo seguidor de la URSS. Aplicando con retraso la táctica de los frentes populares, el PIR no preconizó una unión de fuerzas revolucionarias homogéneas, sino que juntó el aceite y el vinagre, es

143

decir, formó una coalición con las fuerzas de la reacción boliviana para combatir y abatir al gobierno de Villarroel. A la caída de éste, José Antonio Arze declaró: "Yo creo como mi partido, el PIR, que hay que trabajar ahora por una Bolivia progresista y luego, paulatinamente, se llegará dentro de unos 20 años al socialismo y dentro de unos 50 o 100 a la dictadura del proletariado".

Los partidos tradicionales que gobernaron con Peñaranda en unión con el PIR organizaron en 1944 la Unión Democrática Antifascista (FDA). El FDA era la plasmación de la "unidad nacional", que sirvió como ariete contra el gobierno dentro de una concepción maniquea de la política: democracia *versus* neofascismo. En julio de 1945, cuando ya los Aliados habían ganado la guerra mundial, el FDA hizo este pedido: "Los antifascistas bolivianos esperamos que los antifascistas de los Estados Unidos nos presten la cooperación democrática que es indispensable para la consolidación de la victoria de las Naciones Unidas en este hemisferio".

Hochschild, después del frustrado golpe de abril, amenazó con transferir sus acciones mineras a intereses chilenos y se disponía a viajar a ese país. La gente de Radepa pensó que no había que dejar salir de Bolivia al multimillonario. Los radepistas duros, que hicieron de la policía y de parte del ejército una especie de poder semiautónomo, dando cuenta con lo obrado al gobierno central, procedieron a la captura del rico minero junto con su gerente. Fue el mayor Eguino, director de la policía, quien los secuestró. Villarroel amenazó con su renuncia y para liberar a Hochschild el presidente tuvo que apelar a la FBI y a detectives aficionados civiles.

Al cabo Hochschild fue liberado a cambio de pagar una suma a sus captores, y se fue a Chile de donde nunca volvió. La oposición conservadora y pirista aprovechó dicho acto imprudente para fustigar al régimen en el Parlamento. Entonces, el diputado Augusto Céspedes explicó, citando a Lenin: "El Estado es una violencia organizada por una clase para oprimir a otras clases. Pero en el caso boliviano, es el superestado el que oprime a todo el país... El actual e incipiente Estado revolucionario es víctima de la violencia del superestado aliado con esa minoría". Céspedes puntualizó que "los tiranos son los dictadores económicos que esclavizan a toda una nación, los capitanes de industria, los grandes explotadores, aquellos a quienes en los Estados Unidos se llamó 'barones del robo', los Hochschild, Patiño o Aramayo".

La conspiración continuaba. En noviembre de 1944 estalló el complot encabezado por el coronel Ovidio Quiroga en Cochabamba y Oruro. Los generales Quintanilla y Candia y los coroneles Garrón, Paccieri y otros fueron detenidos por las fuerzas del orden. El centro del golpe se hallaba en Oruro, donde se constituyó una junta de gobierno encabezada por el coronel Melitón Brito.

El gobierno organizó un comando militar que marchó con tropas de La Paz sobre Oruro, ante cuyo desplazamiento los insurrectos huyeron. El MNR, que inició en esos momentos su segunda convención nacional, la suspendió para plegarse a la defensa del gobierno, con arengas radiales de sus líderes. Entonces sucedió lo que no estaba previsto. Se divulgaron rumores, cada vez más fuertes, en el sentido de que varios de los ca-

145

becillas del complot de la derecha tradicional habían sido eli·ninados.

En un ambiente amargo, el gobierno dio a la luz pública un escalofriante comunicado:

Hasta el momento fueron fusilados por haber sido principales dirigentes del movimiento sedicioso los siguientes: teniente coronel Demetrio Ramos, coronel Fernando Garrón, coronel Eduardo Paccieri, señor Eduardo Loayza Beltrán, señor Rubén Terrazas, señor Carlos Salinas Aramayo, ingeniero Miguel Brito. El coronel Melitón Brito se suicidó en la población de Caquena, habiendo conseguido fugarse el coronel Ovidio Quiroga. —La Paz, 21 de noviembre de 1944—. El Director General de Policías, mayor Jorge Eguino.

En Bolivia poco o nada se dice de los humildes que fueron fusilados y masacrados, o de los obreros e indios caídos en las luchas sociales, pero esta vez se produjo un gran estremecimiento porque los fusilados eran hombres prominentes de la clase dirigente. Además de ser un acto de por sí abominable, era un gran error político. La logia Radepa, entidad hermética, había inscrito en sus estatutos la existencia de una célula judicial que se arrogó la función de castigar "a los bolivianos que traicionen nuestros sublimes ideales". En el comunicado no se nombró a Félix Capriles y a Luis Calvo, bárbaramente inmolados en un barranco de Chuspipata, camino a los yungas de La Paz, ni al mayor Edmundo Soto, ultimado en Mapiri, camino al asiento aurífero de Tipuani.

La célula judicial de la logia dio cuenta de los hechos consumados al presidente Villarroel al día siguiente, a fin de que el gobierno asumiera la responsabilidad consiguiente. No podía haber hecho mejor regalo a las imputaciones de nazifascismo. Versiones truculentas, que inventaron 60 fusilados, torturas, mutilaciones, etc., comenzaron a rodar por los mentideros políticos locales y en las columnas de la prensa nacional e internacional. La especie más terrorífica e imaginaria fue la que hizo el PSOB mediante la pluma de Tristán Marof, crónica que el semanario *Batalla* calificó de ser la "levadura máxima" para los colgamientos de julio de 1946.

Los fusilamientos de Challacollo, Chuspipata y Mapiri provocaron el recrudecimiento de la campaña de reacción contra el gobierno de Villarroel: José Antonio Arze pidió en los Estados Unidos la intervención militar de Bolivia; el presidente de la Cámara de Diputados solicitó licencia indefinida y se marchó de la política para siempre; el ministro de Trabajo (independiente), Remberto Capriles Rico, renunció por razones familiares (su pariente Félix Capriles había sido fusilado), y el diputado movimientista Hernán Siles Zuazo rindió homenaje a Carlos Salinas Aramayo, el último jefe del moderado Partido Socialista que cogobernó con Peñaranda. En las cámaras, el FDA quiso declarar "héroes civiles" a Calvo y a Capriles, mas un diputado del MNR frustró este intento pidiendo, por su parte, otro homenaje a los obreros y campesinos masacrados por la "rosca". El asunto tuvo gran repercusión: Roberto Prudencio renunció al MNR, el mayor Eguino fue dado de baja de las fuerzas armadas y el capitán Escobar, alejado de la jefatura de policía de La Paz.

La convención constituyente que se instaló el 6 de agosto de 1945 revisó, en forma positiva, la Constitución

147

de 1938. Su aspecto más destacado fue la inclusión del capítulo relativo al "régimen de la familia", que tuvo contenido renovador. Se estableció que la familia, la mujer y los hijos se encuentran bajo la protección del Estado, ratificándose la igualdad jurídica de todos los hijos: del matrimonio, de hecho, y de las uniones concubinarias, que databan de la época preincaica como institución social y que aún se hallan fuertemente arraigadas en las clases populares del país de extracción quechua y aimara. Desde entonces la compañera del trabajador puede percibir indemnizaciones en caso de fallecimiento de éste. El régimen familiar de la Constitución levantó la iracundia de diversas organizaciones católicas que se opusieron a la medida democrática.

El Parlamento de la época de Villarroel, gracias a la presencia de las izquierdas, aprobó importantes leyes sociales. Se estableció que la prima anual, o participación en las utilidades de las empresas, sería del monto de 25% de los beneficios, y en caso de no llegar los beneficios a este tope, el equivalente al salario de un mes. Se legisló que las compañías con más de 80 trabajadores debían tener viviendas y servicios médicos para sus obreros. La bancada del MNR, con la decisiva intervención de Hernán Siles Zuazo, hizo aprobar la Ley del Fuero Sindical, garantizando a los dirigentes obreros la estabilidad en el trabajo y la inmunidad por sus actos político-sindicales; se estableció el "retiro voluntario", por el que todo trabajador con ocho años de trabajo podía renunciar percibiendo una indemnización equivalente al salario de un mes por año.

Fue el MNR, en sus periodos de cogobierno, el que dio al régimen de Villarroel un contenido de defensa de los intereses nacionales y populares al margen de medidas espectaculares. Hubo paz social y las grandes empresas mineras atravesaron por un periodo de auge, con enormes beneficios que se quedaban fuera del país, ya que en 1945 se exportaron 45 000 toneladas de estaño, cifra récord desde 1929. El ministro de Hacienda, Paz Estenssoro, utilizó la bonanza para cobrar los impuestos burlados al Estado por los potentados mineros. El gobierno de Villarroel fijó una "cláusula social" de 3.5 centavos sobre cada libra de estaño, con la finalidad de mejorar la situación del proletariado minero, por lo que éste recibió un aumento de 20% en sus remuneraciones. El grupo Patiño fue obligado a pagar el tiempo extra y el horario nocturno con los recargos de ley.

Fue elaborado un plan de intensificación productiva, inspirado en las conclusiones del estudio elaborado por una misión estadunidense, presidida por Mervin Bohan, que hizo traer el gobierno anterior. Tal misión llegó a Bolivia como consecuencia de un memorándum de agosto de 1941 remitido por el Departamento de Estado al embajador boliviano en Washington, en el que se hablaba de promover las relaciones entre los dos países mediante un plan económico a largo plazo. El plan contemplaría el fomento de las comunicaciones, la expansión y diversificación agrícola y el mejoramiento de la tecnología de producción minera. Como consecuencia del Plan Bohan, el gobierno de Peñaranda había creado el Banco Agrícola y la Corporación Boliviana de Fomento. El gobierno de Villarroel aprobó un plan consistente en la construcción del oleoducto Camiri-Cochabamba y de la refinería de petróleo en

Valle Hermoso (Cochabamba), el aumento de la producción de azúcar, de arroz y de algodón a cargo de la Corporación Boliviana de Fomento, la erección de una planta de concentración de estaño de baja ley para los productores pequeños, la construcción de la carretera pavimentada entre Cochabamba y Santa Cruz, el fomento de la industria, etcétera.

La oligarquía mantenía fuertes posiciones en las entidades descentralizadas, desde las que saboteaba activamente al gobierno. El Banco Central de Bolivia, con sus ejecutivos y directores de los grupos tradicionales, se negó a financiar el plan desarrollista, aduciendo el "peligro de la inflación", de manera que el gobierno tuvo que conseguir un crédito inicial de la compañía Irving Trust de los Estados Unidos.

En el aspecto social, Villarroel dictó la Ley del Inquilinato y la Vivienda, por la que se protegía a los inquilinos pobres que eran objeto de exacciones y de abusos por muchos dueños de casa. Los Juzgados Municipales de Vivienda fueron organizados para mediar en los conflictos de propietarios e inquilinos.

Juan Lechín y los hombres del subsuelo

Es cierto que el gobierno no tomó una gran medida como la nacionalización del estaño, ya que dejó intactos los intereses de la gran minería que era la base efectiva de la conspiración reaccionaria, pero logró algo que los gobiernos militares "socialistas" no hicieron: alentó la organización del proletariado, abriéndole las puertas de la escena política nacional. La clase trabajadora actuó desde entonces como un factor imprescindible, con una concepción propia, en la determinación del acontecer patrio. Al amparo del régimen de Villarroel surgió la Unión Sindical de Trabajadores Fabriles Nacionales (convertida más tarde en Federación y Confederación de Fabriles), la Federación de Trabajadores en Harina (después, Confederación de Harineros) y, principalmente, la Federación Sindical de Trabajadores Mineros de Bolivia (FSTMB). Germán Monrroy Block, como ministro de Trabajo, realizó una tesonera labor organizativa.

En junio de 1944 tuvo lugar el Congreso Nacional Minero de Huanuni, con representantes de 60 000 obreros del subsuelo. El Congreso protestó por el no reconocimiento al gobierno de Villarroel; además, pidió indemnización para los deudos de la masacre de Catavi, la vigencia del contrato colectivo de trabajo, la implantación de la escala móvil de salarios, el procesamiento de Hochschild, etc. Como máximo dirigente actuó Emilio Carvajal. Otros secretarios fueron Mario Torres Calleja, César Toranzos, Antonio Gaspar, Pío S. Nava. En el cargo de secretario ejecutivo fue nombrado Juan Lechín Oquendo, aunque no era trabajador sino empleado de la Federación. Nacido en Corocoro, hijo de un inmigrante árabe que quebró y se fue a Venezuela, había sido nombrado subprefecto de Uncía por el gobierno de Villarroel. Su naciente popularidad provenía del futbol y tuvo, como subprefecto, una actitud insólita: llamó a su oficina al gerente estadunidense de Patiño, y como éste no le hiciera caso, pues los subprefectos eran los que se prosternaban ante las empresas y recibían "pulpería" y otras ayudas, ordenó el apresamiento de dicho funcionario y lo encerró por unas horas en las celdas policiales. Aquí comenzó la buena estrella de Lechín, cuya habilidad política le sirvió para escalar desde un cargo insignificante hasta el primer puesto de los mineros y de toda la clase trabajadora del país, manteniéndose en la cumbre sindical por más de 30 años.

> Cómo les duele la sangre,
> cómo se doblan en nudo las entrañas,
> cómo la herida retorna en bofetada,
> cómo los golpes se tallan en la muerte.
> Cómo la muerte misma
> es empezar de nuevo labrando las heridas,
> las antiguas heridas,
> las sempiternas heridas
> del minero.

HÉCTOR BORDA LEAÑO

Se inició por entonces, gracias a la acción del gobierno, el despertar de la conciencia campesina de la mayoría indígena oprimida en condición servil. En el Parlamento el MNR propuso el regreso, a manos comunales, de las tierras usurpadas por los latifundistas y en 1944 planteó un proyecto de ley de reforma agraria moderada, por no decir tímida, que planteaba únicamente el carácter inembargable de las comunidades originarias, la educación y sanidad a cargo de los terratenientes y la sindicalización campesina. El PIR presentó un proyecto más ambicioso.

En mayo de 1945, el gobierno organizó el Primer Congreso del Campesinado Indígena de Bolivia, ante la indignación de la Sociedad Rural Boliviana y de la

152

buena sociedad racista de las ciudades. En mayo de 1945 llegaron a La Paz los dirigentes naturales de los *ayllus* y comarcas, los caciques con sus ponchos multicolores y sus bastones de mando de plata.

En un amplio local, los 1 000 delegados hablaron en sus idiomas nativos y eligieron como presidente del Congreso a Francisco Chipana Ramos, aimara de Challapa, de 33 años, y como vicepresidente a Dionicio Miranda, quechua de 60 años, de Sipesipe. Estos dirigentes pagaron con años de cárcel y confinamiento el haber merecido tal elección. El presidente Villarroel habló a los congresistas: "Todos somos bolivianos y la justicia es para todos los hombres"; Hernán Siles Zuazo, a nombre del MNR, apuntó: "El problema máximo de ustedes es el problema de la tierra, tierra nuestra que debe pertenecer al que la trabaja". La gente del gobierno, sin embargo, enfatizó la necesidad de aumentar la producción y trabajar más la tierra, que entonces, en su mayoría, no era de los campesinos sino de los latifundistas. La alocución de Chipana Ramos alcanzó contornos líricos.

La revolución es lo que ha de venir para bien de todos. Es como el viejo cóndor de los altos cerros con su penacho blanco que nos ha de cobijar a todos con sus poderosas alas. La revolución nos ha de enseñar muchas cosas. Tenemos pecho de bronce, pero no sabemos nada.

Los gobernantes, en vez de expropiar los latifundios, mandaron al congreso un decálogo de conducta, amén de dos decretos: uno de limitación del tamaño de la propiedad rural y otro de abolición de los servicios gratuitos

153

de los indígenas. Estos decretos corrieron la misma suerte que uno similar del libertador Bolívar: nunca fueron cumplidos. El congreso campesino no fundó ninguna organización permanente y estuvo muy sometido al paternalismo del régimen. Éste recibió, además, una fuerte influencia de los latifundistas civiles y militares existentes fuera y dentro de sus filas. Cuando poco tiempo después los campesinos, alentados por el congreso, resolvieron apropiarse de los latifundios en Las Canchas, fueron repelidos a bala por las fuerzas regulares.

La gran minería recibió también heridas en sus intereses y agravios del gobierno. Los diputados del MNR, en noviembre de 1944, plantearon la caducidad de las concesiones auríferas de Tipuani (300 000 hectáreas) que había recibido Aramayo, proposición que fue votada, encargándose al Poder Ejecutivo su cumplimiento. En la Conferencia de Chapultepec, la delegación boliviana propuso mejores precios para el estaño, pero que se dedicara una parte a la defensa de la economía nacional y a los trabajadores. Desde el ministerio de Hacienda se hizo aprobar la elevación de la venta de divisas de las exportaciones mineras de 42 a 60%. El Estado ganó querellas judiciales que le habían puesto las empresas Patiño y Aramayo, obligando a éstas a pagar impuestos defraudados sobre dividendos. Cuando Patiño se negó a dar un bono a los mineros de Huanuni, el gobierno pagó por su cuenta 150 000 dólares y le notificó su reembolso.

Y se iban acumulando motivos para que los intereses económicos redoblaran sus esfuerzos subversivos. La actitud boliviana en Chapultepec motivó en los Estados Unidos la cláusula Clayton y las instrucciones del

Departamento de Estado, a fines de 1945, de paralizar los permisos de exportación a Bolivia, denegar espacio para la carga proveniente de Bolivia y otras medidas. Una fuerte campaña de la prensa mercantil se desató contra Villarroel a principios de 1946, que obligó a unas explicaciones del presidente en rueda de directores de periódicos. "En primer lugar, dentro de un régimen nazifascista no existen partidos de oposición", dijo. Señaló que bajo su régimen había una intensa lucha política, libertad de prensa y hasta libertinaje.

> Tomemos —prosiguió— otra característica del nazifascismo: la lucha racista… Nosotros no conocemos distinción de razas, ni siquiera de clases superiores e inferiores, y a nuestros campesinos y obreros que han sido relegados y dejados en un plano de abandono, el gobierno con un sentido de justicia social quiere levantarlos de su postración.

De nada valió la sinceridad del presidente.

El boicot de los Estados Unidos por el aumento del precio del estaño fue solucionado dificultosamente, después de seis meses de pláticas. Los Estados Unidos fijaron 60 centavos de dólar por libra fina y Bolivia pidió 67, y al final el arreglo quedó en 62 centavos de dólar. En febrero de 1949, el Departamento de Estado, bajo la influencia de Spruille Braden, vinculado a la Standard Oil y secretario adjunto para Latinoamérica, publicó una serie de infundios sobre el nazismo de Villarroel en un *Libro blanco*, esgrimido como bandera ideológica por el FDA. El canciller uruguayo, Rodríguez Larreta, se hizo campeón de la necesidad de intervención militar interamericana para desplazar a los gobiernos llamados "fascistas" de América Latina.

Internamente, como en 1930, la hermandad masónica coordinó la lucha de la alianza opositora contra el gobierno, utilizando a sus miembros del régimen y de la oposición en acciones distintas pero convergentes al mismo fin de la restauración plutocrática. Se designó a la Universidad de La Paz, en manos del rector Héctor Ormachea Zalles, protegido por la autonomía, para que encabezara el comando de la conspiración. El PIR estaba también infiltrado por masones, así como la Confederación Ferroviaria. En el gobierno los derechistas de Radepa clausuraron *La Calle* y presionaron por la expulsión del MNR.

El 13 de junio de 1946 se produjo un golpe de Estado de gente vinculada a la empresa Aramayo, que tomó la base aérea de El Alto. El mayor Carlos Lopera, que alzó un regimiento, fue vencido y muerto por los leales. Los alzados quedaron fuera y frustrados. Esta experiencia hizo que el estado mayor de la subversión pensara en la impropiedad de los golpes en frío y se decidiera por la agitación y movilización popular como base del cambio de régimen.

Los universitarios del PIR y las mujeres alentadas por la oligarquía y dirigidas por la maestra María Teresa Solari protagonizaron una serie de manifestaciones, en las que, mientras los unos pedían un nuevo gobierno de las fuerzas populares, la señora Solari expresaba el contenido real del movimiento con estas palabras: "Queremos un gobierno de la banca, la industria y la sociedad". Para rubricar el desorden callejero, se movilizó el *lumpen* al asalto de los mercados.

El momento era propicio, ya que varios sectores sindicales, maestros, ferroviarios, constructores y bancarios estaban pidiendo aumentos salariales. Los dirigentes de estos gremios, vinculados al PIR, se lanzaron a la huelga, que fue el detonante de la subversión. A mediados de julio se suscribió un pacto tripartito entre maestros, obreros y estudiantes, que llamó a una huelga general.

Villarroel remplazó a los hombres del MNR por un gabinete militar, ya en una completa situación de debilidad del régimen, aislado y puesto a la defensiva. La muerte de un estudiante en una manifestación había dado lugar a entierros simbólicos, después de los cuales se fraguó la calumnia de que en la municipalidad y en la Dirección de Tránsito se masacraba a los universitarios y se colgaban sus cadáveres de ganchos, como si fueran ganado.

Tras una noche agotadora, de infructuosa deliberación militar en el palacio de gobierno, Villarroel se quedó solo con algunos de sus acompañantes, rehusando huir, pero tampoco atinaba a moverse en dirección alguna. Se le exigió su renuncia a la Presidencia, que fue firmada al mediodía, acto que desencadenó la movilización de la gente del FDA hacia los cuarteles y edificios públicos. El fuego de los insurrectos era apenas respondido. Ante la turbamulta que invadió la plaza Murillo, Villarroel se refugió en una dependencia administrativa, donde los asaltantes le dieron muerte, así como a su edecán; al capitán Waldo Ballivián y a su secretario privado, Luis Uría de la Oliva; el jefe de Tránsito, Max Toledo, y el periodista Roberto Hinojosa (que había retornado de México después de largos años de ausencia) fueron arrastrados por el tumulto y colgados en los faroles de la plaza principal de La Paz.

157

Los asaltantes del palacio se inspiraron en un reciente noticiario de cine en el que aparecía Mussolini y su compañera colgados de los pies. La flota soviética en el Báltico festejó la caída de Villarroel con 21 cañonazos y Pablo Neruda envió un telegrama a sus amigos de La Paz expresando: "Este 21 de julio ha sido gloriosamente español".

Inmolados Villarroel y sus amigos, triunfó la alianza de la derecha y el PIR. Ernesto Ayala Mercado expresaba así su opinión de aquel gobierno:

En 1943, el régimen Villarroel-Paz Estenssoro luchó por la democratización del país y por el desarrollo de las instituciones burguesas. Mas al asegurar la inviolabilidad de la propiedad privada y conservando intacto el poder de la "rosca" minero-feudal, por una parte, y por la otra, al movilizar las masas obreras y campesinas contra la oligarquía cuya destrucción ideológica no se atrevió a intentar, Villarroel profundizó la contradicción inicial que lo desgarraba, contradicción inicial que —en última instancia— determinó su fracaso dramático y estrepitoso.

"LA NACIÓN DEL CANSANCIO Y LA RESPIRACIÓN TAQUICARDIACA…"

Pablo de Rokha, el atrabiliario escritor chileno, visitó por entonces Bolivia, llevado por su amistad hacia los jefes del PIR y su recelo, mezclado de curiosidad, por la obra del MNR y de Villarroel. Acababa de ser colgado por la multitud enardecida el presidente, que había intentado cambiar las reglas del juego político, dando a cada cual lo que le correspondía, pero en lo más profundo, nada había cambiado todavía. Escribe De Rokha en su colorido estilo:

Rica, despoblada, vieja e infinitamente angustiosa, infinitamente polvorosa de milenios, Bolivia da tonalidad arcaica a la tragedia americana. Por entre sus grandes ruinas y vestigios, los antepasados sollozan. Es un país con la cabeza vuelta terriblemente al pretérito y con el corazón entre dos espadas: la sierra helada y antiquísima y los trópicos envenenados por un sol asesino y estupendo. Nunca a una música le encontré un olor a raíz de mundo y antigüedad infinita como a la boliviana… Es pues Bolivia la nación del cansancio y la respiración taquicardiaca. Sólo la salvará la voluntad y la organización soberbia en un plano de ancho volumen y un gran programa histórico. Uno se pregunta por qué los niños de Bolivia no nacen con el pelo blanco de canas… ¿Es la desgracia histórica? No; es la falencia histórica, porque Bolivia parece que se hubiese detenido, a la orilla de los acontecimientos, a mirar pasar la vida.

Lo que parecía una actitud hierática e inmutable por parte de De Rokha era apenas el gesto de pasmo y de reflexión de una colectividad demasiado probada por la adversidad, pero que bien pronto tantearía otros caminos.

No está muerto mi pueblo, sólo duerme…
Dejad que me aproxime a la caverna
donde reposa derrotado e inerme…
Dejad que diga la palabra eterna.
¡Despertará!, y el universo todo
será testigo de sus mil hazañas;
hará brotar rubíes sobre el lodo

y kantutas de luz en las montañas;
aromará de audacias el terruño;
se alzará vertical y soberano
y trizará con su ciclópeo puño,
como una nuez, la testa del tirano.

JOSÉ FEDERICO DELÓS

VI. EL SEXENIO

EL PRESIDENTE de la Corte Superior de La Paz, Tomás Monje Gutiérrez, jefe del organismo más conservador de la sociedad, el Poder Judicial, fue señalado por las fuerzas tradicionales para ser el presidente provisional de Bolivia. Monje nombró un gabinete de pursistas, liberales y piristas. El artesano Aurelio Alcoba, dirigente de la CSTB, fue el nuevo ministro de Trabajo. Además, gente del PIR ocupó cargos en las policías de seguridad y municipales. La Constitución Política del Estado fue suspendida y en su lugar se puso en vigencia un Estatuto de Gobierno.

Una sañuda persecución se desató contra los militares villarroelistas y el MNR. La prensa y la radio se ocuparon en azuzar a los sectores populares a una cacería de brujas, que ocultaba el hecho de que una vez levantadas oficiosamente las huelgas del magisterio y de otros sectores laborales, la Junta de Gobierno no les dio un solo centavo de aumento, salvo a los trabajadores bancarios, que salieron como siempre con su gusto.

En septiembre, un incidente, que en otras circunstancias habría merecido apenas un arresto temporal, provocó una segunda tragedia: un oficial retirado del ejército, Luis Oblitas, trató de ver al presidente Monje haciendo larga antesala, hasta que, cansado y en un descuido de los edecanes, se introdujo al despacho, donde exigió al mandatario en tono descontrolado que le arreglara su situación en la milicia. Aparentemente el hombre blandía un arma, aunque no dio muestras de querer usarla. Acudieron empleados y oficiales, y Oblitas fue reducido, golpeado y enviado a la policía, mientras la radio propalaba versiones siniestras sobre un atentado al presidente. La población empezó a aparecer, como por arte de magia, dirigiéndose primero a la policía, de donde extrajeron al infeliz enajenado, y luego al Panóptico, en busca de José Escobar y Jorge Eguino, quien se hallaba acompañado de su hijo de 10 años. Debido al ambiente tenso que reinaba en la ciudad, los escolares fueron licenciados de los colegios, y los más curiosos se dirigieron a la plaza Murillo, escenario de hechos fastos y nefastos. Allí se encontraba ya, colgado de un farol, el cadáver de Oblitas. Al poco tiempo llegaron, arrastrados por una turba y con los rostros ensangrentados y tumefactos, Escobar y Eguino, quienes correrían la misma espantosa suerte. Eguino demandó un confesor, luego un refresco, y finalmente algún tiempo para hacer ciertas revelaciones. Se le concedieron las dos primeras gracias, pero una vez que su garganta reseca saboreó el líquido, le pusieron la cuerda al cuello y lo izaron, con tan poca suerte para él porque la cuerda se rompió y el cuerpo cayó pesadamente, todavía con vida. Alguien disparó sobre el agonizante, que luego fue alzado otra vez.

LA TESIS DE PULACAYO

Muerto Villarroel, comenzó el proceso de organización de las fuerzas obreras. En octubre de 1946 se llevó a cabo el Congreso de la Federación de Mineros en el distrito de Pulacayo. Allí, las posiciones piristas fueron derrotadas completamente y los congresistas aprobaron uno de los documentos clásicos del movimiento obrero boliviano: la Tesis de Pulacayo, preparada por Guillermo Lora. En ella se decía:

> El proletariado de los países atrasados está obligado a combinar la lucha por las tareas demoburguesas con la lucha por reivindicaciones socialistas. Ambas etapas —la democrática y la socialista— no están separadas en la lucha por etapas históricas, sino que surgen inmediatamente la una de la otra.

La plataforma de reivindicaciones establecía la ocupación de minas y el control obrero, así como el armamento de los trabajadores y, en tanto se llegara a ese extremo, salario básico vital y escala móvil de salarios; semana de 40 horas y escala móvil de horas de trabajo. La Tesis de Pulacayo, pese a que no habló de la nacionalización de minas ni de la reforma agraria, fue un durísimo golpe al régimen restaurador y sirvió de bandera a la oposición obrera hasta 1952.

La CSTB pirista había defraudado a los trabajadores e instalado a uno de sus miembros en el gobierno, y defendía los intereses de grandes mineros y latifundistas, por lo que las organizaciones proletarias, por convocatoria de la FSTMB, organizaron una central obrera compuesta por la citada organización minera y varias federaciones, entre ellas la de artistas y escritores que dirigía el pintor Miguel Alandia Pantoja. De inmediato, la COB fue vista como un gravísimo peligro y sus dirigentes fueron apresados y confinados, con lo que se disolvió la organización.

163

Por entonces, Carlos Víctor Aramayo, quien vivió en Buenos Aires durante el gobierno de Villarroel, publicó un folleto en el que atribuía a la inestabilidad y a la excesiva tributación los males de la industria minera y la ausencia de nuevas inversiones. Al propiciar una política de puertas abiertas a los capitales, sugería ahorros en la burocracia, el ejército y la diplomacia. En ese tiempo, "del presupuesto nacional de unos 1 000 millones de pesos bolivianos, de 400 a 500 millones son reservados para las fuerzas armadas. Si esto es cierto, y temo mucho que lo sea —decía Aramayo—, la desproporción resulta monstruosa y no puede perdurar sin acarrear el estancamiento indefinido de la nación". Las embajadas debían reducirse "a las tres o cuatro estrictamente indispensables". Aramayo negaba todos los cargos que periodistas y escritores bolivianos, o misiones internacionales, habían hecho a la gran minería, y se remontaba a Bolívar y Sucre, a quienes señalaban también como "rosqueros", pues provenían de familias acomodadas. Atribuía los "20 años de calumnia" a un "grupo pequeño, pero muy activo, de resentidos y fracasados, que convencidos de su propia incapacidad para vencer en las batallas de la vida, se han propuesto, por lo menos, evitar que otros lo hagan".

Patiño había dejado el país 30 años atrás, para no volver jamás. Carlos Víctor Aramayo permaneció en medio de sus ingratos compatriotas hasta 1952, cuando también su periódico *La Razón*, que reflejaba sus puntos de vista, dejó de aparecer para siempre.

En enero de 1947 se celebraron las elecciones generales a que convocó la Junta. Las fuerzas dominantes restablecidas prepararon dos candidaturas: una del PURS,

164

formada por Enrique Hertzog y Mamerto Urriolagoitia, y otra de la alianza liberal-pirista. Hertzog había
sido ministro de Salamanca, al igual que Guachalla,
durante la guerra del Chaco. El primero dejó la medi-
cina por la política; el segundo representó con brillo a
Bolivia en diversas misiones diplomáticas, y en sus años
de joven funcionario había sido declarado "persona
no grata" por el gobierno chileno, por sus actitudes y
declaraciones sobre la forzada mediterraneidad de Bolivia. Miembro de honorable familia paceña, rechazó
terminantemente la ayuda económica que le ofreciera
la casa Hochschild para su campaña. Hertzog ganó por
44 700 votos contra 44 300. El perseguido MNR lanzó la
candidatura de Paz Estenssoro, quien obtuvo, en las
más difíciles circunstancias, 13 000 votos.

Después del congreso de Pulacayo, la dirección sindical y el POR decidieron participar en las elecciones y
formar el Bloque Parlamentario Minero. El MNR logró
diputaciones en Tarija y en Cobija. Juan Lechín Oquendo y Mario Torres Calleja fueron senadores por el
bloque minero, mientras que Guillermo Lora y otros
fueron diputados por el mismo sector.

Los mineros de Potosí, ante la indiferencia con que
las autoridades miraban sus peticiones para aliviar su
dura situación, declararon una huelga. El gobierno,
impresionado aún por la Tesis de Pulacayo, ordenó el
apresamiento de los dirigentes sindicales, imputados
de subversión "nazitrotskista". En enero, los obreros de
los socavones, sus esposas e hijos bajaron a la ciudad y
realizaron una manifestación pacífica, pero fueron ro-
deados por la fuerza armada y masacrados. Al iniciarse
la legislatura a mediados de año, el bloque minero in-

165

terpeló al gabinete y culpó al gobierno por la efusión de sangre minera.

Enrique Hertzog, prohombre del PURS, asumió el mando constitucional en marzo, con un gabinete de sus correligionarios, y el hecho notable fue que el viejo revolucionario Tristán Marof, quien para la nueva etapa de su vida había recuperado su nombre de pila: Gustavo Adolfo Navarro, ocupó las funciones de secretario privado del presidente.

Desde que, adolescente, Marof saliera de su nativa Charcas —a la que dedicó muchos años después una novela humorística bajo el título de *La ilustre ciudad* (historia de badulaques)—, había corrido mucho mundo, sufriendo persecuciones y cárcel no solamente en su patria sino también en otros países americanos. Opositor frontal del MNR y enemigo personal de Céspedes, Montenegro y Paz Estenssoro (de quien escribió una biografía satírica), después de 1952 prefirió hacer mutis por el foro y se retiró a Santa Cruz, donde vivió modestamente hasta su muerte, en 1977.

Poco antes de morir declaró a un periodista que no sabía si continuar o no sus memorias:

Soy un pobre escritor que llevó una vida atormentada y sufrió por sus ideas, yendo de prisión en prisión, en un tiempo difícil. Lo que me interesa hoy día es otra cosa: la técnica, la biología, la preocupación de un mundo que muere y el fracaso de todas las ideologías. Un mundo que se devora a sí mismo y no tiene confianza porque vive en el terror... Pareciera que el más estúpido tiene privilegios de triunfador, se enriquece, gobierna, dicta sus órdenes a pueblos aborregados, después de envilecerlos. Se burla de la inteligencia y la odia. Ésta es la consigna. En un mundo donde todos los valores han cambiado, no nos cabe sino reír, festejar, esperar que esta bola incierta que se llama Tierra vuelque, o prosiga su rotación diaria, ajena a las pasiones de los hombres que alguna vez pueden ser iluminados en la desesperación y angustia de sus propias vidas.

El aparato judicial, obrando como un elemento más de las fuerzas tradicionales restablecidas, dictó fallos contra los trabajadores, interpretando en sentido patronal la Ley del Retiro Voluntario. Cuando los movimientistas y sindicalistas confinados en la isla de Coati decretaron la huelga de hambre en demanda de su libertad, se interpuso en La Paz, ante la corte del distrito, un recurso de *habeas corpus*, que fue denegado.

La Patiño Mines ordenó el despido de un centenar de dirigentes y trabajadores de su empresa de Catavi, mientras que el gobierno concentró tropas del ejército, incluyendo aviones de combate, en las inmediaciones de dicho distrito (esto fue en represalia porque los obreros obtuvieron un laudo arbitral social a su favor). Los trabajadores entraron en huelgas, en protesta por el despido de sus compañeros, pero obedecieron las instrucciones de la autoridad de regresar al trabajo. Mas la gerencia, en acto de provocación, decretó el *lock out*, y el gobierno ordenó la reiniciación del trabajo en manos de técnicos y obreros, que en esos días batieron el récord de producción. Se firmó un convenio, que fue burlado con autorización del nuevo ministro del Trabajo, del PIR, para el despido de una gran cantidad de trabajadores. Tal fue la "masacre blanca" de Catavi.

Hertzog tomó medidas que favorecían netamente a las grandes empresas y desarrolló una política económica de precios y salarios que perjudicaba a los trabajadores, ya que las condiciones de vida descendieron a causa de la inflación. Celebró, con el gobierno de Juan Domingo Perón, un tratado de "unión económica" que nunca entró en vigencia, aunque se construyeron las refinerías de petróleo en Cochabamba y Sucre.

En abril de 1948, el escritor Fernando Díez de Medina y un grupo de jóvenes idealistas deseosos de cambiar los viciados aires de la política boliviana y de recuperar para el país el usufructo de sus riquezas mineras, fundaron el grupo cívico Pachakuti. Gonzalo Romero asumió la subjefatura. La prédica de Díez de Medina, en artículos y en libros como *Thunupa*, había ganado muchos corazones juveniles. Pero el pachakutismo, que nació como movimiento cívico en busca de la transformación interior de cada boliviano, se vio pronto envuelto en la menuda política y en 1951 apareció apoyando la candidatura de Gabriel Gosálvez. Díez de Medina lanzó una proclama anunciando que la política era una mugre y que volvía a sus libros. Pero con el tiempo resolvió reincidir en la actividad pública, actuando como ministro de Educación del MNR. A su retorno de la embajada de Italia, Díez de Medina le propuso al gobierno del MNR que les diera una tregua de "paz y concordia" con los adversarios políticos, por lo que fue expulsado del partido, pero reapareció después de noviembre de 1964 como ministro sin cartera; fue asesor del presidente Barrientos hasta la muerte de éste, en cuya apología escribió *El general del pueblo*.

Al celebrarse una misa recordatoria de la muerte de Villarroel, se produjo el allanamiento y el cierre del diario *La Noche*, de Gustavo Chacón, pese a tener éste una actitud conciliadora. En el Parlamento, el bloque minero, los poristas y el MNR libraban batallas sin cesar contra la política de los gobernantes y de las grandes empresas.

Hertzog convocó a elecciones para la renovación parcial de las cámaras en mayo de 1949. En la proximidad de este acto, las autoridades dispusieron el retorno de los confinados, pero al mismo tiempo los distritos electorales mineros fueron suprimidos. Como de costumbre, fue abundante el uso del cohecho, la violencia y la intervención de las autoridades en las votaciones y el escrutinio.

Los opositores nacionalistas ganaron escaños en La Paz y otros distritos, de manera que en la sede del gobierno los trabajadores y los militantes del MNR realizaron una marcha. Las fuerzas represivas del régimen dispararon contra los manifestantes. Al día siguiente las organizaciones sindicales realizaron una marcha de protesta, pero también fueron dispersadas a balazos.

> Duele Bolivia tu sombra
> que se llama historia
> y duele tu destino
> de lento asombro
> de paloma herida.

ALBERTO GUERRA GUTIÉRREZ

EL MAMERTAZO

Varios factores, entre ellos el fracaso electoral del gobierno, el descrédito acumulado y cierta reticencia para incrementar la violencia oficial, obligaron a Hertzog a retirarse de la Presidencia, víctima de una crisis nerviosa, y a refugiarse en una clínica de reposo en los yungas paceños. Había estado gobernando, si bien por poco tiempo, un país con complejos problemas y con fuerzas sociales enfrentadas a muerte, pero su espíritu se evadía a campos tan extraños como los de la segunda Guerra Mundial, como lo relata el periodista que lo visitó:

> Estaba entusiasmado en traducir del francés unas notas históricas sobre la última guerra mundial. Hicimos un esfuerzo grande recordando lugares de batallas, nombres de mariscales y generales de ambos bandos, escuadras navales. Él, encantado con la charla, explicaba en síntesis el desarrollo de las grandes acciones. Señalaba en el aire, a falta de un mapa, cómo iban los ejércitos avanzando sobre nombres africanos, europeos, asiáticos. De memoria formaba las líneas de la escuadra inglesa, estadunidense, alemana y japonesa, citando las denominaciones de los barcos.

De su retiro en Chulumani, Hertzog, comprensiblemente, ya no volvió más al Palacio Quemado. Su vicepresidente, Mamerto Urriolagoitia, tomó las riendas del poder y advirtió al país que gobernaría con mano dura. Por lo menos había garantía de que no se distraería con ninguna lectura.

Ese mismo año, en mayo, moría, rendido por la pobreza, el abandono y el alcohol, uno de los pensadores más lúcidos y, sin duda, el mejor crítico que produjo Bolivia en el medio siglo: Carlos Medinaceli. Su deceso, salvo alguna que otra nota escrita por amigos, pasó inadvertido. Y, sin embargo, como Tamayo, como Mendoza, Medinaceli fue un talento original. Dotado de un fino sentido del humor y de una vasta cultura, su ingenio se malogró en parte por las exigencias e injusticias de un medio avaro y mezquino con los inconformes. Nunca salió de Bolivia, pero pudo formarse solo, frecuentando a los grandes en sus libros. Fue también quien más hondo caló en los males de nuestro sistema educativo y en la alienación de nuestra cultura, sometida a los vaivenes superficiales de la moda, negadora y despreciadora del sustrato indígena.

> Si queremos ser nación —había escrito—, lo primero es que vayamos aprendiendo a pensar —y expresarnos— en conformidad al genio nacional, al alma de la raza, al "espíritu territorial" porque eso es lo propio nuestro, y aunque por de pronto ese espíritu sea todo lo mestizo e indígena que se quiera, no importa. Más vale relinchar por cuenta propia que vestirse con las plumas del grajo. ¡Atrevámonos a ser bolivianos!

Su vasta obra, dispersa en gacetillas y revistas, ha sido publicada —y, por tanto, apreciada por el público— muchos años después de su desaparición física.

A los pocos días de asumir el mando, Urriolagoitia ordenó el apresamiento de la plana mayor sindical minera y el exilio a Chile de Juan Lechín, Guillermo Lora, Mario Torres, César Toranzos y otros. La masa de los obreros de Siglo XX, indignada, se concentró frente al local de su sindicato y dispuso la toma de rehenes. A los pocos minutos, por la llegada de la prensa, los mineros supieron del destierro de sus líderes, y resolvieron fusilar a dos de los rehenes de nacionalidad estadunidense.

Pocas obras como *Los restaurados,* de René López Murillo, reflejan con mayor franqueza las duras alternativas que vivió el país —y el ejército en particular— en aquellos años. El autor, por entonces joven oficial, relata varias de las misiones que le tocó cumplir frente a los mineros, como en 1949, cuando tres regimientos ocuparon Siglo XX, Llallagua y Uncía.

La Patiño nos subvencionó mensualmente con 700 pesos por oficial soltero y 1 500 por casado —relata López Murillo—. Además, recibíamos semanalmente un paquete de cigarrillos Derby, entradas libres para todos sus cines y las pulperías nos atendían en las mismas condiciones que a los altos empleados de la empresa. La tropa recibía tres pesos diarios en víveres por soldado, dos entradas semanales para los cines y una cajetilla de cigarrillos. Con lo que ahorró nuestro regimiento se construyó la vivienda para oficiales que actualmente tiene Potosí. A los oficiales del Ingavi les regalaron monturas y caballos argentinos. Económicamente nuestros jefes eran tan importantes como podía serlo el señor Deringer, gerente de la empresa... En lo que a mí concierne, puedo decir que gracias a la Patiño pude comprarme una radio y una máquina de escribir.

El restablecimiento del orden, después de la muerte de los técnicos estadunidenses —tomados por los mineros en represalia por el destierro de sus dirigentes a Chile—, representó, en cifras oficiales que recoge López Murillo en la obra mencionada, 144 muertos y 23 heridos.

En ese tiempo resurgió el MNR hasta convertirse en el principal partido de oposición, pues además éste tuvo una transformación interna hacia la izquierda. Contribuyó grandemente a este proceso la acción conjunta, sin pacto ni frente, entre los movimientistas y otros grupos de izquierda, de manera que las concepciones y las consignas revolucionarias prendían fuertemente en la muchedumbre y ésta las llevaba al interior del MNR, que dejó de ser una formación de la pequeña burguesía para trocarse en un partido multitudinario y policlasista. Desde dentro, por su parte, hubo un afán de clarificar posiciones, como lo demuestra el análisis de adecuación del marxismo a la realidad nacional de Walter Guevara Arze, análisis conocido con el nombre de Tesis de Ayopaya, y donde por primera vez se habla de la revolución nacional y de la alianza de obreros, campesinos y clase media para dejar atrás la semicolonia y construir un Estado nacional. Gracias a su combatividad sin tregua, el MNR se convirtió en un coloso.

Después de 1946, el MNR realizó su primera convención en 1948, poco antes de las elecciones, en la que se pronunció por la necesidad de intervenir en ellas, pero, al mismo tiempo, autorizó a su Comité Político Nacional a buscar el camino conspirativo. La siguiente se celebró en vísperas de las elecciones de 1951, en la que se rechazaron los pactos y se desahució la candidatura de Franz Tamayo. Al principio, en 1946-1947, se formó una corriente para sustituir a Paz Estenssoro por Rafael Otazo, quien publicó una carta en *La Razón*, sustentando sus posiciones, lo que le valió la exclusión del partido.

Los piristas recobraron su independencia una vez que fueron echados del poder, pero ya sólo fueron sombras fantasmales del ayer. El POR celebró, por su parte, varias conferencias nacionales; Jorge Salazar Mostajo, acusado de pertenecer a la masonería, dejó la Se-

cretaría General y en su lugar fue elegido el joven teórico Guillermo Lora, quien estaba ligado a los mineros.
La Falange estuvo mucho tiempo en conversaciones
golpistas con el MNR, sin decidirse nunca, hasta el punto de que sus dos delegados, Hugo Roberts y Alfredo
Candia, cansados de las indecisiones de Unzaga, prefirieron cambiar de partido, entregando al MNR armas
para la conspiración.

En efecto, el movimiento no dejó de conspirar con
grupos de militares. Los exiliados que estaban en Argentina, encabezados por Paz Estenssoro, pretendieron
ingresar y tomar Yacuiba y Villazón, pero los alzados
fueron interceptados por la gendarmería argentina. Gabriel Gosálvez, embajador de Urriolagoitia, logró que
el gobierno peronista expulsara a Paz Estenssoro y a
sus compañeros a Uruguay. El MNR fijó la fecha de la
nueva conspiración, al mando de Hernán Siles Zuazo,
para agosto de 1949. El gobierno vetó el ingreso de los
parlamentarios del MNR a las cámaras.

Un día antes, por delación de un militar, 200 dirigentes movimientistas y sindicalistas de la sede del gobierno fueron capturados, maltratados y encarcelados.
Ya no hubo tiempo ni posibilidad de cursar contraór-
denes al interior de la República, de modo que, en la
fecha señalada, estalló el golpe del MNR en Cochabamba, Santa Cruz, Potosí y Sucre. Los alzados estaban pre-
parados para una rápida toma del poder en la cabeza
del país, La Paz, pero no para una lucha prolongada
desde la periferia.

Se formaron juntas revolucionarias departamentales y, luego, se constituyó una nacional, en septiembre,
con sede en Santa Cruz, bajo la presidencia de Paz Es-

tenssoro (ausente) y la presidencia efectiva de Edmundo Roca Arredondo. La toma revolucionaria se hizo en Cochabamba mediante combates en la base aérea y en la plaza "14 de Septiembre". En los otros lugares el golpe venció más o menos pacíficamente. El gobierno preparó la ofensiva y movilizó al ejército sobre los distritos mineros, una vez que pudo controlar Oruro. En las principales minas los trabajadores se habían hecho cargo directamente del control total de las poblaciones, decretando huelgas y asambleas permanentes. Ello permitió hablar, después, a *La Razón* de los soviets o comunas de Catavi, Pulacayo y Colquiri. La retoma por parte del gobierno fue cruenta debido a la resistencia laboral.

El comandante del ejército de Urriolagoitia, general Ovidio Quiroga, desplazó su fuerza sobre Cochabamba, donde, ante la proximidad de las fuerzas gubernamentales, hubo una desbandada. La última resistencia fue inútil, y hubo que emprender la retirada hacia Santa Cruz. El objetivo del ejército era liquidar el foco principal de esa ciudad, de modo que las tropas se dirigieron allí, encontrando inusitada resistencia en Mataral e Incahuasi, donde menudearon los combates. Tropas de apoyo avanzaron sobre la ciudad cruceña desde Roboré. En Sucre y Potosí, unas y otras fuerzas se alternaban en el uso del poder, según la marcha de los acontecimientos. No hubo más remedio que abandonar Santa Cruz y los rebeldes tuvieron que huir hacia las fronteras de Argentina, Paraguay y Brasil.

El PIR estuvo del lado del gobierno durante la guerra civil, cooperando activamente con las autoridades. Por primera vez, las ciudades bolivianas recibieron el impacto de bombas de la aviación militar del gobierno.

La represión fue particularmente cruenta en Potosí. El MNR respetó la intangibilidad de bancos y arsenales sin apropiarse de fondos y armas. Las cárceles y lugares de confinamiento se llenaron de opositores. Los revolucionarios fueron severamente controlados hasta en el exilio, pero fue una amarga derrota con valiosas enseñanzas para el futuro. En octubre, los presos —de la policía de La Paz— se fugaron, y otro tanto hicieron los del penal de la isla de Coati, que salieron rumbo a Perú.

La guerra de Corea hizo subir el precio internacional del estaño, y luego, al producirse fluctuaciones, la gran minería y el gobierno solicitaron mejor trato a los Estados Unidos, cuya réplica, en boca del señor Stuart Symington, miembro de una comisión del Senado, aducía que cualquier sobreprecio iba a la bolsa de unos cuantos privilegiados y no a los hambrientos obreros mineros. La exportación de estaño se mantuvo sobre las 30 000 toneladas anuales, pero llegó a 38 000 en 1946 y a 33 000 en 1951.

Ante una ola de pliegos de aumentos salariales, Urriolagoitia respondió decretando la congelación de salarios y la prohibición de las huelgas de solidaridad. El levantisco gremio bancario, al ver burladas sus demandas, planteó una huelga, que fue secundada por la Federación de Empleados de Comercio y por los universitarios. El gobierno descubrió muy oportunamente una subversión y detuvo a muchos dirigentes sindicales.

Una gran marcha organizada en La Paz fue el preludio de la huelga general. El ataque de los carabineros dio comienzo a las refriegas, de manera que la ciudad quedó dividida por barricadas. El ejército, al mando de Ovidio Quiroga, lanzó su poderío contra los huelguistas, ya que todos los barrios populares, Villa Victoria y las cercanías de El Alto estaban llenos de trincheras improvisadas. Se trataba de una insurrección obrera en el cinturón industrial de la sede de gobierno que fue quebrantada por la fusilería, la metralla, los morteros y todo el aparato bélico del gobierno, el cual masacró en varias zonas a los trabajadores fabriles, harineros, artesanos y desocupados.

No solamente los mineros y los fabriles fueron objeto de represiones, sino también los campesinos. Los caciques aimaras se reunieron en Pucarani para protestar contra la negativa de las autoridades y de los latifundistas de poner más escuelas y de autorizar la sindicalización agraria. Ardieron las fogatas en los cerros y el levantamiento indígena fue ahogado en sangre, al igual que otro movimiento en Incahuasi. En otra ocasión, delegados de los "pongos" de Culpina pidieron solidaridad al Congreso Minero de Telamayu. Poco después, ante los abusos de los gamonales, hicieron una huelga agraria, tomaron la casa de hacienda y, en la lucha, mataron al patrón. Todo Sud Cinti se plegó a la revuelta, hasta que fue aplacada mediante la masacre. De igual forma, durante el sexenio se confinó a los dirigentes agrarios a la inhóspita región tropical del Ichilo, medida que se justificó con la aseveración de que se trataba de un plan de colonización.

EL INFORME KEENLEYSIDE

En 1950 visitó el país, durante cuatro meses, una misión de las Naciones Unidas, cuyo informe final lleva el nombre de su director, Keenleyside. Aunque Paz Estenssoro, desde su exilio en Buenos Aires y movido sobre todo por el afán de desacreditar cuanta iniciativa tomara el gobierno boliviano, declaró que la misión había empleado un punto de vista "colonial", sobre todo en sus conclusiones, el Informe Keenleyside es uno de los documentos más valiosos para conocer la realidad económica y social boliviana de ese tiempo. No en vano, además de los 22 expertos en todos los campos que envió las Naciones Unidas, numerosos funcionarios bolivianos trabajaron paralelamente.

La agricultura está atrasada y hay que importar alimentos y materias primas que podrían producirse en el país. La industria minera ha llegado a un punto en que, a menos que nazca la confianza y pueda invertirse considerable capital, parece estar al borde de una grave decadencia. El petróleo y la energía hidroeléctrica no pueden ser desarrollados suficientemente, porque los recursos disponibles no han sido todavía estudiados. Gran parte de la población es analfabeta y enfermiza, y la mortalidad infantil es aterradoramente alta. El deber primordial de la misión era encontrar una explicación satisfactoria de este contraste paradójico entre la riqueza potencial de Bolivia y el poco éxito de su pueblo en transformar esa riqueza en manifestaciones concretas de una economía nacional próspera. Los miembros de la misión creen que la explicación de la paradoja se encuentra en la inestabilidad gubernamental y administrativa que ha caracterizado a la historia de esta nación. La misión constató las diferencias existentes entre los sueldos que perciben los altos dignatarios de las empresas mineras y los más elevados sueldos de la administración nacional, y hace constar en el informe los siguientes datos: el presidente de la República gana 360 000 pesos; el gerente general de una compañía minera, 1 800 000 pesos; un ministro de Estado gana 144 000 pesos; un superintendente de minas, 510 000 pesos.

La misión estableció que en Bolivia no existía ningún código de seguridad que rija las condiciones en que se ha de efectuar el trabajo y la explotación de las minas, ni tampoco cursos prescritos para capacitar a los nuevos empleados. El número de accidentes que ocasionan la muerte o lesiones graves es muy elevado, en relación con el número de trabajadores empleados en las minas, si se compara con explotaciones análogas de otras partes.

[...] las compañías mineras han tardado en reconocer y aceptar sus responsabilidades sociales, debido a lo cual aún persisten la mutua incomprensión y la tirantez de antaño. Es absolutamente esencial que exista una mejor comprensión entre la industria, por una parte, y el gobierno, los trabajadores y el público, por otra. Es indudable que tal comprensión sería más fácil si las empresas mineras demostraran, con más claridad que en el pasado, su deseo de colaborar en el progreso del país.

Sobre la realidad agrícola, indica la misión que en Bolivia se cultivaba menos de 2% de su territorio, es decir, 21 000 kilómetros cuadrados, en una superficie de 1 098 000 kilómetros cuadrados.

179

La mayor parte de las mejores tierras forman grandes haciendas, en las cuales las familias indígenas trabajan para el propietario, y además cultivan pequeñas parcelas que les conceden en lugar del salario, en compensación por el trabajo en las haciendas. Por lo general, estas familias indígenas ocupan la tierra más abrupta y pobre. Por la deformación de su economía monoproductora, el país se ve obligado a hacer importaciones de azúcar, trigo, harina, arroz y carnes.

En cuanto a la dieta alimenticia, la misión indicó que, en La Paz, 407 de cada 500 familias no consumían absolutamente nada de leche, las deficiencias cualitativas del régimen alimenticio en Bolivia se originaban especialmente en el bajo consumo y, en muchos casos, en la falta de consumo de leche y sus derivados. "Esta deficiencia es particularmente grave tratándose de niños, y esto ayuda a explicar las tasas extraordinariamente altas de mortalidad infantil. Ocupa el siguiente puesto, por su gravedad, el consumo insuficiente, en general, de frutas y verduras frescas, particularmente en el altiplano."

En las comunidades mineras, las defunciones durante el primer año de vida excedían con frecuencia de 500 por cada 1 000. Según la información obtenida, tales tasas también representaban con bastante fidelidad las condiciones que existían entre los indios del altiplano. La tasa era probablemente algo menor en las zonas urbanas. "La mortalidad infantil después del primer año de vida también es alta. Con frecuencia se afirma que sólo se espera que una tercera parte de los niños que nacen llegue a la edad de cinco años. De esta afirmación se desprende que la expectativa media de vida es reducida."

180

Urriolagoitia convocó a elecciones generales, que debían realizarse en mayo de 1951. Ante este acontecimiento, las fuerzas tradicionales se dividieron profusamente; los candidatos oficialistas fueron Gabriel Gosálvez, del PURS, y Roberto Arce, del Partido Social Demócrata. Como éste fuera poco numeroso, la prensa guasona lo motejó con el nombre de "Coro de Santa Cecilia". El Partido Liberal lanzó los nombres de Tomás Manuel Elío y Bailón Mercado. El PIR no quiso quedarse atrás y proclamó la fórmula José Antonio Arze-Abelardo Villalpando, y la Falange, por su parte, dio los nombres del general Bernardino Bilbao Rioja y Alfredo Flores.

Finalmente, un nuevo partido, Acción Cívica Boliviana, apareció en el espectro político, con la candidatura de Guillermo Gutiérrez Vea Murguía, acompañado por el maestro cruceño Julio Salmón. En las filas de la oposición se impuso la candidatura única de Víctor Paz Estenssoro y Hernán Siles Zuazo. Los preparativos electorales fueron una competencia entre los recursos del gobierno y el dinero de las grandes empresas mineras, por una parte, y la inventiva y talento de los opositores sin dinero, por la otra.

El régimen de Urriolagoitia, además de dividir al MNR en Santa Cruz, anunció haber descubierto un pacto secreto entre el Comité Político Nacional del MNR y el Partido Comunista, de reciente creación. Ante el colapso del PIR, que ya no era nada más que unas siglas, grupos de la juventud pirista rompieron con su partido y, conforme a la nueva situación de la política orientada por Moscú en la Guerra Fría, organizaron el Partido Comunista en enero de 1950. José Fellmann Velarde afirma que el documento de alianza fue fraguado por el ex marofista y expulsado del MNR Fausto Reynaga, quien ocupaba en ese entonces las funciones de asesor del Ministerio de Gobierno.

Con los años, Reynaga, panfletista incansable, a la par de denostar a cuanto escritor y político se moviera en Bolivia (y en el mundo entero), dio forma a una ideología de corte racista pero al revés: exaltando exclusivamente el aporte indio, aimara o quechua, aunque, para que lo entendieran, debió escribir sus obras en español, no para los campesinos que aún no habían llegado a la cultura letrada, sino para los citadinos contra quienes dirigía sus diatribas.

Es justo reconocer que Reynaga fue precursor de los movimientos indigenistas que surgirían después, comúnmente conocidos como "kataristas" por su devoción a Tupaj Katari, caudillo de la insurrección campesina contra la corona española en 1780-1781.

Las elecciones de mayo sorprendieron a todos, puesto que siempre había existido la costumbre de que en el reino de la democracia calificada, es decir minoritaria, las elecciones fueran ganadas por el gobierno, y ahora el neto triunfador fue el MNR. Se habían cumplido, además, todas las reglas habituales de presión, palo y dolo. El escrutinio del sufragio dio el siguiente resultado: Paz Estenssoro, 54 049; Gosálvez, 39 940; Bilbao Rioja, 13 180; Gutiérrez Vea Murguía, 6 559; Elío, 6 441; Arze, 5 170 votos. En La Paz, conocidos los cómputos extraoficiales, la ciudadanía celebró el triunfo movimientista con manifestaciones y regocijo general.

Fracasada la política de la mano dura, las fuerzas dominantes quedaron debilitadas y en la más completa orfandad. Entonces, el presidente Urriolagoitia reunió un cónclave de jefes militares, tomó con ellos acuerdos dictados por la desesperación y, en mayo de 1951, procedió al autogolpe, denominado "mamertazo" por la prensa internacional, delegando la Presidencia en el ejército, cuyo jefe máximo, el general Ovidio Quiroga, a espaldas y por encima del país, nombró como nuevo presidente de la República al general Hugo Ballivián, con un gabinete militar. De esta manera, mediante "orden general" se sustituyó la Constitución Política del Estado y el mandato popular. Urriolagoitia y Ovidio Quiroga se marcharon del país ante la indignación de los bolivianos.

La insurrección de abril de 1952

El nuevo gobierno comenzó su labor sin autoridad moral alguna, ya que se le conoció como la "Junta Usurpadora", y sus medidas coercitivas, como la anulación de las elecciones, la represión política y la actitud antiobrera, ya no pudieron mellar a las fuerzas populares, que comenzaron una nueva fase de ascenso. Una amenaza de huelga motivó el confinamiento de los dirigentes laborales en Coati. El FSB se complicó con el transcurso de los acontecimientos y pidió una coparticipación en las funciones públicas, las que quedaron reducidas a la intervención de la alcaldía de Cochabamba y a puestos subalternos.

El MNR realizaba reuniones partidarias de cientos de personas, dando prioridad a la militarización de sus cuadros más decididos. Al mismo tiempo, las organizaciones sindicales, pese a los descabezamientos, se sentían fortalecidas y experimentadas.

Pronto el gobierno comenzó a descomponerse por la cabeza. Las ambiciones presidenciales de los ministros militares y del jefe del ejército, general Humberto Torres Ortiz, tendían hilos de contacto y de conspiración en distintas direcciones, entrecruzándose entre sí. Torres Ortiz, para que nada cambiara a no ser las personas del poder, asumió compromisos con la Falange y si pensó en el MNR fue para neutralizarlo. Por su parte, el ministro del Trabajo, coronel Sergio Sánchez, a quien no molestaba que se le llamara "Peroncito", estaba embarcado en un proselitismo público en las minas; Juan Lechín Oquendo aconsejó que distrajeran al visitante, vitoreándolo y llevándolo en hombros, mientras hacía, junto con Hernán Siles Zuazo, otro trabajo de ablandamiento del ministro de Gobierno, Antonio Seleme, para el golpe contra Ballivián. Seleme tenía también interés en la participación de los falangistas.

En febrero de 1952, los trabajadores y las amas de casa realizaron marchas de hambre en protesta por la inusitada elevación de los precios de los artículos de primera necesidad. En La Paz fue presentado un nuevo recurso de *habeas corpus* por la libertad de los detenidos políticos, y con este motivo, al ser apresados los abogados recurrentes, Lydia Gueiler Tejada y otras mujeres hicieron de defensoras y obtuvieron un fallo favorable de la Corte Superior de Justicia. Para garantizar esta determinación, volvieron, como lo habían hecho en una oportunidad anterior, a organizar una huelga de hambre femenina. El gobierno puso en libertad

184

a los detenidos, pero sacó, a viva fuerza, a las huelguistas, allanando los tribunales.

El ministro Seleme fue destituido, pero él, por precaución, había mandado aviso oportuno a Siles, de manera que esa noche comenzó el proceso del golpe de Estado al modo clásico. Por exigencias de Seleme, Siles Zuazo se entrevistó con Unzaga, quien pidió tiempo para pensar lo que haría su partido. En cuanto se disolvió el encuentro (mientras los alzados ponían en marcha su operativo), el jefe del FSB apercibió de los sucesos al comandante en jefe del ejército, general Torres Ortiz, que aprestó a sus tropas conforme a un plan previo de tomar la periferia para avanzar hacia el centro. El golpe de Seleme y el MNR se basaba, principalmente, en el cuerpo de carabineros, que dependía del Ministerio de Gobierno, y en los grupos militarizados de la militancia nacionalista.

Carabineros y hombres del MNR ocuparon La Paz, estos últimos con armas del arsenal, de manera que, a mediodía del miércoles de ceniza de la Semana Santa, el golpe parecía triunfante. A las tres de la tarde, comenzó el ataque del ejército, que contó con varios regimientos que avanzaban por El Alto y Villa Victoria. La tarde y la noche del 9 hubo intenso combate, con fuego de ambas partes. Un grupo movimientista que se situó en Munaypata cortó en la noche la corriente eléctrica de la ciudad y hostigó al ejército por la espalda.

El ataque de las fuerzas armadas alborotó a la población y produjo de inmediato una situación revolucionaria, ya que los trabajadores pedían lo que más les faltaba: armas. Hubo combates en la zona fabril, en Tembladerani y Miraflores. Se esperaba que el Colegio

Militar cerrara las pinzas, atacando por Jampaturi. En estas circunstancias, Hernán Siles Zuazo convocó a una reunión de urgencia, en la Universidad, de la plana mayor del MNR. Allí se supo que el jefe militar del golpe, Antonio Seleme, había renunciado por la radio y se había asilado en una embajada. En medio de la oscuridad se decidió por la resistencia. En esas horas terribles se distinguió el siempre valeroso y abnegado Hernán Siles Zuazo, junto con Adrián Barrenechea, Juan Lechín y otras decenas de dirigentes veteranos y jóvenes del MNR.

Desde el "mamertazo", que Luis Fernando Guachalla censuró y calificó como "la muerte de la democracia boliviana", el ejército se hallaba profundamente dividido.

La dirección sindical del movimiento obrero boliviano, encabezada por Lechín Oquendo, tomó, por otra parte, una histórica decisión, ante las limitaciones y peligro de derrota del golpe, de llamar a las masas a la lucha insurreccional. Lechín, sobre el techo de un auto, arengó a la gente y pidió combatir contra los masacradores y explotadores, lanzando la consigna de nacionalización de minas y de tierras para los campesinos. Fue entonces que los mineros y los fabriles, y los trabajadores de los otros sectores laborales, consiguieron más armas del arsenal, capturándolas del enemigo en el polvorín situado en un cerro aledaño a Miraflores. El día 10 los cadetes del Colegio Militar fueron contenidos y también, con la salida de los fabriles y la llegada de los mineros de Milluni, el ejército tuvo que estancar su acción. Mujeres del MNR desmoralizaban activamente al enemigo e incitaban a los combatientes civiles a mantener el espíritu en alto, además de darles alimentos y socorrer a los heridos. El golpe inicial quedó sobrepasado por la insurrección obrera y popular, que era ahora la que tenía la iniciativa. Los soldados comenzaron a pasarse al lado de los trabajadores, en tanto que los oficiales emprendían la fuga o se entregaban dando vuelta a sus gorras. Los revolucionarios, acatando instrucciones precisas de Hernán Siles Zuazo, evitaron tropelías y saqueos y respetaron a los prisioneros.

La situación del viernes 11 era diametralmente distinta de la del 9: el pueblo tenía la ventaja. A las dos de la tarde de ese día se produjo una reunión en el pueblo de Laja entre Siles Zuazo y el general Humberto Torres Ortiz, que tuvo que regresar del Desaguadero a donde había llegado al enterarse de la derrota. Se firmó un pacto de tregua, de gran generosidad por parte de los revolucionarios victoriosos. Inmediatamente después de conocida esta comunicación, todas las unidades militares, de carabineros y elementos civiles, se retiraron a sus bases.

En Oruro, inicialmente el jefe de la región militar, Carlos Blacutt, en la creencia de que Torres Ortiz estaba con el golpe, colaboró con carabineros y movimientistas, pero enterado por la radio de la situación en La Paz, se dio la vuelta y se parapetó en el cuartel. Cuando los mineros de San José y gente del pueblo, sin saber el cambio, se dirigieron a pedir armas, fueron masacrados con el fuego de ametralladoras. Llegaron refuerzos de obreros de las otras minas, armados con fusiles y bastante dinamita, decididos a imponerse. Por la noche, abriendo un boquete, González y sus soldados se fueron a Eucaliptus, sin participar más. Las fuer-

zas del destacamento "Andino" y del regimiento "Ingavi", acantonados en Challapata, avanzaron hasta las
afueras de Oruro, donde se libró la batalla de Papel
Pampa con los mineros encabezados por el dirigente
de la FSTMB, Mario Torres Calleja. Allí también los
obreros resultaron victoriosos. El saldo de muertos de
los tres días de golpe, ataque militar, insurrección proletaria y guerra civil fue de 600.

Así terminó, en medio del fuego, la sangre y el he-
roísmo, la dominación del viejo régimen, que se desplomó como un tronco seco, sin savia que lo sustentara,
y comenzó la revolución más importante de la América
Latina, después de la mexicana y antes de la cubana.

> Van de antifaz la Envidia, la Soberbia,
> la Avaricia y el Crimen.
> En grotescas pandillas
> de fieras y reptiles,
> los burócratas pasan,
> pasan los mercachifles,
> pasan los vagabundos,
> pasan las meretrices.
> Pasan las horas lentamente,
> con sus capuchas grises.
>
> GREGORIO REYNOLDS

VII. LA REVOLUCIÓN NACIONAL

HERNÁN SILES ZUAZO entregó el 13 de abril de l952 el
gobierno al jefe del MNR y candidato victorioso de las
elecciones del año anterior, Víctor Paz Estenssoro,
quien descendió desde El Alto a la ciudad, en medio
de una gran concentración del pueblo, que fue la tónica de este periodo de ascenso de la actividad de las
muchedumbres. Paz Estenssoro dijo que se cumplía su
predicción de volver en hombros de los mineros, autores de la nueva situación.

En efecto, la coyuntura era radicalmente distinta a
cuanto se conoció anteriormente: la acción, la organización, la iniciativa política no estaban confinadas a los
gabinetes de los hombres representativos de las grandes empresas, sino abierta a las masas, en la calle, donde ellas se sentían dueñas.

El hombre que encarnaba las esperanzas de cientos
de miles de bolivianos tenía 44 años al tomar el poder.
Noel Pierre Lenoir lo describe así:

Con sus anteojos sin armazón, delgado, canoso y un tanto
demacrado, tiene el aspecto intelectual que es sin pose,
aunque algo distante, franco, bien que algo reticente; jamás dice "yo", sino siempre "nosotros", y su reserva sólo
se atenúa con una ironía a veces mordaz. Su *hobby* es la
fotografía y a menudo aparece con su máquina en la tri-
buna oficial.

En sus discursos parlamentarios se buscará en vano

patetismos líricos: entre las cifras, las citas, las referencias y los desarrollos teóricos, raramente se desliza una frase de tono más elevado. Hasta se le ha reprochado que sus discursos a las muchedumbres son a menudo de una sequedad que se dirige más a la inteligencia que a la emoción. La Falange le reprocha haber traicionado su programa nacionalista; los comunistas lo acusan de haber olvidado su antiimperialismo. Pero cuando regresó a La Paz, llevado por una onda de entusiasmo, había aprendido lo que era posible y lo que era imposible, y sabía lo que quería...

El gabinete gubernamental reflejó la nueva correlación de fuerzas existentes: se consagró a la realidad nacida de la insurrección, que fue el cogobierno MNR-COB, es decir, la alianza entre el Partido Policlasista Antirrosquero y el poder sindical de los trabajadores. Desde el punto de vista de la filiación política, los ministerios fueron ocupados por los movimientistas de todas las tendencias, desde la derecha con Hugo Roberts, los moderados con Walter Guevara Arze, los pazestenssoristas y los silistas hasta el ala izquierda del MNR, que figuraba por el movimiento obrero: Juan Lechín Oquendo, Ñuflo Chávez Ortiz y Germán Butrón Márquez.

Desde los tiempos de Hernando Siles y la llamada "generación del centenario", nunca se había dado en Bolivia tal irrupción de jóvenes a la vida pública. El MNR disponía de "avanzadas universitarias" en todos los centros de estudio y, sin abandonar las aulas, muchos de los estudiantes pasaron a ocupar cargos en la administración. No es que esa súbita efebocracia que se apoderó del país fuese siempre sinónimo de eficiencia, dado además que la intolerancia juvenil conduce muchas veces a extremos lamentables, pero, en todo caso, el 9 de abril representó una completa remoción de clases y promociones en la vida política boliviana.

La Central Obrera Boliviana

El poder sindical existía sustentado por los trabajadores armados, y sólo faltaba bautizarlo y formalizarlo. Esto sucedió cuando, por iniciativa de la federación de mineros, todas las organizaciones matrices de obreros, artesanos, estudiantes, profesionales e intelectuales se reunieron en el local del Sindicato Gráfico de La Paz y resolvieron la constitución de la Central Obrera Boliviana (COB), liderada por Juan Lechín Oquendo. La COB —como se dijo, luego, en la introducción a su programa ideológico— no era sino el pináculo de una vasta red de consejos de los trabajadores, organizados en sindicatos, que, sin olvidar sus funciones económicas, asumieron un papel decididamente político. En ese momento no estaban aún incorporados los campesinos, que quedaron al margen de los acontecimientos.

El movimiento obrero nacional tomó el nombre de "sindicalismo revolucionario". Algunos sostuvieron que, siendo el MNR un partido heterogéneo manejado por un grupo dirigente de la clase media, todo el sistema del poder alterno —COB, milicias armadas, ministros obreros— era un sistema de vigilancia y control sobre las veleidades de esa clase y una garantía de que la revolución no fuese traicionada. Años después, Ernesto Ayala Mercado explicó así el problema en las cámaras:

El cogobierno, señores diputados, es una fórmula creada por la revolución boliviana e incorporada a su terminología política para expresar la "dualidad de poderes" que caracterizó al primer periodo de su desarrollo. Inicialmente considerada, dicha fórmula expresa que las fuerzas motrices de la revolución son el MNR, como caudillo político y gestor de la revolución de abril, y la COB, como el organismo sindical aglutinador de obreros, campesinos y sectores pobres de la clase media.

La razón por la que la COB tomó funciones políticas, tradicionalmente reservadas a los partidos políticos de izquierda, se debió a la extrema debilidad e inexistencia de lo que se llamaba "vanguardia revolucionaria de los trabajadores". Efectivamente, el ala izquierda del MNR era una corriente, no una organización, y el POR y el PCB no podían cumplir ese papel por su pequeñez. Además, la naturaleza de los problemas de la Bolivia subdesarrollada y dependiente imponían la cooperación del proletariado con la clase media y con la campesina. De hecho, el futuro del país se discutía y se decidía en el MNR y la COB, si bien los debates más vivos eran los de esta última entidad.

En mayo, la manifestación de los trabajadores en homenaje a los mártires de Chicago tuvo contornos destacados, y la COB lanzó un manifiesto, donde se hallaban las principales consignas del llamado "Programa de abril": nacionalización de minas, control obrero en la industria, abolición del latifundio, monopolio del comercio exterior, reforma educativa, democracia para las masas, salario vital y móvil, etcétera.

Paz Estenssoro nombró una comisión nacional para el estudio de la nacionalización de las minas, que demoró seis meses para presentar un informe. El sector radicalizado, principalmente el POR, propuso en la COB la expropiación, bajo administración obrera directa y sin indemnización, de los bienes de la gran minería, mientras que la mayoría, principalmente la izquierda del MNR, sostuvo la nacionalización con indemnización y bajo control obrero.

Al primer aniversario de la revolución, en abril de 1953, acudieron a La Paz dirigentes de partidos afines, muchos de ellos perseguidos en sus propios países. Fue una verdadera fiesta de fraternidad americana en la que se dio cita la llamada "izquierda democrática", con personalidades como el venezolano Rómulo Betancourt, los peruanos Andrés Towsend Escurra y Manuel Escorza, el costarricense Gonzalo Fascio, el guatemalteco Manuel Galich y otros más. Meses antes había visitado el país Miguel Ángel Asturias, quien, emocionado, escribió una "Carta aérea a mis amigos de América" para hablarles de Bolivia. Era la víspera de la nacionalización de las minas, y el futuro premio Nobel de Literatura escribió:

Sobrevivientes de la más inicua de las explotaciones, forman el pueblo que ahora llena la plaza de armas y se aglomera frente al histórico palacio presidencial montando guardia, ante los hombres de gobierno que han de cumplir su voluntad. Es el silencio de la hora suprema en que se percibe en estas gentes, de por sí reservadas, esa mudez estática del que en la hora definitiva sabe lo que quiere y está dispuesto a defenderlo con la vida, como lo demostraron en la sangrienta lucha —alma de pueblo, arma de soldado, dinamita de minero— librada entre cerros y casas que se muestran al visitante literalmente tatuados de agujeros de bala.

Otros escritores habían visitado Bolivia en el pasado inmediato. Por el encierro dentro de su muro de altas montañas o por la soledad de sus llanos vastísimos, o acaso también por su curiosa mezcla étnica, con una fuerte raíz indígena a la que se han añadido algunas gotas de sangre española sin casi ninguna otra mezcla, el boliviano ha constituido siempre un enigma para el visitante. El conde de Keyserling, que llegó a La Paz en 1929 y cuya influencia es indudable entre los pensadores de la "mística de la tierra" (Prudencio, Palza, Díez de Medina), decía que "el hombre, aquí, es mineraloide". Y añadía: "En Bolivia se me reveló por primera vez el sentido de aquellos mitos según los cuales los gnomos, mineros y herreros subterráneos son seres más antiguos que el hombre". Le parecía estar en el país de más remoto pasado. John Gunther, el célebre periodista estadunidense autor de una serie de libros sobre diversos continentes y países, estuvo también en viaje de observación, y aunque no se detuvo mucho rato, lo hizo el tiempo suficiente para darse cuenta (era la época de Peñaranda) de que ésta era una factoría en manos de los grandes mineros. Hizo, además, observaciones agudas sobre la psicología de la gente.

La mayor parte de los bolivianos —escribió— varía en el tipo de su carácter, que va de la extrema apatía, la cual llega casi al punto de la inamovilidad física, hasta una irritabilidad nerviosa intensa, que puede exteriorizarse súbitamente, a causa de la altitud. Ningún carácter tan impenetrable como el del boliviano.

Para citar un testimonio más, en agosto de 1953, Luis Alberto Sánchez, que había estado aquí en alguna

194

oportunidad anterior, escribió una nota que produciría mucho escozor, en la que hablaba del "encuevamiento" de los hombres de letras. Si hay personas encuevadas, decía,

> son las bolivianas. Hubo uno, Alcides Arguedas, que se nutrió de lágrimas y gruñidos, y así produjo la única historia y el único tratado sociológico difundido de Bolivia. Otro hay, Franz Tamayo, el mayor de los Robinsones literarios, metido a candado y cadena en su casona, de donde no sale ni por curiosidad y a donde rara vez le va a perturbar la sed de conocimiento extraño. Otros se acorazan de singularidad y se niegan a permitir que otra luz, que la propia, ilumine sus antros interiores.

> Cuando la sombra era sombra
> y era el silencio un gemido,
> cuando los Andes hablaban
> y el altiplano era un niño,
> surgieron de las montañas
> hombres valientes y altivos
> para poblar de grandeza
> un mundo desconocido.
> Denomináronse Aimaras
> y Aimaras fueron sus hijos
> y su lenguaje el Aimara
> y de ese origen sus ídolos.

> AUGUSTO VALDA CHAVARRÍA

LA NACIONALIZACIÓN DE LAS MINAS

Como la Comisión no se pronunciaba con la premura que exigían algunos sectores, la COB llamó a una manifestación obrera, considerada como la mayor de todo el periodo de la revolución nacional, con el fin de exigir la inmediata nacionalización minera, alegando que la dilación daba lugar a que los empresarios saboteasen la producción. Esta actitud hizo que el 31 de octubre el gobierno dictase el Decreto-Ley de Nacionalización de las Minas, bajo Control Obrero, en el campo de "María Barzola", entre Catavi y Siglo XX, donde antes se masacró a los trabajadores de ese distrito. Los ministros firmaron el instrumento jurídico en medio de un mar de guardatojos y fusiles. Juan Lechín Oquendo explicó el sentido del control obrero, medida social sin precedentes en América Latina, por el que los representantes de los sindicatos accedían al conocimiento de las técnicas de administración de empresas y a la fiscalización de los actos de la tecnocracia y la burocracia.

Para administrar las minas que pasaban a poder del Estado, fue creada la Corporación Minera de Bolivia (Comibol). Desde medio siglo antes las cabezas más esclarecidas, los trabajadores y las fuerzas de izquierda habían clamado por la recuperación, para la soberanía de la patria, de los yacimientos e instalaciones de los barones del estaño, propietarios de la economía y de la política del país, cuyas ganancias habían sido fabulosas, en contraste con la miseria de los trabajadores y con la penuria permanente del fisco. Autores como Ricardo Anaya, Sergio Almaraz, Fernando Baptista Gumucio y Juan Albarracín Millán han documentado fehacientemente los grados de este contraste. Este último anota que el valor de las exportaciones de minerales de Bolivia durante el periodo 1930-1950 fue superior a los

1 000 millones de dólares y que "los usufructuarios fueron las tres grandes empresas mineras que adquirieron, cada vez más, la posición de un Estado dentro del Estado". Añade, para poner un ejemplo concreto, que tan sólo Catavi (del grupo Patiño) "había producido alrededor de 500 000 toneladas métricas de estaño fino, a precios corrientes por un valor de 1 600 millones de dólares".

La parte considerativa del Decreto-Ley de Nacionalización de las Minas puede ser considerada como una pieza de enjuiciamiento histórico-sociológico de la obra secante y devastadora del pulpo estañífero, organizado para servir al *trust* internacional de este mineral.

La nacionalización se produjo cuando las principales vetas se encontraban agotadas y había necesidad de trabajar minerales de baja ley. El capital con el que la Comibol inició sus actividades fue reducido, en circunstancias en que las ex empresas hicieron volver embarques de vituallas y repuestos o los detuvieron en los puertos chilenos, mediante órdenes judiciales de retención, debiendo gestionar el gobierno boliviano ante La Moneda, ocupada por el general Ibáñez del Campo, que esos embarques llegaran al país, lo que se logró. Por una medida de justicia social, se dispuso el retorno de todos los trabajadores despedidos, más en el exterior que en el interior de las minas. A ello se añadió la burocratización de las funciones administrativas. En el periodo del primer gobierno de Paz Estenssoro hubo 30% más de producción de cargas brutas, pero menos cantidad de mineral fino. Por otra parte, se produjo un descenso en los precios del estaño en el mercado internacional. El descenso de la producción fue de

197

25 000 toneladas de estaño en 1953 a 22 000 toneladas en 1956.

Varios errores se cometieron entonces, cuando faltaba capital de operaciones en la Comibol: el gobierno, de acuerdo con la dirección sindical, pagó indemnizaciones de retiro con recontratación inmediata a todo su personal, por "cambio de razón social" que se operó con la nacionalización de las minas. Esa enorme masa de dinero, en cuyo lugar pudo haberse reconocido acciones de coparticipación empresarial a los trabajadores, alimentó una violenta espiral inflacionaria. Otro error fue que cuando los obreros de las minas ofrecieron donar un día de sus salarios para establecer la fundición estatal del estaño, se desestimó la patriótica actitud y no se tomó en serio por mucho tiempo la urgencia de ese proyecto básico de complementación tecnológica.

Algo más conspiró contra la recuperación de la Comibol, y fue la captura de recursos de la minería nacionalizada que fueron dedicados a otras actividades, especialmente la capitalización de YPFB y el desarrollo del oriente boliviano. Las retenciones fiscales hechas a las minas nacionalizadas alcanzaron más de 55% de sus divisas producidas por las exportaciones, divisas que fueron pagadas a un cambio preferencial bajo, además de las sumas destinadas al pago de indemnizaciones.

El gobierno fijó en favor de las ex empresas un monto indemnizatorio de 18 millones de dólares, que llegó a más de 22 millones hasta 1961. A la falta crónica de capital para renovarse y expandirse, la Comibol tuvo, además de la declinación del contenido de los minerales, la falta de prospecciones para acrecentar las reservas,

la ausencia de calificación en los rangos administrativos medios, el exceso de trabajadores y la inquietud laboral, cuyos ingresos fueron severamente atacados por
la inflación.

> Caballero del carburo,
> minero color cetrino
> sigue horadando el oscuro
> agujero de tu destino
> como lo hiciste en las minas
> de don Simón I. Patiño.
> Sigue horadando minero
> las venas del socavón...
> Si te hace falta un mechero
> clava una mecha de cuero
> sobre tu pecho de halcón
> y así tendrás un mechero
> en forma de corazón.
> Señor de los socavones,
> titán de las bocaminas,
> el llanto de tus pulmones
> escupió en los paredones
> océanos de copagiras.

WALTER FERNÁNDEZ CALVIMONTES

En diciembre de 1952 fue reglamentada la Institución del Control Obrero en la industria minera nacionalizada, institución que, más tarde, se aplicó a YPFB y a
la seguridad social. Conforme a dicha disposición
legal, las asambleas sindicales de cada mina debían elegir a sus representantes ante las gerencias locales, en
tanto que para el directorio de la Comibol, debía ser la
federación de mineros la que elevara ternas a la Presi-

dencia de la República para el nombramiento de los directores obreros. Un sistema cuasijudicial, bastante engorroso, se estatuyó para el ejercicio de derecho a veto del Control Obrero sobre los actos de la administración de las minas nacionalizadas. En los hechos, el Control Obrero adoleció de muchas fallas. En el seno de la COB, durante los cuatro años de su duración, hubo críticas acerca de su funcionamiento; entre otros aspectos, se señaló su burocratización y su carácter individual, proponiéndose, en su remplazo, el llamado Control Obrero Colectivo. A esto se respondió con la indicación de que más controles multiplicarían la burocratización y que el *quid* de la cuestión estaba en la impreparación sistemática de los representantes y directores laborales, salvo contadas excepciones de trabajadores autodidactos.

La Comibol es uno de los ejemplos extremos en América Latina de la ineficiencia del Estado como administrador de empresas. En sus 40 años de vida, la combinación de vetas agotadas, falta de prospección, equipo obsoleto, adquisiciones escandalosas para cobrar comisiones, supernumerarios y gerentes irresponsables, la llevaron irremediablemente a la quiebra, calculándose que, hasta fines de 1994, había perdido alrededor de 1 400 millones de dólares.

LA REFORMA AGRARIA

En cuanto se organizó la COB, los trabajadores vieron la necesidad de incorporar a la lucha a los campesinos, que aún se hallaban bajo la férula de los terratenientes. Los delegados sindicales cobistas se dedicaron a la organización sindical agraria en los departamentos más densamente poblados. En 1952 se organizó, en Sipesipe, Cochabamba, la Federación de Campesinos, entidad que, con la Central Obrera Departamental, hizo proliferar cientos de sindicatos en haciendas y comunidades. Otro tanto sucedía en el altiplano y los yungas de La Paz. El desarrollo relámpago de los campesinos, bajo la consigna de "alianza obrero-campesina", alarmó a la sociedad rural boliviana, que influenció a grupos del MNR, en los que también había propietarios de tierras.

En tanto, adversarios de la izquierda protagonizaron el golpe de Estado de enero de 1953, conocido como la "peñalozada", por haber sido organizado y dirigido por Luis Peñaloza, economista y uno de los aguerridos dirigentes del MNR en la época de la resistencia contra la "rosca". El golpe se hizo en nombre del anticomunismo y con el concurso de una parte de los "comandos de honor", que si antes sirvieron a la revolución, ahora se oponían al predominio de los sindicalistas en la política nacional.

El complot fue apagado por la rápida salida de los trabajadores fabriles, mineros y choferes a las calles, donde hicieron respetar el orden revolucionario con los fusiles conquistados en abril. También fue importante la acción del regimiento escolta "Waldo Ballivián". Paz Estenssoro, en su discurso desde palacio, manifestó: "La revolución corrió un grave riesgo por la traición de algunos militares y hombres que figuraban en el partido, los cuales contaban con todas las facilidades que permiten golpear desde dentro".

La deliberación democrática en grandes asambleas, que pronto aprendieron los campesinos, puso sobre el escenario nacional el problema candente de realizar la reforma agraria. Las organizaciones obreras lo exigían y se constituyó otra comisión gubernamental en la que aparecieron dos posiciones: una de "revolución" agraria, mediante la nacionalización de la tierra y el cultivo colectivo de las haciendas, y los que sostenían la reforma agraria con el reparto de los latifundios en pequeñas propiedades campesinas, que fue el criterio que se impuso.

Ante la demora de las labores de la comisión, la Federación Campesina de Cochabamba, la única que existía entonces, por la presión de las bases, comenzó el reparto directo de las propiedades feudales, empezando por la finca de "Santa Clara", en Cliza, donde los administradores laicos se habían caracterizado por sus abusos. Los campesinos de los lugares más alejados pedían, en cambio, sólo erradicar al patrón y trabajar para el Estado, como en tiempos de los incas. En esta situación, el POR, que había sido activo organizador de los sindicatos rurales, dispuso la llamada "guerra campesina", por la que los sindicatos encabezaron levantamientos campesinos en el valle de Cochabamba y en los yungas de La Paz, en los cuales se apoderaron directamente de los latifundios y procedieron a la invasión de los pueblos provinciales, donde decomisaron buena cantidad de armas de las casas de los falangistas. La "guerra campesina" se apagó con medidas de represión contra los miembros del POR, por el convencimiento de la masa y, sobre todo, porque en agosto de 1953 el gabinete suscribió, en Ucureña, ante otro mar de "pututus" (cornetas hechas de cuernos de buey) y de ponchos multi-colores, el Decreto-Ley de Reforma Agraria, con el que quedó saciada el hambre de tierra de los indígenas.

Pese a los desmanes producidos en algunos sitios y a la destrucción de las propiedades medianas, no se cumplió en el campo boliviano la justa venganza vaticinada por Alcides Arguedas en su obra pionera *Raza de bronce* (1919), en la que el viejo Choquehuanca reflexiona después de la muerte de la bella zagala Wata Wara, a manos de sus lúbricos patrones:

> De poco a esta parte mis ojos se han cansado de ver tanta crueldad y tan grande injusticia, y a cada paso que doy en esta tierra me parece sentirla empapada con la sangre de nuestros iguales. Yo no me maravillo del rigor de los blancos. Tienen la fuerza y abusan, porque parece que es condición del hombre servirse de su poder más allá de sus necesidades. Lo que me lastima es saber que no tenemos a nadie para dolerse de nuestra miseria y que para buscar un poco de justicia tengamos que ser nuestros mismos jueces...

Según la parte considerativa de ese decreto-ley, únicamente 4.50% de la totalidad de los propietarios del campo retenían 70% de la propiedad agraria privada, con extensiones de 1 000 a 10 000 hectáreas, bajo formas de explotación semifeudal, mientras que los campesinos arrenderos o colonos, que constituían 75% de la población, poseían solamente 4% de la tierra. El sistema agrario se caracterizaba además por el ausentismo del patrón, la falta de inversiones suplementarias, la ausencia de salario y el empleo de métodos anticuados de cultivo. Algunos de los servicios gratuitos eran el "pongueaje" y el "mitanaje", que consistían en que los campesinos y sus esposas hacían trabajos domésticos rotativos en casa del patrón o eran alquilados por éste a terceros; el "aljiri", por el que los siervos debían vender sus productos al propietario al precio que éste fijara; el "ovejero", por el que se apacentaban los rebaños del patrón; el "mulero", por el que debía proporcionar cabalgadura al patrón; el "camani", por el que debía elaborar "chuño" de las cosechas de papa. Todos estos servicios fueron abolidos de raíz.

Los grandes terratenientes, cuyas fincas en ocasiones eran tan grandes que no podían recorrerse a caballo en varias jornadas, nunca leyeron la advertencia de Plinio: *Latifundia italian perdere*. Pero con la reforma se cayó en el sistema minifundista, aun cuando estaba legislado el respeto a las "medianas propiedades", de las que debía afectarse solamente las parcelas campesinas, y se preconizaba la existencia de la propiedad capitalista mecanizada. Las extensiones reconocidas para los distintos tipos de propiedad se establecieron de acuerdo con las zonas del país y los tipos de suelos (la parcela familiar era de 10 hectáreas en el altiplano y de 6 en los valles). Se dispuso que, en cada ex latifundio, se dejarían un área escolar y un área de trabajo cooperativo, esta última siempre que existiese terreno sobrante. Fue creado, junto al Ministerio de Asuntos Campesinos, el Servicio Nacional de Reforma Agraria, ante cuyos jueces los sindicatos campesinos debían tramitar la afectación, dotación o consolidación de tierra. La reforma agraria reconoció la sindicalización campesina, que estaba prohibida por el Código de Trabajo Busch. No se legisló sobre el régimen de aguas de regadío y, sobre todo, desde entonces no hubo cambio tecnológico alguno en el mundo rural.

> Hoy estás en la lámpara de la vida
> alumbrando caminos de esperanza,
> arrancando una canción a los arados,
> repartiendo alegrías sin naufragio.

ÓSCAR ARZE QUINTANILLA

La parcela pequeña impidió la mecanización y la prosperidad de los campesinos, que en muchos lugares, todavía en 1996, siguen labrando la tierra con el arado de palo de los faraones y viviendo en condiciones misérrimas.

Los resultados en términos de productividad han sido lamentables, pues aún mueren anualmente 175 000 niños menores de cinco años por efecto de la desnutrición. De ser un país históricamente maicero, por efecto de la ayuda estadunidense, la dieta popular ha derivado al trigo, cuyas importaciones han subido a 12% anual en los últimos 20 años. También la papa, originaria de los Andes, ha sido desplazada en favor de los fideos y el pan de trigo. La cooperación internacional en alimentos, básicamente derivados de trigo y de leche, ha subido de 6 000 toneladas métricas anuales en 1970 a 209 000 para 1990, y se estima que la dieta campesina depende hasta en 40% de alimentos donados, efecto perverso que si bien alivia año tras año el problema de la escasez y de la hambruna, impide al propio tiempo el desarrollo de la producción nacional. Nunca como en este caso se comprueba el proverbio chino de que es mejor enseñar a pescar que regalar un pescado. Ciertamente hay también una limitación de agua, pues apenas 5% de las hectáreas dedicadas al cultivo disponen del líquido. La agricultura comercial del oriente, con tecnología avanzada y en grandes extensiones de terreno, ha tenido en cambio un desarrollo espectacular, como se comprueba en el caso de la soya, que en 1994 alcanzó 500 000 toneladas métricas, de las cuales 80% está destinado a la exportación. Se da aquí la ironía de que con esa producción el país podría atender a una población seis veces mayor que la de Bolivia y a un precio siete veces inferior que la proteína de origen animal.

El latifundismo desapareció en el altiplano y en los valles, ya que los campesinos procedieron a apoderarse de toda la tierra labrantía, sin dejar ingresar más a los patrones. El efecto político de esta transformación fue que los indígenas dejaron de ser, en su mayoría, una fuerza revolucionaria para pasar a ser, en cambio, una fuerza estabilizadora interesada en la conservación de sus micropropiedades privadas. Para la defensa de sus intereses se organizó la Confederación Nacional Campesina, cuyo primer secretario ejecutivo fue el ministro de Asuntos Campesinos y dirigente de la izquierda del MNR, Ñuflo Chávez Ortiz. Las direcciones medias y superiores del sindicalismo campesino fueron ocupadas por artesanos de los pueblos provinciales.

La reforma agraria significó también la liquidación de las pequeñas sociedades provinciales de Bolivia, en las que no todo era negativo. El latifundio improductivo y el régimen social servil debían desaparecer por anacrónicos, pero junto a ellos también desaparecieron, no sin dolor y protestas, pequeños y medianos propietarios, algunos de los cuales habían incorporado técnicas modernas de cultivo y el régimen de salarios. Los pueblos quedaron abandonados y la gente se volcó a las ciudades, alimentando un profundo rencor hacia el régimen, al que consideraba agente del comunismo.

Las clases sociales antes oprimidas gozaban de libertades democráticas nunca vividas por ellas en el pasado. En este clima surgió en 1954 el Partido Social Cristiano, encabezado por Remo Di Natale y por un grupo de jóvenes cristianos, que siguieron la inspiración ideológica de los pensadores católicos Jacques Maritain, Emmanuel Mounier y Nicolás Berdaieff, aparte de las encíclicas papales.

El momento de auge de la actividad revolucionaria de las masas siguió, todavía, hasta el primer Congreso Nacional de la COB, que se realizó en octubre de 1954, después de grandes preparativos. Funcionó como el parlamento obrero de la revolución. Asistieron delegados fraternales de las centrales sindicales de países como México, la Unión Soviética y los Estados Unidos, además de la Federación Sindical Mundial. A tiempo de discutirse el programa de principios, el PCB propuso una línea de apoliticismo sindical, que fue combatida y derrotada con el argumento de que no se podía volver atrás y de que los trabajadores tenían la obligación de pensar y actuar políticamente, aunque no en forma sectaria en el campo sindical. En el periodo previo al Congreso, una gran cantidad de destacados dirigentes laborales e intelectuales, que militaban en el POR y en el PIR, fueron invitados a incorporarse al MNR, y lo hicieron así, engrosando el sector lidereado por Juan Lechín Oquendo.

La tesis política del primer congreso cobista sostuvo, en el campo internacional, una posición considerada tercerista, o sea, de repudio tanto al capitalismo como a la burocracia soviética. Declaró su independencia de toda central sindical internacional, a la vez que expresó su solidaridad con todos los movimientos de liberación del mundo. En el orden nacional, respaldó el cogobierno MNR-COB y la necesidad de los ministros y controles obreros, pronunciándose por la profundización revolucionaria para pasar, cuando estuvieran dadas las condiciones propicias, de la fase democrática a la socialista. Su estatuto orgánico reguló la estructura sindical en escala nacional, haciendo depender del organismo de dirección nacional de la COB a las centrales obreras departamentales, punto que fue criticado y que resultó inoperante debido a la tradición de autogobierno de las centrales referidas. Finalmente el Comité Ejecutivo Nacional de la COB quedó elegido de esta manera: Lechín Oquendo, secretario ejecutivo; Germán Butrón Márquez, secretario general; Edwin A. Moller, secretario de organización; Juan Sanjinés Ovando, secretario de conflictos; Mariano Baptista Gumucio, secretario de cultura; Mario Torres Calleja, secretario de milicias armadas; Carlos Altamirano, secretario de prensa y propaganda; Orlando Capriles Villazón, secretario adjunto de organización y jefe de redacción del periódico *Rebelión*.

Desde entonces, Lechín Oquendo montó simultáneamente dos cabalgaduras, la del MNR y la de la COB, lo que lo obligaba a un constante ejercicio de equilibrio y componendas, que terminó en 1964, cuando formó tienda política propia, sin dejar la conducción obrera.

En tan largo recorrido, el desgaste personal y político fue muy grande y costoso, también para el país y la clase trabajadora, que, en ausencia de la gran minería arremetió contra el Estado, como nuevo empleador en incontables paros y huelgas, año tras año.

Ya en el congreso obrero hubo muchas manifestaciones de descontento por la constante subida del costo de vida que golpeaba a los obreros y a la clase media, alejando aceleradamente el apoyo de ésta a la revolución, volcándola hacia la reacción desplazada y personificada en la actividad conspirativa del FSB. Siguiendo las orientaciones de la misión Karazs, de tendencia keynesiana, el gobierno apeló a la emisión inorgánica de billetes para pagar el déficit fiscal y parte del esfuerzo de crecimiento económico y social, elevando el costo de la vida. La paridad vigente fue de 60 pesos bolivianos por dólar en abril de 1952, que subsistió hasta marzo de 1953, en que hubo un nuevo cambio oficial de 190 pesos bolivianos por dólar. De esa fecha hasta 1957, el precio del dólar subió en el mercado libre de 250 pesos bolivianos a más de 8 500 por dólar. En el mismo lapso, el circulante monetario combinado subió de cerca de 11 000 millones a 382 000 millones de pesos bolivianos, mientras que las reservas de oro y divisas disminuyeron en más de 31 millones de dólares.

Todo faltaba, desde la carne al jabón —escribió Noel Pierre Lenoir—, y muchos autos no andaban, muchos ascensores estaban parados por falta de piezas de repuesto. Los artículos de primera necesidad eran distribuidos al precio oficial por grupos de casas, pero era una especie de lotería, en la que nadie sabía lo que iba a tocarle.

Había que comprar en el mercado negro las mercaderías más elementales, como la leche en polvo, los cigarrillos, los fósforos.

Así comenzó la maldición de las colas para comprar cualquier cosa, la existencia de los cuperos y la reventa a precios exorbitantes.

La insatisfacción y los movimientos huelguísticos de los trabajadores estaban limitados por la necesidad de mantener el curso de la revolución nacional, no así el desencanto y la desesperación de la clase media citadina que prestaba oídos a la prédica "rosquera" de que "antes se vivía mejor". Esta pequeña burguesía, que se hacía rápidamente derechista, y los hijos de los latifundistas expropiados llenaron los registros de la Falange, que se convirtió en la oposición fundamental.

El régimen del colonato en el campo dejó un vacío que fue llenado a medias por los llamados "dirigentes campesinos", la mayoría provenientes de los suburbios capitalinos o de los pueblos —artesanos, comerciantes, transportistas o gente sin oficio ni beneficio—, cuyo pigmento y dominio de alguna de las lenguas vernáculas les aseguraba una nueva forma de vida, esta vez como intermediarios entre la masa indígena y la burocracia. Ha sido ésta una de las peores plagas que pudo caer sobre el agro boliviano. En la cúspide retozaban los miembros de la Confederación Campesina, hábiles en sinecuras y prebendas del Estado, y siempre dispuestos a proclamar "líder máximo" de las masas rurales al presidente en turno.

En noviembre de 1954, el partido de Unzaga de la Vega, en la clandestinidad en los barrios residenciales y en los conventos, se lanzó al golpe, saliendo sus grupos de combate a la calle. Lechín Oquendo y Ñuflo Chávez fueron aprehendidos en Cochabamba. Nuevamente, las milicias obrero-campesinas, la gente armada del MNR y las fuerzas de seguridad impusieron el orden y derrotaron a los insurrectos. *Los Tiempos,* el diario del republicano genuino Demetrio Canelas, que ayudaba a la Falange, fue silenciado.

Había dos clases de milicias civiles: las sindicales de los trabajadores y las del MNR, que se fortalecieron en la medida en que declinaba el impulso revolucionario y se liquidaban las milicias sindicales. En el periodo de Siles Zuazo y del segundo gobierno de Paz Estenssoro, las milicias movimientistas eran cuerpos militarizados, semejantes a los carabineros, que vivían de una paga por cumplir sus funciones de vigilancia. Sirvieron para oponerse tanto a la reacción como al movimiento obrero.

Cumplidas las tareas fundamentales revolucionarias, el proceso entró en un periodo de mayor lentitud, que la izquierda consideró de estancamiento, avivándose las polémicas entre los sectores del MNR y de la COB. El partido gobernante sacó sus conclusiones, y se dirigió, lenta y seguramente, a la ocupación del aparato del Estado, de las empresas económicas y de las instituciones descentralizadas. También la ayuda estadunidense entró en funciones para apuntalar la política económica gubernamental.

En agosto de 1955 murió José Antonio Arze, quien tenía 51 años de edad. Nunca pudo reponerse del atentado que sufriera en 1944. Profesor más que político, hombre de ideas más que conductor de masas, dejó por largos periodos la conducción del Partido de Izquierda Revolucionaria a su segundo, Ricardo Anaya. Arze hizo valiosas contribuciones a la sociología y a la pedagogía. Era afecto a confeccionar grandes cuadros sinópticos en los que encerraba, con precisión erudita, corrientes filosóficas, teorías, nombres, fechas y predicciones. En los años de la contienda chaqueña prefirió, como muchos otros jóvenes izquierdistas, autoexiliarse, y posteriormente sufrió otros largos exilios, en los que se ganó la vida como catedrático y experto en biblioteconomía. Prestó su último servicio al país en la Comisión de Reforma Educativa. No dejó otros bienes que sus libros y tuvo la amargura de intervenir en la disolución de su partido, cuando en 1950 una gran parte de la juventud puso tienda aparte, iniciando el Partido Comunista de orientación moscovita, y luego en 1952, año en que una mayoría pirista consideró que la acción del MNR en el gobierno coincidía con el programa que había ofrecido el PIR al país, y en consecuencia no valía la pena mantener la organización partidaria. Un pequeño grupo continuó sosteniendo la sigla, en torno a Ricardo Anaya, quien reaparecería después de 1964 como colaborador del general Barrientos. El PIR produjo algunos de los mejores documentos de análisis político de la época y congregó a un valioso grupo de dirigentes, surgidos en su mayoría de los claustros universitarios, entre los que figuraron, además de los nombrados, Abelardo Villalpando, Felipe Iñiquez, Alfredo Arratia, Hernán Melgar, Alfredo Mendizábal, Hernán Quiroga, Germán Vargas Martínez, Gustavo Heinrich, Waldo Álvarez, Miguel Bonifaz, Arturo Urquidi M., René Ruiz González y Aurelio Alcoba.

Los partidos surgidos del seno del PIR han sufrido el flagelo de las autocríticas, las decisiones y las expulsiones.

El régimen populista del MNR —como les ha sucedido a otros gobiernos parecidos en América Latina— se vio confrontado en lo económico a una contradicción insalvable entre su afán de mejorar las condiciones de vida y de satisfacer las necesidades de consumo de los sectores sociales que lo apoyaban —clases medias, obreros, campesinos— y su decisión de lograr un rápido desarrollo, que implica necesariamente una restricción del consumo y la apelación al ahorro interno, en cuya ausencia se recurre a la inversión externa.

El MNR, que se declaró originalmente antifeudal y antiimperialista, liquidó en efecto al gamonalismo en el campo y nacionalizó las grandes empresas mineras, pero para evitar el estancamiento del país tuvo que adecuarse a la realidad despiadada de la dependencia, buscando, no el rompimiento con los Estados Unidos, que habría equivalido a un salto en el vacío, sino un nuevo tipo de relación, y obtuvo algunos beneficios. La tesis, popular entonces entre algunos izquierdistas, en el sentido de suplir a los Estados Unidos por una improbable ayuda del bloque comunista, era absolutamente utópica por razones de geopolítica y también por la debilidad y la indiferencia de ese bloque hacia un país tan remoto y enclaustrado como Bolivia.

Se impusieron a la postre las burocracias civiles y uniformadas y las nuevas "roscas" económicas, y aunque subsistiera la retórica revolucionaria —aún después de 1964—, cualquier observador atento se daba cuenta de quiénes habían perdido la partida. Fue un proceso oscuro, pero inexorable, lleno de contradicciones y encubierto por la oratoria demagógica de unos y de otros.

LA AYUDA ESTADUNIDENSE

Los adversarios del régimen consideraron incalificable que un gobierno revolucionario aceptara ayuda económica de los Estados Unidos, opinión que fue compartida por algunos sectores del propio partido de gobierno. ¿No era un contrasentido, en efecto, llevar a cabo una revolución antifeudal y antiimperialista con ayuda estadunidense?

La explicación se halla, en buena medida, en la terrible situación económica que afrontó el régimen por la baja en los precios del estaño. Este punto merece un examen somero, pues incide en el talón de Aquiles de la economía boliviana de entonces: su dependencia de un solo producto importante de exportación.

A principios de los años cincuenta, los Estados Unidos consideraron que el mineral que había acumulado hasta entonces bastaba para sus reservas estratégicas, y señalaron la conveniencia de cerrar la refinería estatal de Texas. Por otra parte, los productores afirmaban que no se justificaba la reposición de ingenios y trabajos previos a la explotación de nuevas vetas por los nuevos niveles de demanda y de precios, los cuales tenderían a la baja. Efectivamente, los precios bajaron en 30% en relación a 1951, esto es, de 1.28 dólares la libra fina a 0.91 dólares en 1954.

Este súbito desmoronamiento de los precios movilizó a las cancillerías de los países productores y rehabilitó el Consejo Internacional del Estaño en 1956. Pese a las previsiones adaptadas en dicho consejo, la producción mundial descendió de 170 000 toneladas de concentrados de estaño a 116 000 para 1958 (su descenso no fue más rápido porque es característica de la industria minera la relativa inelasticidad a corto plazo entre los precios y la producción).

A partir de esa fecha parecían haberse dado las condiciones para una recuperación de la oferta, cuando a fines de los años cincuenta la Unión Soviética, país tradicionalmente importador de estaño, puso sorpresivamente en el mercado 32 000 toneladas de este mineral, causando un nuevo deterioro en los precios. Ante este giro, el Consejo estableció rígidos controles de exportación a los países productores, con objeto de restringir la oferta y de mantener un régimen promedio de precios más estables. Un año después los Estados Unidos lanzaron al mercado los excedentes de sus reservas estratégicas, con objeto de deprimir nuevamente los precios, que bajaron de su cotización más alta de 2.17 dólares en 1964 a 1.48 dólares en 1967. Esos factores internacionales se unían al agotamiento de los principales centros estañíferos y a la rápida depreciación de los ingenios, que tuvo lugar en el transcurso de la segunda Guerra Mundial.

A ese cuadro, de suyo sombrío, se añadieron sin duda los ingredientes de una administración desorientada y en general poco eficiente, la cual se hizo cargo de las minas nacionalizadas.

La situación de penuria fiscal llevó, pues, al gobierno a solicitar la ayuda estadunidense que, con el tiempo, a medida que aumentaban las dificultades y se ahondaban las diferencias entre los diversos sectores políticos de la revolución, se convirtió en un elemento de presión y distorsión del proceso revolucionario. El estaño llegó a cotizarse en 1958 en 0.95 dólares por libra, lo que ayuda a comprender mejor las dificultades que confrontó el periodo movimientista.

La ayuda estadunidense sirvió en verdad para sortear apremiantes dificultades, pero al mismo tiempo puede decirse que fue concedida sin una voluntad evidente de colaborar al progreso del país, sino tan sólo para permitirle sobrevivir en medio de ingentes necesidades. Ante el temor del caos o la aparición de un régimen extremista, los Estados Unidos prefirieron colaborar a regañadientes en el experimento social iniciado en 1952. A ningún país receptor de ayuda, como Bolivia, se puede aplicar con mayor propiedad esta frase de Pierre Moussa:

La situación de la ayuda a los países subdesarrollados, generosa en asistencia técnica, es mezquina en el orden material y recuerda a un sistema de seguridad social que ofreciese a un moribundo las pócimas de los médicos más ilustres sin darle los medios para comprar un tubo de aspirinas y le dejase morir de fiebre con soberbias recetas sobre su mesilla.

Y en efecto, Bolivia sufre desde hace años una verdadera invasión de técnicos, economistas, sociólogos, estadígrafos, antropólogos, etc., de todos los organismos imaginables, incluyendo diversas universidades, instituciones religiosas y servicios de inteligencia, que viajan, estudian, asesoran, escrutan y diagnostican los males del país. Entre ellos, el sistema educativo evidentemente obsoleto pero que ha merecido incontables análisis, el más reciente de los cuales es el del Banco Mundial, que a cambio de conceder (con otros donantes) 178 millones de dólares (1994) impone 35 millones, o sea 20% del total, para pago de los consultores, que ciertamente pesan individual y colectivamente más que el Aga Khan, cuyos devotos lo ponían en una balanza contrapesándolo con oro.

¿Pero dónde están, en cambio, las obras fundamentales que aseguran el desarrollo de Bolivia? La ayuda se concretó a la provisión de algunos alimentos y a dinero en efectivo para cubrir el déficit anual del presupuesto, además de otros recursos para modestos proyectos de transporte, educación y sanidad, especialmente. Y en verdad, esos planes, en lugar de alentar un progreso efectivo, cierran al país en un círculo de mayores necesidades, ya que los proyectos de la Alianza para el Progreso se dirigieron a la ampliación artificial del consumo en lugar de poner el acento en el aumento de la inversión.

En efecto —dice Amado Canelas—, los créditos que nos vienen no sólo que no son inversiones reproductivas que aumentan el capital real de la sociedad, sino que aumentan desproporcionadamente sus gastos de mantenimiento, con la circunstancia de que en los años por venir, al no haberse desarrollado la producción ni la creación de nueva riqueza, el Estado no tendrá con qué cubrirlos y se verá forzado a seguir viviendo del crédito o de la "caridad" internacional. Esto supone no sólo que no habremos conquistado la añorada independencia económica, sino que seremos, en términos absolutos, más dependientes y atrasados que nunca, precisamente porque contemos con algunos elefantes blancos que antes no teníamos. Es verdad que la Alianza para el Progreso se propone eso y no otra cosa.

Una gran fundición de minerales, por ejemplo, podría haber sido la gran respuesta estadunidense a la crisis permanente de la economía de Bolivia. Cuando apenas se atisbó esa posibilidad con la Unión Soviética, el rechazo de los Estados Unidos fue definitivo. Los grandes mineros tampoco la consideraron, pues preferían exportar el mineral en bruto a Inglaterra y a los Estados Unidos, pese a los costos altísimos del transporte marítimo.

Ciertamente, siendo un país fundamentalmente minero, Bolivia tenía que pasar con la mayor premura de la etapa de la explotación simple de minerales en bruto a la de la metalurgia, con lo que se asegura, no sólo mayores entradas de divisas, sino considerables economías en los renglones de transporte, derechos portuarios, seguros, menor número de sacos de mineral, etc., y el aprovechamiento de subproductos como azufre, fluorita y diversas aleaciones. La fundición de minerales en el país era, entonces, el paso lógico que debía seguir a la nacionalización de las grandes empresas. El costo de una fundición de estaño destinada a transformar el tipo de explotación minera en el país, a duplicar sus ingresos de divisas y a asegurar por 10 o 20 años más la vida activa de minas con concentrados de baja ley, apenas era entonces de 17 500 000 dólares como inversión total, incluyendo la formación del personal indispensable. Tal fue la estimación de la CEPAL en su estudio sobre la economía boliviana, y añadía que con el cierre de la de Texas sería la única importante en el hemisferio occidental, con un mercado potencial asegurado en los países suramericanos vecinos e incluso en Canadá. Con esa modesta suma, invertida en una fundición de estaño, habría, pues, podido afirmarse el progreso y la independencia del país.

La ayuda estadunidense fue inapropiada para las necesidades reales del país, aplicada con cuentagotas y sin imaginación. Los proyectos serios, como el camino Cochabamba-Santa Cruz o la planta hidroeléctrica de Corani, han sido o serán pagados por los propios bolivianos. No hubo un solo plan realmente ambicioso que hubiese servido para el desarrollo del país y del que los estadunidenses pudiesen sentirse ufanos de haber colaborado a su realización.

La ayuda estadunidense excluía además —y en esto los donantes fueron discretos pero definitivos— cualquier posibilidad de que Bolivia pudiera beneficiarse simultáneamente de otros auxilios provenientes de los países comunistas. Las ofertas de la Unión Soviética, Checoslovaquia y Polonia para crear una industria petroquímica, explotar y fundir el cinc de Matilde y los yacimientos de hierro del Mutún, instalar hornos de fundición de estaño y de antimonio, etc., fueron encarpetados.

Como si Bolivia fuera la China de 1900, se obligó al gobierno a decretar que sólo se importaría de los Estados Unidos, medida de corte colonialista que perjudicaba gravemente a la economía del país y que hacía mofa de la libertad de comercio, cuya falta provocó la independencia de las colonias suramericanas del yugo español. La ayuda estadunidense tenía, pues, un tinte político y el régimen se veía limitado en su independencia de acción. De ahí surgió la tesis "desarrollista". Se tenía la pretensión de que, aun contando con esos magros recursos, el país se iría independizando lentamente y aseguraría al propio tiempo su desarrollo. El golpe de Estado del 4 de noviembre de 1964 hizo añicos esa ilusión.

Es interesante destacar que la ayuda económica de los Estados Unidos a Bolivia en 28 años, es decir, de 1946 a 1974, de acuerdo con datos oficiales de ese país, incluyendo tanto las donaciones como los créditos bancarios, ha alcanzado 664 700 000 dólares, mientras que, como vimos en el capítulo correspondiente, la ayuda de Bolivia a los Estados Unidos, por el congelamiento de los precios, durante la segunda Guerra Mundial llegó a 670 315 000 dólares.

Los elementos derechistas ganaron terreno en casi todas las universidades de Bolivia, dándose el caso de que las juventudes del Partido Comunista llegaron a sustentar pactos electorales y a colaborar con los falangistas. Los obreros, los campesinos y la masa del MNR consideraban que la universidad era un centro de privilegio, que se llevaba una gran tajada de los ingresos nacionales, cuando había 70% de analfabetos necesitados de escuelas elementales, a la vez que la autonomía universitaria servía de parapeto para encubrir la conspiración reaccionaria contra la revolución. El asunto fue tratado en reuniones conjuntas del gabinete, del MNR y de la COB, y se determinó proceder a la intervención, por lo que las milicias de mineros y de fabriles, y, en algunas ciudades, de campesinos, procedieron a la toma de los edificios universitarios y al ensayo de diversas soluciones. Se nombraron nuevas autoridades provisionales. En La Paz, por ejemplo, se resolvió por el cogobierno paritario docente estudiantil, bajo control obrero, mientras que en Oruro se designó un consejo universitario con mayoría obrero-campesina y se dispuso que hubiesen menos abogados y más ingenieros.

Sin que la "revolución" universitaria se hubiese consolidado, el gobierno se echó atrás en 1955 y dejó en la estacada a los trabajadores, quienes sirvieron de chivo expiatorio a los ataques de la reacción, que hablaron, otra vez, de la "barbarie" de los cholos y de los indios. La palabra "miliciano" se convirtió en una mala palabra. También lo sería la palabra "barzola", que se usaba para estigmatizar a las mujeres del pueblo militantes del MNR. La derecha del MNR condenó la revolución universitaria, pese a que había sido copartícipe de la iniciativa de realizarla. La izquierda del MNR y la COB cargaron con la culpabilidad de los atropellos a la universidad. Catedráticos y estudiantes autonomistas, desde los partidos tradicionales hasta la FSB y los comunistas, formaron un mismo coro de voces diferentes. El POR defendió las razones de la revolución universitaria, pero condenó el procedimiento de intervención, indicando que el cambio de la universidad debía provenir de adentro.

El resultado de este frustrado experimento, hecho en el momento más inoportuno, fue que la clase media de las ciudades se alejó en mayor número que antes de la revolución nacional.

En el mismo año, con los resultados del trabajo de una comisión especial, el gobierno de Paz Estenssoro dictó el Decreto-Ley de Reforma Educativa, cuyo texto fue firmado por el gabinete en el histórico recinto de la Universidad Mayor Pontificia de San Francisco Xavier de Sucre. Este código, que ha servido de base para las reformas pedagógicas posteriores, declaró que la educación "es la suprema función del Estado, es un derecho del pueblo e instrumento de liberación nacional con un carácter democrático y unificado, revolucionario, antiimperialista y antifeudal". Aunque no restableció el Consejo Nacional de Educación, el código se consideró como el más avanzado de entonces. Lo era en muchos sentidos, y reflejaba el pensamiento de diversos sectores progresistas, pues en la comisión, presidida por Fernando Díez de Medina, intervinieron desde el obispo Armando Gutiérrez y Huáscar Cajías, intelectual católico, y José Antonio Arze, ex jefe del PIR, hasta José Pereira, comunista prosoviético. Pero entre sus fallas debe mencionarse la total desvinculación del sector secundario con las universidades, que continuaron en su orgulloso y provinciano aislamiento, y la inclusión de "conquistas" del magisterio (no en vano varios miembros provenían de ese sector) que resultaron perjudiciales al país, como la garantía de trabajo para todos los normalistas egresados (lo que garantiza ciertamente una fuente de empleo de por vida, pero asegura de una manera casi fatal la tendencia a la molicie y la despreocupación, premiando la mediocridad y no la excelencia) y como el "aval" sindical para nombrar a autoridades y a supervisores.

Finalmente, el hermoso articulado (¡329 artículos!) del decreto se quedó en eso, pues venció la mentalidad tradicional y tampoco hubo dinero para poner en práctica las reformas. El analfabetismo por desuso, la tendencia doctoril y seudohumanística, la inanidad de las materias de estudio y el aumento desmesurado de las burocracias profesorales son todavía las tendencias dominantes en 1994.

En todo caso, la reforma educativa abrió las compuertas de un sistema educativo que no se remozaba desde principios de siglo, y bajo el lema "De una educación de castas a una educación de masas" multiplicó las escuelitas rurales con el entusiasta apoyo de los campesinos, inició la educación técnica e hizo incluso un intento de "universidades obreras", que se convirtieron en politécnicos. En los cuatro primeros años el número de estudiantes subió de 61 330 a 132 167.

Ni la revolución de 1952, ni los regímenes militares, ni los democráticos a partir de 1980 han podido quebrar el tabú de la autonomía universitaria erigido desde 1930, mediante el cual las ocho universidades fiscales disponen al arbitrio de sus consejos, formados por catedráticos, estudiantes y empleados, y de los recursos que les otorga el Estado, con muy magros resultados en cuanto a eficiencia.

GUMUCIO, LA INTEGRACIÓN NACIONAL Y EL DESARROLLO CRUCEÑO

En el lado constructivo de la revolución nacional figura su visión integradora y modernizadora de la sociedad boliviana, a la que arrancó de su atraso y marasmo colonial, y el símbolo de esa tarea se encarnó en ese "constructor de imperios" como llama Pierre Lenoir a Alfonso Gumucio Reyes, presidente de la Corporación

Boliviana de Fomento y luego ministro de Economía. Todo centavo disponible para la inversión y varios créditos y donaciones provenientes de la ayuda estadunidense fueron destinados a la vertebración caminera, al reforzamiento de yacimientos petrolíferos, al fomento de nuevos cultivos en el oriente y a la creación de industrias en el valle y el sureste. Concluido el camino pavimentado a Santa Cruz, se inició la etapa de despegue de ese departamento, que vio duplicarse su población entre los años 1952 y 1964. En menos de 10 años, Bolivia se hizo autosuficiente en arroz y azúcar, que antes debían importarse. Y a estos productos se añadió el cultivo intensivo de otros, como el algodón, la soya y el café.

Bolivia, cuyo alejamiento del océano la obligó a convertirse en una suerte de Tíbet sudamericano adonde nunca llegaron las grandes corrientes migratorias que fluyeron a países vecinos como Brasil, Argentina y Chile, favoreció en esta etapa la llegada de colonias de menonitas y de japoneses al área cruceña, con excelentes resultados en términos de laboriosidad, aunque los primeros, debido a sus rígidas normas religiosas, no se han integrado al resto de la sociedad. De esa época data también el traslado masivo, dirigido y espontáneo de familias altiplánicas.

Anota a este propósito Cornelius Zondag:

Incluso los más severos críticos del movimiento revolucionario boliviano admiten una cosa: el esfuerzo de desarrollo del MNR descubrió una nueva Bolivia tropical.

Concediendo que la idea de desarrollar los llanos no era nueva, le tocó al gobierno nacionalista revolucionario cambiar este sueño en una realidad. Todo empezó con el desarrollo de la ciudad de Santa Cruz, proyecto en elaboración desde el principio de la segunda Guerra Mundial. Después de que se completó la carretera Cochabamba-Santa Cruz en 1953, el gobierno boliviano empezó a impulsar el desarrollo de la zona. Quizá el gran mérito del plan de progreso de Santa Cruz es el haber unido el altiplano con la parte sustancial de los llanos de Bolivia, unificando de este modo al país, tanto económica como políticamente.

El criterio que primó para la vinculación caminera fue integrar el inmenso cuerpo geográfico, por cuyos territorios fluyen las aguas hacia la Amazonia y que representan algo más de 50% del territorio, con el complemento de las carreteras planeadas en el sistema fluvial de los dos grandes ríos norteños, el Mamoré y el Beni. Algunos de los caminos proyectados fueron Villa Tunari-Puerto Villarroel —que, como dijo Gumucio: "Romperá las cadenas del gigante prisionero de su propia geografía: el Beni"—; La Paz-Puerto Salinas, vital para La Paz, y toda la cuenca del río Beni y del Pando, por medio de la navegación desde Puerto Salinas hasta Guayaramerín, atravesando valles feraces como Inicua, Quiquibey, Yucumu y el eje Buenaventura, Tumpasa e Ixiamas; Yapacaní a Puerto Grether, incluido el puente sobre el río Yapacaní y el camino hasta el río Víbora; Oruro-Cochabamba-Santa Cruz; Puerto Banegas (Río Grande)-San Javier-Concepción, que es la continuación de la carretera Guabirá-Puerto Banegas.

La creación del Servicio Nacional de Caminos, también de esa época, fue el complemento indispensable para mantener en operación las nuevas vías.

Gumucio Reyes manejó millones de dólares y pesos bolivianos, pero murió en casa alquilada, sin ningún bien de fortuna personal. Después del golpe de Estado de noviembre de 1964, fue detenido un año en el Panóptico, acusado de no haber rendido cuentas de 40 dólares del servicio de café que se invitaba a los visitantes en su despacho. A su muerte, en 1981, dejó una carta en forma de "testamento político", donde hacía un análisis de la historia del país y de la deformación de sus instituciones. Estableció responsabilidades entre los 112 años de regímenes militares y los 44 años de gobiernos civiles que tuvo la República, señalando que, debido a ese trastocamiento de funciones, los militares adulteraron su rol específico, apoderándose del Estado para esquilmarlo, sin que nunca se les sancionase. Concluyó planteando la disolución de las fuerzas armadas, como sucediera en Costa Rica, a fin de llegar a un Estado de derecho y en desarrollar el espacio interior boliviano, antes de que lo hagan, por la fuerza, los vecinos, y de aliviar con el presupuesto castrense las condiciones de vida de la mayoría del país. (La clase política ha recompensado al ejército por su sometimiento a la Constitución, manteniéndole y aumentándole su presupuesto, que en 1995 alcanza 120 millones de dólares, y del cual 80% se destina al pago de salarios de oficiales y 5%, a alimentación y vestuario de soldados, con una proporción de un general por cada 350 soldados.)

Entre los logros de esa etapa conviene citar los ingenios azucareros estatales de Guabirá y Bermejo, y el estímulo a los ingenios privados de San Aurelio y la Bélgica; el financiamiento de la electrificación de Corani y Cordillera de La Paz; la construcción del aeropuerto de La Paz; el programa de colonización y el traslado de grandes contingentes humanos del altiplano a las nuevas zonas del oriente; la irrigación del Chaco, con la represa del Pilcomayo; la importación de ganado cebú y Santa Gertrudis; el avance del ferrocarril Cochabamba-Santa Cruz, hasta Aiquile; el eficaz aprovechamiento de la cooperación internacional mediante ingeniería global (Alemania), misión forestal (Alemania), misión para el estudio de la botánica (Gran Bretaña), y varias más; nacionalización de los ferrocarriles y estabilización monetaria (el cambio se mantuvo desde 1957 hasta 1972 a 12 pesos bolivianos por dólar).

La política petrolera fue también uno de los éxitos del gobierno movimientista, transformando al país de importador en exportador de gasolina y de petróleo crudo a los países vecinos. Se construyeron más de 2 000 kilómetros de oleoductos (Camiri-Yacuiba; Cochabamba-Oruro-La Paz; Camiri-Santa Cruz y Sica-Sica, Arica, Chile). La producción de crudo pasó de 523 000 barriles en 1952 a 3 132 000 en 1964, e iguales incrementos se observaron en la gasolina y sus derivados, con notables ahorros para el país.

Muchos consideraron que el ímpetu del proceso revolucionario se perdió cuando el gobierno dictó, en octubre de 1955, el código del petróleo conocido como Davenport, ya que fue elaborado en la oficina estadunidense de los abogados Schuster y Davenport, ligados a los grandes intereses petroleros. Estableció el régimen concesionario, con lo que quedó revisada la nacionalización del petróleo de 1936, a cambio de una regalía de 11% en favor del Estado y un impuesto fijo de 30% sobre las utilidades líquidas, estas últimas de libre remesa al exterior. Las empresas concesionarias se beneficiaron, además, con 27% del valor bruto de la producción del crudo, libre de impuesto, por el "factor agotamiento", que se consideró una norma de simple saqueo.

Fuera de la empresa McCarthy, que había ingresado con anterioridad, con el código liberal del petróleo llegaron otras compañías, entre ellas la Gulf Oil Co., que finalmente quedó como dueña de importantes campos productivos de petróleo. El código fue tramitado con el apoyo de políticos venales de los Estados Unidos, mediante el subsecretario Henry Holland, quien incluso fue recibido bajo arcos folklóricos como el "compañero Holland". La Gulf, en opinión de los defensores del petróleo boliviano, se constituyó, andando los años, en un poder dentro de Bolivia, y pagaba al fisco los impuestos más bajos del mundo.

Al principio de la revolución, en julio de 1952, como un homenaje a la inmolación de Villarroel, el gobierno dictó el Decreto-Ley del Voto Universal, por el que se extendió la ciudadanía a todos los mayores de 21 años. De esta manera, las mujeres, que no participaban en elecciones anteriormente, y la gran masa de los campesinos analfabetos, que tampoco eran tomados en cuenta, se convirtieron en sujetos de la democracia. Con el fin de poner en marcha la conquista del voto universal, el gobierno convocó a elecciones para presidente, vicepresidente, senadores y diputados, dictando al efecto un estatuto electoral. En el periodo preelectoral fue convocada una convención del MNR, que se reunió con dominio del sector de izquierda, el cual logró incorporarse a los mandos superiores de su partido, aunque los núcleos de decisión quedaron en manos de Paz Estenssoro y de sus viejos compañeros de lucha. La convención dio poderes al comité político para la elección de los candidatos, ordenó la preparación de un nuevo programa de principios y aprobó la creación de una universidad interna de cuadros, basada en los principios del socialismo, de los que nadie se acordó posteriormente.

El estatuto electoral dispuso el voto obligatorio, el sistema de papeletas de colores y la representación de las minorías camarales. La izquierda radical habló de que el llamamiento a elecciones representativas significaba un paso atrás y de que había que ir hacia un nuevo tipo de democracia revolucionaria, que diera prioridad al proletariado. La reacción, en cambio, atacó el voto universal con el argumento de que los decentes letrados de las ciudades serían arrollados por la indiada analfabeta.

El MNR lanzó los nombres representativos de los dos sectores que lo componían: Hernán Siles Zuazo y Ñuflo Chávez Ortiz, porque Lechín, pese a la presión de la COB y del ala izquierda movimientista, rehusó participar en la candidatura presidencial. La Falange presentó la fórmula de Óscar Unzaga de la Vega y Elías Belmonte Pabón, y el Partido Comunista la de Felipe Íñiguez y Jesús Lara. Realizadas las elecciones, con denuncia de los opositores de fraude electoral ("voto negro" y "ley trampa"), se vio que el electorado, que antes no pasaba de 60 000 sufragantes, llegó a más de 800 000. La candidatura del MNR obtuvo 786 729 votos; la de la Falange, 130 494, y la de los comunistas (papeleta verde), 2 329.

En julio de 1956, a los 77 años, exhalaba su último suspiro Franz Tamayo. Después del gobierno de Villarroel, a cuyo término publicó un folleto explicativo de su conducta como presidente de la Cámara de Diputados, volvió a encerrarse en su casa de la calle Loayza, donde escribió muy de vez en cuando algún mensaje. En 1950, un artículo suyo sobre la proposición del corredor al Pacífico a cambio de la utilización por Chile de las aguas del lago Titicaca resultó demoledor y definitivo. Para las elecciones de 1951, la convención del MNR, reunida en La Paz, sostuvo —sin consultarle— su candidatura a la Presidencia, con Paz Estenssoro como vicepresidente. Tamayo no dijo nada, y Paz Estenssoro, con buen tino, envió desde Buenos Aires un cable concluyente, en el que informaba que solamente aceptaría el primer puesto. Como el venezolano Rómulo Gallegos y tantos otros escritores latinoamericanos, probó repetidamente su incapacidad para la política. En su lejana polémica de 1942 con Fernando Díez de Medina, a propósito de la biografía "al modo fantástico" que le dedicara este último, Tamayo, después de fulminar a su biógrafo, predijo en el folleto "Para siempre" que a su muerte la sociedad paceña grabaría en bronce una leyenda con la frase "Éste es Franz Tamayo. Su gloria es mi propia gloria", que en efecto aparece en la tumba del gran bardo americano. Pero a él le habría gustado más, como me reveló su viuda en 1974, que se le recordara con un poema que escribió en sus mocedades:

Yo fui el orgullo como se es la cumbre
y fue mi juventud el mar que canta.
¿No surge el astro ya sobre la cumbre?
¿Por qué soy como un mar que ya no canta?
No rías, Mevio, de mirar la cumbre,
ni escupas sobre el mar que ya no canta.
Si el rayo fue, no en vano fui la cumbre
y mi silencio es más que el mar que canta.

HERNÁN SILES ZUAZO

El 6 de agosto de 1956 se llevó a cabo la transmisión del poder a los nuevos mandatarios constitucionales. El presidente Hernán Siles Zuazo se instaló en el palacio de gobierno y el vicepresidente, frente a él, en el palacio del Congreso, lo cual no es sólo un modo de decir, ya que las posiciones políticas que ambos personificaban iban a chocar violentamente.

Cuatro años antes, en el momento de dirigir la revolución de abril, Siles Zuazo contaba 36 años. Al contrario de Paz Estenssoro, que era frío hasta la impenetrabilidad y distante con todos, incluidos sus cercanos colaboradores, Siles mostraba un gran calor humano y profesaba el culto de la amistad por encima de la política. No cambió su estilo desde cuando, joven diputado, desalojó revólver en mano a una barra de facinerosos enviada por la policía. Caído el MNR, en 1964, se hicieron legendarios sus ingresos clandestinos al país utilizando diversos atuendos y disfraces. Los enemigos del MNR nunca desconocieron el talento político de Paz Estenssoro ni tampoco pudieron negar jamás el valor y la nobleza de Siles Zuazo. Pierre Lenoir hace de él este retrato:

Pequeño, ágil, de movimientos rápidos, Siles Zuazo es lo que en el lenguaje del box se llama un peso pluma. Cuando se anima, sólo permanece al borde de su gran sillón y parece listo a arrancar, mientras fuma un cigarrillo tras otro y bebe innumerables tazas de café. Es profundamente religioso y en cierto momento me dijo: "Creo que la verdadera vida comienza sólo después de la muerte".

Es un puro, aunque su rectitud no apaga su habilidad, su sinceridad no embota su astucia, su sentido moral no destruye su ambición retorcida. Idealista, sentimental, romántico, ni fanático ni doctrinario, es un demócrata que, tanto por instinto como por razonamiento, quiere imponerse por medio de una sutil destreza, cuyo aspecto espectacular oculta por lo común rodeos calculados.

Para un psicoanalista sería fascinante escudriñar en el ambiente familiar de los jefes de 1952 a fin de buscar una respuesta a su rebeldía al orden constituido, no obstante de ser todos ellos hijos de la clase media. Ciertamente, su grupo social ocupaba un lugar muy desmedrado ante el poder aplastante de la oligarquía minera y de los grandes latifundistas. Pero es cierto también que en los casos de Hernán Siles Zuazo y Juan Lechín Oquendo (que compartieron estudios, de adolescentes, en el Colegio Americano de La Paz) se nota la ausencia del padre en el núcleo familiar. El padre de Víctor Paz Estenssoro sufrió prisión por deudas, episodio que dejó un sedimento de profunda amargura en su hijo, que había estado estudiando ingeniería en La Plata, Argentina. Volvió al país a seguir derecho y economía. El cambio en la fortuna familiar lo convirtió en un rebelde.

Las cámaras legislativas comenzaron a funcionar, con mayoría del MNR y una minoría de parlamentarios de la Falange. El gobierno sometió a su consideración los decretos-leyes dictados hasta entonces por la revolución nacional, los que fueron aprobados, poco menos que a fardo cerrado, por disposición del CPN del partido de gobierno, incluyendo el discutido y criticado código Davenport del petróleo. A excepción de un puñado de diputados que denunciaron, inútilmente, su "carácter entreguista", el resto del MNR le dio su voto de aprobación. La izquierda radicalizada criticó acerbamente la instalación del Congreso por considerar que era el "restablecimiento del parlamento feudal-burgués" y una concesión a las fuerzas reaccionarias de dentro y de fuera de la República.

El Poder Legislativo aprobó el primer código de seguridad social de Bolivia, preparado por una comisión de expertos nacionales, que fueron asesorados por la ONU y por la OIT. El proletariado y los empleados se encontraban de acuerdo con las normas generales del código de seguridad social, pero en completa discordancia con el monto de las asignaciones familiares y de las rentas por vejez, invalidez y muerte, las que, debido al desbarajuste económico causado por la inflación monetaria, resultaban ridículas.

Pierre Lenoir anotó: "La inflación asume en Bolivia dimensiones que se acercan a las de Alemania después de la primera Guerra Mundial. En 1956, el dólar subió de 4 500 pesos bolivianos a 12 000 y no hubo día en que su curso ascendente se estacione". Los principales damnificados de esta situación eran los trabajadores y los sectores de modestos ingresos.

Fue necesario poner coto al caos económico, que estaba llevando al país al desastre. Una misión estadunidense, dirigida por Jackson Eder, aconsejó un cambio radical en la política económica de la revolución nacional, que apeló hasta entonces a cubrir los planes desarrollistas, los aumentos salariales y la formación de capital para la organización de una "burguesía nacional progresista" con los miembros más aventajados de las distintas alas del MNR y, en especial, de la Célula Económica, que agrupaba a importadores y fabricantes, comúnmente conocidos como "diviseros". El movimiento obrero criticó esta experiencia fallida, debido a que los "nuevos ricos" no instalaron industrias en el país, sino que dieron sus preferencias al comercio, ingresando a las actividades del grupo tradicional de importación, que al traer artículos manufacturados del exterior impedía el crecimiento industrial de Bolivia.

En el momento en que se difundían los objetivos de la estabilización monetaria, para crear un buen ambiente en el pueblo, el líder de la COB y de la izquierda del MNR, Lechín Oquendo, apoyó la tesis del gobierno en un ampliado de la Federación de Mineros y ante los delegados de un congreso de juventudes obreras; pero ante las observaciones que surgían de la muchedumbre, el dirigente laboral evolucionó hacia posiciones críticas.

En diciembre de 1956, el régimen de Siles Zuazo impuso al país el Decreto de Estabilización Monetaria o Plan Eder, sobre la base de estudios y programas elaborados por una comisión en la que intervinieron especialistas de los Estados Unidos y del Fondo Monetario Internacional. Los rasgos fundamentales del plan fueron la supresión de los cambios monetarios múltiples, la devaluación del peso boliviano (que se fijó en la nueva paridad de 7 700 pesos bolivianos por dólar), el cambio libre, la abolición de los precios subvencionados de los artículos de primera necesidad, la eliminación de controles sobre exportaciones e importaciones, la libertad de comercio exterior, la congelación de alquileres previa compensación, el control del crédito bancario y la reducción del déficit fiscal. Los salarios fueron congelados por un año, luego de haberse otorgado compensaciones bajas a los asalariados en general y otras bonificaciones por pérdida de pulpería barata a los mineros.

Los trabajadores y las amas de casa realizaron manifestaciones y paros de protesta por estas medidas, que dañaban ostensiblemente el nivel de vida de los humildes. Se encendió una fuerte polémica entre el gobierno, que sustentaba las posiciones monetaristas del FMI, y la COB, que presentaba alegatos estructuralistas. Esta última entidad acusó al gobierno de haberse "vendido" a influencias capitalistas foráneas y de haberse apartado de la defensa de los intereses laborales, señalando con énfasis que el Plan Eder era solamente de estabilización monetaria sin desarrollo, puesto que fueron reducidos los presupuestos de crecimiento de las empresas públicas.

En los ampliados de la central sindical fueron interpelados los ministros obreros que no habían presentado su renuncia en solidaridad con los planteamientos de los trabajadores. Los ministros estabilizadores fueron desconocidos por los asambleístas y poco tiempo después el gobierno dictó un decreto cancelando definitivamente el cogobierno MNR-COB, que, en los hechos, había dejado de existir. Ya entonces, en el seno de la COB, se presentó una diferencia de opiniones entre los delegados de los sectores mineros, fabriles, bancarios, etc., por un lado, y los choferes, ferroviarios y parte de los campesinos, por el otro, a propósito del análisis de las consecuencias de la estabilización monetaria. En consecuencia, se hizo necesario reunir en congreso a los representantes laborales.

El II Congreso de la Central Obrera Boliviana, realizado a mediados de 1957, con el alza vertiginosa de los precios de las subsistencias a niveles de libre oferta y demanda, y con la congelación de los salarios, fue uno de los más agitados del movimiento sindical. En la inauguración, el presidente Siles saludó a los trabajadores y defendió las medidas estabilizadoras. Inmediatamente después el secretario ejecutivo de la COB, Lechín, atacó pormenorizadamente el Plan Eder, tachándolo de antinacional y antiobrero. Pero ya la unidad de los trabajadores estaba minada, debido a que el MNR, cuyas direcciones estaban en manos del sector gubernamental, hizo un trabajo de zapa atrayendo a ciertos gremios. La discusión de la tesis política, preparada por el CEN de la COB, en la que se condenaba abiertamente a la derecha del MNR y a la ultraizquierda, preconizando una línea de "profundización de la revolución nacional por la vía no capitalista", permitió comprobar la existencia de un grupo opositor movimientista, encabezado por Juan Sanjinés Ovando, de la Confederación Ferroviaria. La tesis se aprobó por mayoría. El punto más conflictivo fue el económico, que se resolvió por la exigencia de un aumento general de sueldos y salarios, con alternativa de huelga general. De producirse el aumen-

236

to, el plan estabilizador se habría derrumbado desde su base.

El gobierno mantuvo sus determinaciones y la huelga general fue quebrantada por grupos laborales disidentes, denominados "reestructuradores", que incluían a gente armada progubernamental en las minas, especialmente en Huanuni, la cual era activamente respaldada por el Estado. El presidente Siles, admirador de Gandhi desde sus años mozos, entró en huelga de hambre, hecho que tuvo un enorme efecto político, disminuyendo la eficacia de los sectores en paro, que tuvieron que volver al trabajo sin haber conseguido nada.

El gesto de Siles Zuazo, único en los anales de la historia contemporánea, pues ningún otro gobernante lo había hecho nunca en ninguna latitud de la Tierra, puso de su lado a la opinión pública, que valoró el gesto de renuncia del mandatario, que prefería el sacrificio personal antes que la imposición de la violencia para apoyar su política. La otrora poderosa COB estaba derrotada. El insólito gesto del mandatario sería imitado en el curso de los años, en innumerables veces, por muchísimas personas, todas desfallecientes pero ninguna falleciente.

Rostros de piedra
en velos de viento:
¿Recuerdan?
¿Olvidan?
¿Están dormidos
o despiertos?
Rostros de piedra:
Silencio

su única lengua.
Tristeza
su único gesto.

EDUARDO MITRE

En la derrota, surgió otra central sindical moderada, la Central Obrera de Unidad Revolucionaria (COBUR), que agrupaba a los "reestructuradores". La tesis política de esta entidad, redactada por Amado Canelas, era decididamente progubernamental, opuesta a la posición de la COB, que era de independencia sindical.

La economía laboral del plan estabilizador generó otros acontecimientos políticos. Los partidos tradicionales salieron de su prolongado receso y se reorganizaron para apoyar las medidas económicas gubernamentales y para pedir la anulación del "voto analfabeto" (especialmente, el Partido Liberal y la FSB). El famoso Control Político, la policía especializada en la represión, muy odiada por los falangistas a causa de los campos de concentración de Curahuara de Carangas y otros, y de la aplicación de atropellos y brutalidades, comenzó a dedicarse a la persecución y apresamiento de los dirigentes sindicales y de los miembros de la izquierda del MNR. El vicepresidente de la República, Nuflo Chávez Ortiz, convencido de que no podía seguir cogobernando con el partido que se contraponía a su sector, presentó, mediante una furibunda carta política, la renuncia a su cargo. En ella hacía la denuncia concreta de que Jackson Eder, mediante una empresa estadunidense a la que estaba ligado, compró a precios de regalo una parte considerable de los bonos de la deuda externa de Bolivia, cuyo pago estaba suspendido hacía mucho tiempo. Ello habría resultado un buen negocio, ya que, conforme el plan estabilizador, se reanudó el pago de nuestra deuda exterior. Lo curioso es que Eder denunció por lo mismo a Chávez.

En términos de la jerga política del momento, la lucha interna en el seno de la revolución nacional se hizo entre "troskovitas" (denominación que popularizó el diario oficial *La Nación)* y "thermidorianos", apelativo que surgió del análisis ideológico del MNR de izquierda y de los dirigentes de la COB. Éstos dijeron que, por analogía con la Revolución francesa, la época jacobina de la revolución boliviana había pasado, y un sector de derecha, frenador del proceso revolucionario, nacido del propio MNR, estaba en el poder, eliminando toda forma de participación obrera, por una parte, y sirviendo de reintroductor del imperialismo, por la otra. Los "troskovitas" eran, para el gobierno, agitadores que saboteaban los planes de reordenamiento económico del país.

Atendiendo a la necesidad de ajustar los costos de producción, la Comibol negó las reclamaciones de los trabajadores de conseguir una compensación "justa". La Federación de Mineros realizó un congreso en Potosí y luego otro en Colquiri, de donde salieron demandas salariales.

Como las medidas contra los sindicatos prosiguieron, los obreros de Siglo XX, cuya libertad de movimiento estaba controlada por el grupo "reestructurador" de Huanuni, se dirigieron a este centro de la minería nacionalizada con el pretexto de liberar a varios de sus compañeros presos, produciéndose escaramuzas en las que fue muerto el jefe de los reestructuradores y partidario de Guevara Arze, Celestino Gutiérrez, cuyo cuerpo apareció colgado de un poste. Siles Zuazo se hizo presente en el lugar de los hechos y calmó los ánimos.

En las cámaras legislativas, la izquierda del MNR hostigó, con peticiones de informe e interpelaciones, a los ministros del gabinete silista. Una nota reconfortante fue la aprobación de la Ley General de Sociedades Cooperativas, preparada por una comisión, con la participación decisiva del representante de la FAO, Antonio García, ex jefe del socialismo colombiano. Era una ley que faltaba, necesaria para canalizar, en forma apropiada, el surgimiento de cooperativas de todo tipo, que comenzó pronto. El cooperativismo fue visto, desde entonces, por todas las corrientes políticas de Bolivia como la solución para remediar la proliferación negativa de minifundios, de manera que el campesino mejorase sus condiciones de vida, sin ser aplastado por la competencia capitalista ni llegar a los extremos de una colectivización forzosa y sanguinaria.

ÓSCAR UNZAGA DE LA VEGA

En 1959 se produjo la dramática muerte del jefe falangista Óscar Unzaga de la Vega, al término de un intento de golpe de Estado que fracasó. El 19 de abril, fecha del cumpleaños de este dirigente político, la FSB resolvió obsequiarle con un golpe de Estado, a cuya cabeza se puso él. Como no se había hecho antes, la asonada falangista estalló en pleno día, en horas de la mañana, con la toma del cuartel Sucre y de la radio "Illimani" del Estado. Los sublevados, grupo selecto de dirección del partido, recibidos a tiros en el cuartel Sucre, perecieron en el intento. Dejando a un lado la disensión interna, la izquierda y la derecha del MNR acudieron a sus puestos de defensa de la revolución nacional, de manera que ese día por la tarde el golpe estaba conjurado. En el cuarto de baño de una casa de la calle Larecaja, en la zona norte de La Paz, aparecieron los cadáveres de Unzaga de la Vega y de su ayudante, el ex cadete Gallardo. Ante las acusaciones de asesinato que se hicieron a Siles Zuazo y a su ministro de Gobierno, Guevara Arze, fue invitada una comisión investigadora de la OEA, que realizó una prolija pesquisa de la policía judicial, con los más modernos elementos técnicos, en un clima de plenas garantías para llevar a cabo su cometido. La opinión de los comisionados fue que Unzaga de la Vega se suicidó; un segundo disparo fue hecho por Gallardo, para ultimarlo, y luego éste se autoeliminó. Sin embargo, la Falange optó por creer en el asesinato. Augusto Céspedes, en 1974, anotó que la FSB había cometido un error político al sostener una tesis endeble, señalando que el suicidio honroso, ante circunstancias adversas, como el *harakiri* de los nobles japoneses, es tan digno para el suicida como ser víctima de homicidio.

No sería justo pasar por alto la extraña personalidad de Unzaga de la Vega, con su peculiar y encendida devoción a la patria, tan sólo para considerarlo un excéntrico o un instrumento de los intereses desplazados en 1952. Fue más bien un producto de la desesperación de la clase media boliviana, contra la mentalidad mezquina y colonialista de los grupos dirigentes. Su emoción bolivianista era sincera y él, en lo personal,

241

era un hombre de intachable honestidad y de gran caris-
ma. Había sublimado, en la política y en su amor a Bolivia, cualquier otro apetito sensual, y esto, para sus adversarios, lo hacía más peligroso. Mario Pando Monje dijo
del inmolado jefe falangista:

> Por la historia de Bolivia transcurre este hombre con
> una inmensidad espiritual parecida a la de un santo. En una
> apariencia física débil se albergaba una categoría volitiva
> inconmensurable, capaz de empujar con fuerza de to-
> rrente a su partido. Creyéndose predestinado para salvar
> a Bolivia, admiró sinceramente las concepciones totalita-
> rias con las que talló un pensamiento saturado de esen-
> cia. La reelaboración que posteriormente practicara de
> las mismas, tamizándolas con finos velos de un matiz de-
> mócrata y cristiano, no anemizó el estilo que deseaba im-
> primir a una acción política de nacionalismo subjetivo,
> ennoblecido en los sueños de la transfiguración irreal, y
> por ello, equivocado y taciturno. El peregrinaje de Unza-
> ga por la política boliviana semeja al de una lámpara vo-
> tiva que pretende ser llamarada y languidece por falta
> de oxígeno, en un ambiente de penumbras y de incen-
> sarios de la Edad Media. Más que un fanático, fue un
> místico.

En los pocos documentos salidos de su pluma que
se han publicado, Unzaga de la Vega se muestra como
un escritor de oficio y un hombre de sentimientos profundos, sensible a las cosas bellas de la vida.

En medio de la lucha sectorial del MNR, para afrontar las próximas elecciones generales se reunió la convención del MNR. El ex presidente Paz Estenssoro se
encontraba en Londres como embajador de Bolivia, y

las masas movimientistas confiaban en que él pudiera ser el factor que evitase la división formal del partido de gobierno. Guevara Arze y su agrupación tenían la intención de llegar al próximo gobierno con el fin de consolidar la política iniciada por Siles Zuazo. En la convención se produjo la coalición entre la izquierda lechinista y los pazestenssoristas, frustrando las aspiraciones políticas de Guevara. En efecto, el MNR aprobó la candidatura de unificación de Víctor Paz Estenssoro y Juan Lechín Oquendo.

Una parte del MNR se separó con Guevara Arze y fundó el Movimiento Nacionalista Revolucionario Auténtico, que, por necesidades de sigla electoral más clara, quedó finalmente como Partido Revolucionario Auténtico (PRA). Su declaración de principios indicaba que sus militantes optaban por la

> construcción de una sociedad democrática, fundada en la concepción occidental de los valores humanos, en la función jurídica y social del Estado y en la utilidad común del capital y del trabajo. El Estado no debe apoderarse de todas las actividades económicas del país y la iniciativa privada es beneficiosa para la colectividad.

Las elecciones generales se llevaron a cabo en mayo de 1960, con una lucha intensa entre el PRA y el MNR en las regiones campesinas. La FSB y otras agrupaciones menores tomaron el nombre de Comunidad Demócrata Cristiana, ante lo cual el Partido Social Cristiano acordó denominarse Partido Demócrata Cristiano. Los ciudadanos votantes fueron un total de 987 730, una gran mayoría de los cuales favoreció a los candidatos del MNR.

Segundo gobierno de Paz Estenssoro y caída del MNR

Paz Estenssoro y Lechín Oquendo se posesionaron de sus cargos constitucionales el 6 de agosto de 1960. Si la izquierda pensó en que el caudillo de la revolución nacional volvería a un tipo de régimen de la primera hora, inclinándose por el predominio del movimiento obrero, quedó desilusionada, ya que el segundo gobierno de Paz Estenssoro fue esencialmente ordenador y legalista, estimando que la fase de transformación estructural del proceso revolucionario había pasado y que lo que había que hacer era acometer la fase de la construcción económica. No renegó de la estabilización monetaria de su antecesor, sino que quiso complementarla con planes de desarrollo.

De la segunda presidencia de Paz Estenssoro data el Plan Decenal, elaborado por los expertos del Consejo de Planificación y Coordinación del gobierno, siendo éste el primer instrumento con estructura orgánica global y con proyección a largo plazo. Su antecedente en la época de la revolución nacional puede encontrarse en el Plan de Política Económica, redactado por Walter Guevara Arze en 1955.

Los diputados y senadores electos, que formaron el Congreso Extraordinario de 1961, se pusieron a renovar la Carta Magna y, en consecuencia, luego de las discusiones pormenorizadas, dictaron la Constitución Política de agosto de ese año, cuyas pautas seguían el camino trazado por las constituciones de la era de los gobiernos militares "socialistas" y del de Villarroel, en cuanto a dar un matiz social importante al constitucionalismo liberal. La nueva Constitución incorporó el capítulo de los deberes al lado de los derechos fundamentales de la persona, estableció la nacionalidad boliviana para los latinoamericanos y españoles, incorporó las minas nacionalizadas al patrimonio nacional, dio al trabajo la condición de título para la propiedad agraria y reconoció la legalidad de las milicias populares pero como reserva del ejército regular.

El segundo gobierno de Paz Estenssoro fue la continuación del régimen de Siles Zuazo en las líneas maestras de la política del Estado. Prosiguieron las luchas entre los sectores de izquierda y de derecha. Las huelgas, que en los últimos años dejaron de ser el supremo instrumento de resistencia de los trabajadores, degeneraron en lo que la propia tesis del Segundo Congreso de la COB denominó "anarcopopulismo", ya que se desencadenaban por causas de muy desigual importancia. Así, el conflicto de un grupo de obreros de uno de los niveles de la mina de Siglo XX, que no llegó a un arreglo satisfactorio donde debía ser, es decir, dentro del ámbito local de la empresa, se convirtió en huelga general de mineros y en huelga escalonada nacional de la Central Obrera, con gran perjuicio económico, inquietud laboral y deterioro político. Se hablaba de carnaval de huelgas, y había bastante razón en ello. Los paros de labores llegaron a tal grado de descrédito que los estudiantes secundarios de Oruro hicieron una huelga contra las huelgas.

En 1957, Juan Lechín, exasperado, hablaba ya de la "gimnasia huelguística" a la que se entregaban los sindicatos por el motivo más nimio. El ministro del Trabajo, Aníbal Aguilar, señaló en 1958 que para una población de 150 000 trabajadores existían 51 000 dirigentes, uno por cada tres. Varios miles eran declarados en comisión, o sea que ganaban sin trabajar.

Entre 1952 y 1956 se produjeron 350 huelgas por año y entre 1956 y 1960 las huelgas sumaron 3 672 y 462 días de ocio, es decir, 26% del tiempo total.

En 1963 el Ministerio del Trabajo dictó una resolución en la que indicaba que los dirigentes sindicales cumplieran sus funciones sin abandonar los puestos de trabajo, y que los declarados en comisión fueran pagados por sus respectivas organizaciones y no por los empleadores, lo cual en los hechos no se cumplió.

El remedio resultaba un poco tardío, pero en descargo de los trabajadores debe recordarse que, de una parte, vivían sin mayor preparación ni responsabilidad la euforia del triunfo, después de décadas de sometimiento, y de otra, la inflación devoraba sus salarios, mientras en la cima del poder político observaban —sus propios dirigentes— que hacían poco culto a la austeridad o dedicación al trabajo.

Lechín se encontraba en una situación desairada. En el periodo preelectoral, el dirigente sindical hizo una visita a los Estados Unidos y de allí, para demostrar que era un político moderado, partidario de las inversiones y nada antiyanqui, viajó a Formosa, donde fue recibido por Chang Kai-Chek. Al término de su gira declaró que esperaba que el régimen de Formosa recuperara a la China continental. Semejante opinión cayó como un balde de agua fría en los medios obreros y de izquierda de Bolivia, levantando un alboroto, en el que no eran menos condenatorias las comunicaciones de la COB y de otras organizaciones laborales. A su vuelta al país, Lechín rehusó reunirse por mucho tiempo con su Comité Ejecutivo, de modo que nadie le perdonó su periplo y sus declaraciones.

Desde el gobierno se pretendió liquidarlo políticamente, una vez que dijo que la vicepresidencia era la quinta rueda del carro en el mando de la República, y sus senadores y diputados combatían abiertamente la prosecución de una línea que consideraban lesiva a los intereses de los trabajadores. Fue acusado, por gente instrumentada por el Ministerio de Gobierno, de contrabandista de oro físico y de cocaína, mas las investigaciones y actuaciones parlamentarias que se produjeron al respecto le sobreseyeron completamente, ya que podía ser acusado de frivolidad y de falta de preocupación por la lectura, que era deplorable en el líder de los proletarios, pero no de los delitos que se le adjudicaron sin pruebas de por medio.

En el campo, desde la época de Siles se produjeron encuentros entre sindicatos y centrales campesinas de uno y otro bando, especialmente en el agro cochabambino y en el altiplano. Vicente Álvarez Plata, ministro de Asuntos Campesinos, al volver de un congreso en el altiplano paceño, encontró la muerte en un enfrentamiento armado. Más tarde, grupos de Cliza y de Ucureña protagonizaron verdaderas "guerras campesinas". El divisionismo campesino, que degeneró en acontecimientos trágicos, obligó a la intervención de las fuerzas armadas, merced a la declaratoria de zonas militares donde el ejército cumplió labores de apaciguamiento y de arbitraje, a la vez que de conducción política del campesinado, apoyando a dirigentes que le fueran adictos.

Después de los sucesos de 1952, el ejército se replegó a sus tareas profesionales y fue un jefe militar, Alfredo Ovando Candia, el arquitecto de su recuperación y modernización, junto con la llamada "nueva oficialidad". La innovación más importante, después de la reapertura del Colegio Militar, fue que pudieron ingresar a la carrera de las armas los hijos de las clases sociales que antes estaban discriminadas, aunque el tipo de educación y los textos en nada cambiaron. En el segundo periodo presidencial de Paz Estenssoro, en el que el cuadro político se fragmentó extremadamente, las fuerzas armadas crecieron en importancia y fueron ocupando cada vez más un papel preponderante en la decisión de los problemas nacionales. Ante los desmanes de los trabajadores y la creciente influencia de las izquierdas, con Lechín a la cabeza, Siles Zuazo y luego Paz Estenssoro buscaron el contrapeso del ejército, apenas soportado por el MNR en los primeros años. No pensaron que no se puede cabalgar sobre un tigre: el desprevenido jinete siempre acaba devorado. Una importante cantidad de jefes y oficiales no tuvo otro canal más apropiado para restablecer su institución que el de la "cédula militar del MNR", que dirigían los generales René Barrientos Ortuño y Alfredo Ovando Candia.

A fines de 1963, los trabajadores mineros realizaron un congreso en Colquiri, en el que declararon, abiertamente, su oposición al régimen de gobierno, señalando que nada tenían que ver con el MNR ni con la "burocracia insensible y satisfecha". El congreso fue amagado por los grupos reestructuradores y por los agentes civiles de San Román, el jefe del Control Político. A su finalización, esos elementos armados tendieron una celada en el camino a los congresistas y se llevaron presos a varios dirigentes de la Federación de Mineros y del sindicato de Siglo XX; luego los depositaron en el Panóptico, previa apertura de juicios criminales.

Los trabajadores del citado distrito decretaron la huelga y tomaron de rehenes a los personeros de la empresa y a los funcionarios estadunidenses, por lo cual el régimen rodeó la zona con la policía y con tropas del ejército, además de campesinos de Oruro y de Cochabamba movilizados por la confederación progubernamental. Para evitar una masacre, la dirección de la COB intervino y logró la libertad de los rehenes.

En marzo de 1964 se realizó el primer congreso nacional del sector de izquierda del MNR, en el que se acordó la ruptura y la formación de un nuevo partido denominado Partido Revolucionario de Izquierda Nacionalista (PRIN), con lo que se decretaba la autonomía política del grueso de la clase trabajadora que había hecho la revolución de abril, a fin de rescatar las banderas principistas de esa gesta.

Se acercaba la fecha de las elecciones y para entonces el MNR se había fracturado en gran medida, de manera que su convención, antes que el congreso de un partido, parecía el tumulto de una federación de sectas. Un grupo de izquierdistas que no renunció, reunido alrededor de Ñuflo Chávez, y el sector silista formaron el Bloque de Defensa de la Revolución, que se oponía al pazestenssorismo. Entre los partidarios de Paz surgieron muchos aspirantes a la vicepresidencia, ya que estaban de acuerdo con la necesidad de la reelección del presidente. La convención aprobó difícilmente, junto a la de Paz Estenssoro, la candidatura vicepresidencial de Federico Fortún, ex ministro de Gobierno, que tuvo considerable resistencia. Al fin, ante las muestras de descontento, y previo a un oscuro incidente en el que Barrientos resultó herido en un glúteo por arma de fuego y trasladado a la zona militar estadunidense de Panamá para su recuperación, Paz Estenssoro se vio obligado a sustituir a Fortún y poner en su lugar a Barrientos Ortuño.

Las oposiciones de izquierda y de derecha denunciaron el intento de reelección acusándolo de "prorroguismo". Los dirigentes políticos de varios de estos partidos, incluyendo el PRIN, decretaron la abstención electoral y entraron en huelga de hambre, en Oruro, Siles Zuazo, Lechín, Guevara, Ricardo Anaya y Gonzalo Romero en señal de protesta. De todas maneras, las elecciones se realizaron, y, con la participación de 1 297 319 electores, los comicios se celebraron en mayo de 1964. Ganó, ampliamente, la candidatura oficial.

Paz Estenssoro, con el vicepresidente Barrientos atrincherado en Cochabamba, asumió las riendas del poder por tercera vez, pero el terreno político no era nada estable. Las corrientes subterráneas de la conspiración, alentadas por las fuerzas tradicionales, entraron en acción, considerando que gran parte de la clase trabajadora se alejó del gobierno, y éste no tenía más sustento que el aparato represivo y militar. Siles y Lechín hicieron parte del trabajo que estaba destinado no sólo a la sustitución de las personas en el poder, sino a culminar la evolución cada vez más a la derecha que tuvieron los gobiernos de la revolución nacional, con una superación y revisión de este proceso y la inauguración de otro distinto.

Y hubo quien nos enseñó a amarla,
y hubo quien nos enseñó a odiarla.
Esta patria aborrecida y mustia, Bolivia indivisible,
despreciada te sé, sin amnistías, te sé errátil en tu agobio,
sé mil cosas sobre tu soledad y tu ruptura,
pero yo sé también y así te quiero y sé que no te irás
clavada en la tisis de tus socavones,
sé que no sucumbirás en el cansancio y el fraude
ahora que te espera el cielo abriéndose en horizontes
por donde llegarán los niños a publicar tu gloria postergada.

PEDRO SHIMOSE

Durante su segundo periodo de gobierno, Paz Estenssoro había realizado una visita oficial a los Estados
Unidos, acompañado de varios colaboradores, entre
ellos Alfonso Gumucio Reyes. Acudía a una invitación
que le formulara el presidente John F. Kennedy, pro-
piciador de una Alianza para el Progreso y estadista
que despertaba grandes simpatías en los sectores progresistas de América Latina. Paz Estenssoro y Gumucio impresionaron grandemente a Kennedy, quien veía
en el experimento boliviano una nueva fórmula para
América Latina, equidistante del comunismo a la cubana y de la tradicional dictadura militar. Ofreció ca-
tegóricamente un apoyo irrestricto a los programas de
integración del país y de desarrollo económico que le
expusieron los bolivianos, y ésta fue una de las razones por la que Paz Estenssoro se decidiera a presen-
tarse como candidato, por tercera vez, a la Presidencia,
sabiendo que tendría que lidiar con los viejos enemigos del MNR, pero también contra las facciones cansa-
das de su dominio, que dirigían sus antiguos com-

251

pañeros Siles Zuazo, Guevara Arze, Lechín y Ñuflo Chávez.

El mal hado se interpuso en el camino del mandatario boliviano de la manera más curiosa: en noviembre de 1963, en la ciudad de Dallas, dos disparos de un fusil de 20 dólares terminaron con la vida del hombre más poderoso de la tierra, el presidente de los Estados Unidos, y esos disparos, como en *El mandarín* de Queiroz, también mataron simbólicamente a larga distancia a Paz Estenssoro. El nuevo gobierno de Johnson inició la política de alejamiento e indiferencia hacia Latinoamérica, que continuaría Nixon, y permitió que en la formulación de la política exterior estadunidense tomaran cada vez más importancia organismos como el Pentágono y la Agencia Central de Inteligencia (CIA). Un año después, precisamente en noviembre, Paz Estenssoro salía camino de su segundo exilio, apenas 89 días después de haber iniciado su tercer mandato.

"Desde el 9 de abril de 1952 —escribe el estadunidense Robert Alexander— Bolivia ha estado tratando de recuperar su paso con la historia. La revolución nacional que comenzó en esa fecha, que es el movimiento más profundo de cambio social que le ha acaecido, ha tratado de colocar las bases de una sociedad del siglo XX." Y otro estadunidense, el economista Cornelius Zondag, afirma concluyente:

> Esos 12 años constituyen un periodo único en la historia de Bolivia porque representan un corte radical con el pasado. Simplemente no hay modo de volver a lo que antes fue. Por esta razón cualquier gobierno nuevo en Bolivia tendrá que construir o reconstruir, le guste o no, sobre las bases de esta nueva sociedad.

Era verdaderamente crítica la situación del país en los últimos días del pazestenssorismo, por la lucha intersectorial del MNR, por el descontento obrero y estudiantil, por la acción conjunta de Lechín con las fuerzas tradicionales y por la parálisis oficial en la ejecución de obras fundamentales, incluso en las programadas en el plan decenal —como la fundición de estaño—. No había otra fuerza de orden que el ejército, que luego de varias deliberaciones y compulsando la existencia de factores favorables para un cambio político, resolvió un operativo de golpe que comenzó con el apresamiento ficticio del comandante en jefe de las fuerzas armadas, general Ovando, por órdenes de él mismo, mientras que el general Barrientos, junto con la guarnición de Cochabamba, se levantaba en armas. El gobierno de Paz Estenssoro se desplomó como un castillo de naipes, y sus partidarios, que poco antes desfilaban en las calles vitoreándolo, incluso los que, ostentando uniformes nuevos, dispararon contra la universidad donde estaban los opositores al régimen, desaparecieron en su mayoría. Sólamente los milicianos resistieron en el cerro de Laikakota, donde fueron vencidos por la aviación militar.

Paz Estenssoro, argumentando visitar las barricadas, se fue al aeropuerto y salió al exilio escoltado por el general Ovando. Una manifestación obrera, que llevaba a Lechín en hombros, quiso ingresar al palacio de gobierno y fue recibida con descargas de armas de fuego, situación en la que el líder de los mineros perdió uno de sus zapatos. Ciertamente, la rebelión no era para los civiles.

La gente del MNR, recordando el inmenso apoyo que ganó ese partido y las indudables transformaciones que operó para modernizar el país, no se explica su decadencia de los últimos años y la encarnizada disputa en la que se vieron envueltos sus conductores. Entre los imponderables del pasado reciente queda el de especular sobre una sucesión concertada, que habría dado acceso a Guevara Arze y a otros dirigentes movimientistas a la Presidencia en lugar de las reincidencias de Paz Estenssoro. ¿Faltó verdadera grandeza en el alma de Paz Estenssoro, o se pensó insustituible? El juicio de Augusto Céspedes es, en este punto, severo:

> Devino el polarizador de las ansias de la masa. Alcanzó un nivel de incomparable superioridad sobre los políticos de la "rosca", a quienes desbarató con su palabra de catedrático inflamada de pueblo. La revolución rebasó su capacidad espiritual y sus conocimientos. Llevado en 1952 a hacer la revolución desde el gobierno, cayó en 1964, dejando a medio desmontar la maquinaria rosquera sin haber podido armar otra para el país. Quiso combinar la burocracia con el caciquismo, el provecho con el poder, y quebró su temperancia embriagándose de maquiavelismo paisano, hasta desplomarse. Le faltaron "la gratitud y la pureza" que Nietzche aconseja al grande hombre en un libro titulado *Más allá del bien y del mal*, que no es ningún tratado de finanzas.

En la mañana del 4 de noviembre de 1964, en medio de la división y de odio de los antiguos conductores, y de la desbandada de sus parciales, concluían los 12 años de la revolución nacional.

> Yo canto triunfal goce
> de la victoria altiva, de la venganza augusta
> del singular rescate.
> Yo canto la revancha, tremebunda y sublime,

poderosa y gigante de mi raza fecunda,
de mi raza de bronce...
Las desesperaciones sublimes y triunfales
de la miseria andina, del minero extenuado,
del campesino triste, del siringuero enfermo
reclaman su venganza altiva y ululante.
Las desesperaciones del hambre de los niños,
de sus piltrafas roídas, de sus vientres vacíos,
reclaman su venganza altiva y ululante.
Las miserias dolientes, las miserias del alma,
en tácita agonía y tácita sentencia,
preludian reconquistas, preludian sus victorias.

JAIME ZULETA VALDEZ

VIII. RESTAURACIÓN Y POPULISMO

EL GENERAL BARRIENTOS

Barrientos iniciaría el llamado "populismo militar" renegando del MNR, pero continuando algunas de sus políticas. No era exactamente una restauración del régimen anterior a 1952, pero algunos de sus beneficiarios lo entendieron así. Augusto Guzmán ofrece otra definición en la forma siguiente: "Restauración, vocablo que no designa claramente otra cosa que la recuperación del derecho de los militares para gobernar este país, derecho que les fue suspendido por 12 años consecutivos desde 1952".

Se hablaba todavía de la revolución, y nadie quería aparecer filiado como reaccionario o derechista, pero la temperatura había variado y la retórica sustituyó a la acción. Para muchos que soñaron con el cambio definitivo del país, el desenlace nada épico de noviembre de 1964 se les antojaba como una burla de la historia. Habían pensado en la revolución como una diosa y aparecía ahora casi como una ramera, ante la avalancha de acusaciones y vituperios de que fue objeto el proceso. Otros prefirieron encogerse de hombros y buscar el cambio de distinta manera, como Esteban, el personaje de Carpentier:

> Esta vez la revolución ha fracasado —dice el escéptico protagonista de *El siglo de las luces*—, acaso la próxima sea

256

la buena. Pero para agarrarme cuando estalle, tendrán que buscarme con linternas a mediodía. Cuidémonos de las palabras demasiado hermosas; de los Mundos Mejores creados por las palabras. Nuestra época sucumbe por un exceso de palabras. No hay más tierra prometida que la que el hombre puede encontrar en sí mismo.

Ya bastante antes de la caída del MNR, tendencia que se acentuó en los regímenes militares siguientes, el nacionalismo se había convertido en bandera de todos, pero despojado de toda sustancia verdadera, amparando en sus pliegues a todos los extremos políticos.

Controlada la situación nacional por las fuerzas armadas, el alto mando resolvió constituir una Junta Militar de Gobierno integrada por los generales Alfredo Ovando Candia y René Barrientos Ortuño,.la cual duraría en sus funciones hasta la convocatoria de elecciones generales. Desde el punto de vista meramente formal, las cosas aparecían como si el régimen del MNR hubiese sido remplazado por su célula militar, pero el documento transcrito revela que era la institución armada la que ponía fin a la revolución nacional e inauguraba un "proceso de restauración" destinado a crear la "segunda república", como rezaban las declaraciones oficiales.

La oposición de izquierda y de derecha (prinistas, piristas, socialdemócratas, liberales, pursistas, etc.) formó un frente denominado Comité Revolucionario del Pueblo, del que se desprendió, casi de inmediato, el Comité Ejecutivo de la COB, pese a la oposición de Lechín Oquendo. Barrientos tranquilizó las suspicacias políticas cuando anunció que de ningún modo sería candidato presidencial.

El debate político sobre las ideologías y los programas que podrían sacar a Bolivia de su atraso y dependencia —unido al descalabro producido por el desmoronamiento del MNR, que dio origen a varios partidos y sectas nuevas, y al desencanto con el régimen parlamentario, que ya venía desde los tiempos del antiguo régimen anterior a 1952— provocó después de 1964 un verdadero galimatías de siglas y posiciones. Tal confusión ideológica y verbal llegaría al paroxismo en tiempos de Torres y de la Asamblea del Pueblo, como veremos más adelante.

No podían ser más distintos los dos mandatarios. Aunque Barrientos contaba con 47 años y Ovando con 48, el primero tenía un aspecto saludable y era, en todas las manifestaciones de la vida, un hedonista; el segundo padecía de una úlcera en el estómago y era de aspecto magro. Impetuoso y parlanchín hasta el extremo de la verborrea, Barrientos jamás rehusaba el contacto con la prensa y estaba dispuesto a hablar de cualquier tema con bastante soltura. Ovando era reconcentrado y silencioso, y prefería esperar a que sus adversarios se agotaran antes de actuar. El general de aviación, sin ser exactamente un Adonis, agradaba a las mujeres y cautivaba a los campesinos hablándoles en su lengua y compartiendo del mismo plato y del mismo vaso la espumante chicha valluna. Se casó tres veces, la última pocos días antes de su deceso, y además de los ·1ijos que tuvo en los dos primeros matrimonios, adoptó a 40 niños huérfanos, que correteaban por palacio jugando con los edecanes y el personal de oficinas, como en una hoja arrancada a *Cien años de soledad*. A la muerte de Barrientos, esos niños retornaron a los hospicios, como si hubieran vivido un sueño de la Cenicienta. En cambio, el general del ejército se casó una sola vez y nunca se le conoció una aventura galante, fuera de su noviazgo. Introvertido, pensaba más de una vez antes de hablar, y a veces dejaba desconcertados a sus interlocutores por sus largos silencios.

Políticamente, también se profundizaron las diferencias con el tiempo. Barrientos, en busca de una plataforma política, se alió a sectores de la derecha, como el pequeño Partido Social Demócrata, y al refundado PIR, convertido para entonces en una hilacha, y fundó un instrumento propio, de remanentes del MNR que lo apoyaron en la crisis frente a Paz Estenssoro, adhiriéndose a un vago populismo cristiano. Su política económica fue de franca alianza con las clases desplazadas en 1952 y con las compañías multinacionales. Ovando permaneció ligado al nacionalismo revolucionario y propugnaba una línea de paulatina independencia económica del país, mediante el paso de la metalurgia y de la siderurgia a manos del Estado.

Desde el derrocado régimen, la Corporación Minera de Bolivia se embarcó en la "Operación Triangular" (con créditos del BID, Alemania y Argentina), que debía rehabilitar, por etapas, a la minería nacionalizada. La Comibol, presidida por el general Juan Lechín Suárez, requería de medidas drásticas para reducir el costo de su nómina de pagos, mientras que su medio hermano, el dirigente de la COB y de los mineros, Juan Lechín Oquendo, sostenía la necesidad de un mejoramiento salarial. La manifestación de mayo de 1965 mostró la determinación de los obreros de luchar por sus reivindicaciones. Además, existían varios pliegos laborales en marcha, pues los sectores suscribieron por esos días un pacto intersindical de solidaridad.

Como el nuevo gobierno carecía de ataduras para no dar paso a los planes de la Comibol y para liquidar, de una vez por todas, los rasgos subsistentes del poder sindical, apeló a medios expeditivos. A fines de mayo, Juan Lechín fue exiliado a Paraguay, acto ante el que la Federación de Mineros decretó huelga general y exigió a la COB una medida similar, que también adoptó. No fue una huelga de marcharse a la casa, sino activa, con la presencia de las masas en las calles. El ejército procedió a restablecer el orden, comenzando por la toma de la periferia, donde estaban Kami, Quechisla y las minas del sur —Potosí y Milluni—, en las inmediaciones de La Paz. La intervención militar produjo encuentros y bajas. El fragor del ingreso de las tropas a Milluni se transmitió por la radio obrera de esa localidad, "Huayna Potosí", hasta que fue silenciada, lo que determinó un vuelco inusitado de la huelga, ya que los barrios obreros de La Paz se insurreccionaron sin dirección alguna, movimiento al que se sumaron los campesinos próximos a El Alto. El ejército utilizó sus armas y la aviación para despejar las barricadas en El Alto y las villas obreras, donde la resistencia popular fue desesperada.

La huelga general fue rota porque los maestros no ingresaron a ella al suscribir un acuerdo de aumento salarial con el gobierno, y los choferes y los gráficos la suspendieron porque aceptaron otras ofertas equivalentes, de manera que los mineros, con varias minas militarmente intervenidas, y los fabriles combatientes, con muchas bajas, quedaron aislados. La plana mayor de la COB suscribió entonces la suspensión del fuego con el general Ovando, lo que determinó el fin de la huelga. Las fuerzas de seguridad del Estado procedieron al apresamiento de gran cantidad de dirigentes laborales y se organizó una caravana de exilio de más de 150 dirigentes mineros y de ejecutivos cobistas a Argentina, donde fueron internados en la Patagonia.

Desaparecido el llamado "peligro sindical", el gobierno de los copresidentes Barrientos y Ovando dictó las medidas de reordenamiento de la Comibol, disponiendo la rebaja general de salarios de los mineros, el descongelamiento de varios artículos de pulpería, el congelamiento de remuneraciones por un año, la prohibición de realizar huelgas y el desconocimiento de las direcciones sindicales. La sede de la COB fue puesta bajo intervención militar y, luego, en depósito bajo el poder por varios años de elementos civiles. La disminución de sueldos y de salarios produjo un indudable alivio en las finanzas de la minería nacionalizada, permitiendo la prosecución de la "Operación Triangular". Pero como el activo distrito minero de Siglo XX —Catavi, donde no ingresó el ejército— entró nuevamente en ebullición social, con demandas económicas y de retorno de los desterrados sindicales, las fuerzas armadas y policiales procedieron a su ocupación, también con bajas y detención de los dirigentes acusados de agitadores.

> De tanto sufrir la vida,
> tengo los ojos cansados,
> como monedas oscuras
> al fondo de cualquier lago.
> Sin embargo, cada día,

huyendo de mi naufragio,
levanto mis brazos firmes
queriendo coger los astros.
Y es que ya se acerca
la estrella de inmensos rayos
que ha de llenar en la copa
de todos los explotados,
el agua que hoy me hace falta
para mojarme los labios.

CARLOS MENDIZÁBAL CAMACHO

En todos los aspectos se tomaron medidas de reordenamiento económico, dentro de una línea de mayor inclinación hacia la empresa privada nacional y extranjera, mientras que el campesinado, bajo una férrea dirección de personas adictas al nuevo gobierno, se convirtió en la principal base de masas del régimen. Ante las exigencias de que se concretaran las elecciones, éstas fueron fijadas para julio de 1966 y se dictó una nueva Ley Electoral, semejante a la de los gobiernos del MNR, aunque se aceptaron observaciones menores de los partidos políticos. Para dar un viso formal de imparcialidad, el general Barrientos renunció a la copresidencia, quedando Ovando a cargo del gobierno.

Durante el interinato se procedió a la adopción de dos medidas importantes. Una de ellas consistió en la suscripción, luego de negociaciones secretas, del contrato de construcción de la fundición de estaño en Vinto, con la firma alemana occidental Klockner Industrie Anlagen. La aceptación de la idea fue general, ya que, casi 15 años después de la nacionalización de minas, apenas se fijaban las bases para la política fundidora estatal, que permitiría al país exportar lingotes. La otra medida fue la suscripción de un contrato de arrendamiento de Mina Matilde al consorcio estadunidense United States Steel and Phillips Corporation, en un yacimiento muy grande de cinc y donde la empresa Hochschild y luego la Comibol hicieron estudios e inversiones preliminares.

El general Barrientos, cuya candidatura tuvo el respaldo de las fuerzas armadas y del gobierno, prescindió completamente de las izquierdas y del MNR, formando el Frente de la Revolución Boliviana (FRB) de pequeños partidos existentes de antaño, como el PIR, el Partido Social Demócrata y el PRA, y algunos de reciente creación, como el Movimiento Popular Cristiano (MPC), amén de la Confederación de Campesinos. Varias colectividades políticas, como el PRIN, que recobró su independencia una vez que se disolvió el Comité del Pueblo, el POR y el MNR derrocado, resolvieron la abstención y el voto en blanco. La fórmula oficial fue la del general Barrientos y Luis Adolfo Siles Salinas, este último del PSD. Al acto electoral asistieron invitados de prensa y una comisión de la OEA, registrándose la concurrencia de 1 265 750 votantes. Los candidatos oficiales recibieron sus credenciales de la Corte Nacional Electoral, no siendo necesaria ninguna decisión congresal, por lo que en agosto de 1966 el general Barrientos y el doctor Siles Salinas prestaron el juramento de posesión de sus cargos.

La legislatura, constituida en Congreso Extraordinario, discutió y aprobó una nueva Constitución Política del Estado, eliminando la ciudadanía española y latinoamericana y la existencia de milicias populares, pero, en cambio, institucionalizó, como conquistas de valor constitucional, la nacionalización de minas (sin control obrero), la reforma agraria, el voto universal y la reforma educativa. Su principal innovación jurídica fue el establecimiento del recurso de amparo, tomado del constitucionalismo mexicano, al lado del recurso del *habeas corpus*, como una garantía de los derechos fundamentales de la persona humana. Mientras el *habeas corpus* estaba referido a los derechos políticos y sindicales, los demás debían ser salvaguardados por el recurso de amparo.

En un clima de severo control de los sindicatos, el Partido Demócrata Cristiano, de Remo Di Natale y Benjamín Miguel Harb, entró a cogobernar con el general Barrientos y el FRB, ocupando el Ministerio del Trabajo. No hubo atenuación del trato a las direcciones laborales, pues se dictó el decreto de reglamentación sindical en septiembre de 1966, que la dirección clandestina de la COB y las fuerzas de izquierda del país tacharon como inspirado en la "Carta del Laboro" de Mussolini, haciendo una comparación pormenorizada de ambos textos. La simpatía hacia la Democracia Cristiana conquistada en los medios obreros se evaporó rápidamente. Lechín Oquendo estaba en el exilio, completamente desligado de las organizaciones obreras.

LA GUERRILLA DEL "CHE" GUEVARA

Entre marzo y octubre de 1967 se desarrolló en Bolivia la guerrilla de Ñancahuazú, encabezada por el legendario comandante Ernesto Guevara. El *Che* visitó Bolivia en los primeros años de la revolución nacional y fue un modesto empleado del Ministerio de Asuntos Campesinos, que visitaba silencioso los locales sindicales. Con la huida de Batista y la huelga general de La Habana, que permitió el rápido triunfo de los barbudos, se instaló el nuevo gobierno revolucionario de Castro, en el que el *Che* ocupó el cargo de director del Banco Nacional y, después, el de ministro de Industrias. En la dirección cubana triunfante era, además de inflexible, radical en sus posiciones sobre el rumbo de la revolución. Producido el boicot azucarero de los Estados Unidos, Cuba se inclinó cada vez más hacia el campo soviético.

En la polémica sobre los medios para superar las improvisaciones y el caos económico, frente al ala prosoviética que sostenía la necesidad de aplicar los métodos experimentados en Europa oriental, el *Che* se pronunció por acrecentar la conciencia y el fervor revolucionarios antes que los incentivos materiales. Quedó en desventaja y, entonces, prefirió salir de Cuba, yendo primero a combatir a África, donde se decepcionó del primitivismo tribal que vio. Elaboró la tesis de convertir a los Andes en una Sierra Maestra Suramericana. La CIA y, también, los servicios soviéticos de inteligencia estaban al tanto de las andanzas del *Che*.

Antes de partir a Bolivia, Guevara envió una carta a sus padres, a Buenos Aires: "Creo en la lucha armada como única solución para los pueblos que luchan por liberarse —les decía— y soy consecuente en mis creencias… Acuérdense de vez en cuando de este pequeño *condotiero* del siglo XX".

Guevara ingresó a Bolivia, convenientemente disfrazado, en noviembre de 1966, con pasaporte uruguayo, moviéndose con una credencial de experto de Naciones Unidas que consiguió de la propia Secretaría General del presidente Barrientos. Su concepción política no era la de buscar la toma del poder en Bolivia, sino hacer de este país un foco guerrillero de irradiación continental para la creación de "uno, dos, muchos Vietnam" en Latinoamérica, con el fin de instaurar una guerra prolongada en las áreas rurales.

Se trataba de un trampolín para proyectar la guerrilla a su patria de origen: Argentina. Se ha hablado de una desavenencia tan profunda con Castro, que habría llevado a Guevara a abandonar para siempre la isla, poseído de un "deseo de muerte" como coronamiento de una vida romántica. Él mismo, en la carta de despedida a sus padres, se equipara con el Caballero de la Triste Figura, montado otra vez en Rocinante para enderezar entuertos por el mundo. Pero la receta de imitar a un pueblo martirizado y traumatizado por 30 años de guerra, como el de Vietnam, no parece haber sido madurada por una mente en su sano juicio. Si en el caso de Guevara se advierte un venero de paranoia, ¿qué movió a sus seguidores y de qué manera han alcanzado su figura y su aventura una resonancia universal, como pocas en este siglo? Bruno Bettelheim acierta al decir que es

el atractivo romántico del hombre que deja la cultura de la ciudad y se interna en el monte... muestra cuán poco han superado las identificaciones de la infancia con los héroes de la cultura arcaica, cuán poco han aceptado los ideales de madurez de nuestro tiempo —aquellos del científico o del dirigente político que tratan de mejorar una sociedad industrial imperfecta, no de aquellos que tratan de escapar de ella o destruirla—. Ambos guerrilleros (Guevara y Castro) representan una imagen del hombre individual viviendo una vida primitiva fuera de la sociedad odiada. Es otra vez la era preindustrial la que es ensalzada. Es la tecnología moderna (piensan ellos) la que les roba la oportunidad de ser fuertes, de ser hombres. Como el *Che* Guevara, escogen un quijotesco campo de batalla y una derrota cierta con los pobres —a los que románticamente adscriben todos los atributos del noble salvaje de Rousseau—, aunque los pobres no quieren otra cosa que gozar finalmente de todas las ventajas materiales que solamente una sociedad altamente industrializada puede proveer.

En marzo de 1967, por informes que el gobierno estadunidense puso en manos del boliviano, Barrientos y el ejército conocieron de los aprestos del *Che* en el sureste del país. En junio uno de los guerrilleros compró una propiedad agraria que fue la base de entrenamiento de los rebeldes, conocida con el nombre de Campamento de Calamina. El ejército notó la rareza de los movimientos de los "agricultores" y, realizando pesquisas, descubrió el foco en plena preparación. La gente del *Che* puso una emboscada a las fuerzas gubernamentales, con un saldo de 14 muertos y 18 soldados y oficiales prisioneros, que fueron luego puestos en libertad.

Para la guerrilla de Ñancahuazú, Fidel Castro conversó en La Habana con los dirigentes bolivianos del Partido Comunista de obediencia moscovita, que inicialmente comprometieron su apoyo, pero, ya en Bolivia, al quedar en claro las proyecciones continentales de la operación armada del *Che,* rehusaron participar. Para esas fechas, una disidencia interna en las filas comunistas, impulsada por el distanciamiento irreparable de Mao Tse Tung y los teóricos chinos del comunismo oficial del Kremlin, había dado lugar a la formación de un segundo Partido Comunista, nacido en una reunión que se realizó en un distrito minero, teniendo como dirigentes a Federico Escobar y Óscar Zamora Medinaceli, el primero dirigente sindical y el segundo ex funcionario de la Unión Internacional de Estudiantes. Este segundo partido, que adoptó finalmente la denominación de PC marxista-leninista, también rehusó participar en el foco guerrillero por tener una concepción distinta: la de la guerra campesina al estilo chino. Lechín, por compromisos con Fidel Castro, pero desconectado de su partido y de la COB clandestina, lanzó en el exterior un apoyo público a la guerrilla del *Che,* pero fue interceptado en Arica y no logró ingresar al país.

Las acciones bélicas comenzaron en la región chaqueña de Chuquisaca, en la jurisdicción de la Cuarta División del Ejército, comandada por el general Luis Reque Terán, pero la persecución gubernamental obligó a los guerrilleros a internarse en Santa Cruz, sede de la Octava División, encabezada por el general Joaquín Zenteno Anaya. La fuerza guerrillera del *Che* constaba de 52 personas (17 cubanos, tres peruanos, dos argentinos, un francés y 29 bolivianos). Había entre ellos una mujer, *Tania,* Laura Gutiérrez Bauer, que murió en una emboscada, al cruzar un río. Las fuerzas armadas, que al comienzo de los sucesos no tenían una alta especialización en contrainsurgencia, fueron entrenadas por asesores militares estadunidenses, recibieron armamento nuevo apropiado y se lanzaron a una contraofensiva mortífera, que exterminó a casi todos los miembros de la guerrilla en poco tiempo. Los rebeldes fueron divididos en dos porciones: una, la retaguardia, quedó aniquilada, y la otra, donde estaba enfermo el *Che,* se internó hacia Valle Grande, con los soldados en sus talones.

Bustos, un pintor argentino, y Regis Debray, intelectual francés, que era el doctrinero de la guerrilla, fueron capturados y sometidos a consejo de guerra en Camiri, junto con un fotógrafo inglés que cayó por curioso y algunos guerrilleros bolivianos, acusados de desertores o "rajados", según el diario del *Che.* Durante el proceso de Camiri se levantó mucha polvareda internacional, y no sólo los intelectuales, los estudiantes y el movimiento obrero exigieron la libertad de Debray, acusando al gobierno de Barrientos de "fascista", sino que también algunos gobiernos occidentales, entre ellos el francés, se sumaron a la amplia campaña mundial. La principal causa era política. "Se juzga la guerra de guerrillas a través de mí", concluyó Debray. Los sectores radicalizados de los estudiantes bolivianos realizaron actos de protesta en las universidades a propósito de las intervenciones del fiscal militar, quien, ante el acoso de los periodistas que lo abrumaban con sus preguntas, respondió que no podía responderles porque no era el *homo sapiens.* Debray fue condenado a 30 años de prisión, puesto que la Constitución abolió la pena de muerte.

La batalla final contra la guerrilla se libró en la quebrada del Yuro, en una emboscada, de la que sólo *Inti* Peredo y dos guerrilleros más lograron evadirse. El jefe de los guerrilleros dijo: "No tire, soldado. Soy el *Che* Guevara y valgo más vivo que muerto". Él y los otros prisioneros fueron trasladados al campamento de La Higuera y encerrados en las aulas de la escuela. Una reunión de altos oficiales en La Paz instruyó la muerte del guerrillero.

"Póngase sereno, usted va a matar a un hombre" —le dijo Guevara al suboficial Mario Terán, quien después comentó—: Entonces di un paso atrás, hacia el umbral de la puerta, cerré los ojos y disparé la primera ráfaga. El *Che* cayó al suelo con las piernas destrozadas, se contorsionó y comenzó a regar mucha sangre. Yo recobré el ánimo y disparé la segunda ráfaga, que lo alcanzó en un brazo, en un hombro y en el corazón.

En las horas siguientes, el cadáver del *Che* fue exhibido a la prensa. Su fotografía, con los ojos abiertos, y su faz jesucristiana quedaron, impresionantes, para la posteridad. Sus restos fueron incinerados en un lugar secreto. Se le cortaron las manos, presumiblemente para efectos de identificación. Su "diario" fue fotografiado en el acto por un agente de la CIA, y enviado a los Estados Unidos, antes de que lo conocieran el gobierno y el alto mando bolivianos.

Tiempo más tarde, se descubrió que el ministro del Interior, Antonio Arguedas, que había hecho de joven una pasantía por el Partido Comunista, era, en el momento en que se desarrollaban estos acontecimientos, oficial de la fuerza aérea y también agente de la CIA. Y no era esto lo peor: se reveló asimismo que fue el jefe de la CIA en Bolivia quien sugirió al presidente de la República el nombre de Arguedas para ministro del Interior. El vespertino *Última Hora* comentó editorialmente que a los bolivianos se nos debía caer la cara de vergüenza.

Extrañísima carrera la de este hombre, para decir lo menos. Arguedas pertenece al tiempo de la mafia y es un personaje salido de *El padrino*. De pronto, aún siendo ministro, envió por correo a Fidel Castro —cuya dirección en Suiza fue arrancada a un miembro del ELN—, y después de haberlo sometido, sin duda, a duro tratamiento, el "diario" del *Che*. Descubierta la infidencia, se asiló y dio una vuelta al mundo, entre las solicitudes y las amenazas de la CIA, hasta que halló refugio en La Habana, donde pasó unos años.

El "diario" del *Che* no es más que el recuento de un sinfín de penalidades sufridas durante nueve meses en un deambular sin objeto preciso, sufriendo constantemente hambre hasta el extremo de la inanición, en un paisaje hostil, sin apoyo exterior alguno y con el temor constante de que las escasísimas personas, con las que los alucinados guerrilleros se cruzaban en su camino, prefirieran delatar su presencia al ejército, bien alimentado y cada vez mejor asesorado y entrenado. Todo empezó en noviembre de 1966 y concluyó en octubre del siguiente año. Apenas un puñado de combatientes pudo huir hasta la frontera con Chile, cruzando los páramos de la cordillera andina.

Ya solitario, siempre impenetrable
caminas de retorno por la vaga
altiplanicie, pero no se apaga
la estrella de tu mística viable.

Comandante, tu ejemplo no declina
América te espera en cada esquina,
y en Vallegrande otro octubre fecunda
tu semilla rebelde, no te asombres.
¿Acaso no eres uno y muchos hombres?

Coco Manto

Entre los ejércitos latinoamericanos y la prensa occidental el prestigio de las fuerzas armadas bolivianas creció notablemente. Ellas liquidaron un experimento equivocado y suicida, que terminó en el aislamiento del régimen cubano, el cual fue determinado en una conferencia de cancilleres. Únicamente México se negó a romper relaciones con La Habana.

Simultáneamente a los sucesos del sureste, se produjo otro hecho en la región altiplánica del país. Los trabajadores mineros, para discutir acerca de un planteamiento salarial, resolvieron reunirse en Siglo XX a fines de junio. Arribaron a dicho distrito los delegados de las otras minas y muchos delegados fraternales de otros sectores laborales y estudiantiles. Sorpresivamente, cuando terminaban los tradicionales festejos de la noche de San Juan, con fogatas y consumo de bebidas alcohólicas, al amanecer comenzó una incursión armada de tropas del ejército, con disparos de todo calibre hasta las ocho de la mañana. Un comunicado del comando en jefe de las fuerzas armadas explicó que el ejército actuó para erradicar un foco de subversión. "Ésta es una orden del señor presidente de la República, en vista de la labor desquiciadora de los extremistas que operan en la minería", puntualizó dicho comunicado. Los dirigentes expresaron, por su parte, que "en ningún mo-

272

mento habían notado estado de subversión o plan alguno para atacar a unidades militares; existía completa
tranquilidad y todos se ocupaban de preparar los aloja-
mientos para las organizaciones laborales que debían
llegar a ese distrito con motivo del ampliado minero".

> Pedro Ticona, compañero,
> para saber tu muerte
> sería necesario recoger tu sangre
> y fundirla en la piedra
> para que arda tu canción eterna.
> Para saber tu muerte
> necesito comprender la voz del aire,
> necesito resguardar tus sueños mutilados,
> adivinar la vida que querías
> y envolver en llamas de fina arquitectura
> tus vértebras dibujadas por las balas.
>
> ÓSCAR ARZE QUINTANILLA

Pese a las fuertes medidas de orden público, que se
aplicaban indistintamente al MNR, las fuerzas de izquierda y las de ultraizquierda, al año siguiente, 1968,
tuvieron bastante movimiento político, con la utilización
de la bandera de la denominada "masacre de San Juan"
y con la crítica a la labor de gobierno del general Barrientos. El diario católico *Presencia* publicó conmovedo-
res reportajes sobre la situación económico-social de los
mineros, que impactaron al país. La COB clandestina y
las direcciones sindicales hablaban de hambre y miseria. En el Parlamento, diputados movimientistas e independientes, entre ellos el escritor Marcelo Quiroga
Santa Cruz, interpelaron a los ministros acerca de la

273

concesión de gas natural a la Gulf Oil Co., como extensión de sus contratos de explotación del petróleo. Intelectuales, como Sergio Almaraz, dictaron conferencias en las universidades, señalando que la Gulf era un nuevo "superestado" perjudicial para Bolivia. El diputado Quiroga Santa Cruz y otros fueron sometidos a proceso criminal, con desconocimiento del fuero parlamentario, y luego confinados a Madidi, lugar inhóspito, que junto con Ixiamas y otros centros militares de la selva, sirvió de lugar de "residenciación" para los opositores y dirigentes sindicales. Después de la guerrilla y de los luctuosos acontecimientos de las minas, el gobierno dictó en diciembre la Ley de Seguridad del Estado, que invalidó parcialmente la Constitución Política del Estado.

SERGIO ALMARAZ

A mediados de 1968, saliendo de la mesa de operaciones, falleció, de apenas 40 años de edad, Sergio Almaraz Paz, quien, casi adolescente, ocupara la secretaría general del flamante Partido Comunista Boliviano. Con los años se alejó de toda militancia, y amplió el radio de sus inquietudes y amistades. El rostro afilado y el cuerpo enjuto escondían un temperamento apasionado y fervoroso. Tenía una gran fe en las posibilidades del país y del pueblo, y en las tres obras que llegó a escribir, antes de rendirse a la muerte, señaló con nombres y apellidos a quienes consideraba viejos y nuevos explotadores del país. Pocos saben que, para vivir sin claudicar, Sergio se convirtió en eximio cultivador de flores, que después llegaban al mercado. Si había un experto en rosas en Bolivia era él, y sin embargo, en sus combates públicos se enfrentaba a personas poderosísimas sin que le temblara la mano. Aunque decepcionado por el curso del MNR en sus últimos años (había ocupado en ese régimen funciones de subsecretario), tampoco comulgaba con el nuevo orden de cosas. Formuló un descarnado juicio de la política económica del régimen de Barrientos.

La riqueza que se ha puesto en manos de la Gulf sobrepasa con seguridad los 1 500 millones de dólares: el país hasta el presente no ha obtenido ni la centésima parte de esa suma. De la pérdida de "Matilde" se deben esperar ingresos menores que los que provienen de las salas de cine. ¡Y dicen que Bolivia ofrece pocas oportunidades a la inversión extranjera! El avance ha sido sistemático e invisible como el de las termitas. En las gerencias, en la prensa, en los despachos ministeriales, estos insectos devoran pedazo a pedazo el porvenir de los bolivianos. No se les descubre hasta que han producido el derrumbe. Primero nos comen por dentro; después, nos venden. El país está en subasta y la República convertida en baratillo.

Durante el gobierno de Barrientos se firmó el contrato con una firma española para la instalación de la primera planta de televisión del país.

Por ironías del destino, la imagen de Barrientos aparecería en la pantalla chica, después de su muerte, como sólo una parte de la historia y no como principal protagonista, cual hubiese sido su deseo. El canal oficial conservó un carácter monopólico hasta 1985, cuando irrumpieron en número agobiador los canales privados.

Al acercarse a los cuatro años de gobierno, hubo signos de deterioro en el elenco gubernamental, mientras que las reivindicaciones regionales, cívicas, populares, universitarias y obreras se hacían sentir. En vísperas de la realización de la marcha del 1º de mayo de 1969, el general Barrientos tomó la determinación de crear el FURMOD, una especie de milicia especializada en tumultos, huelgas y levantamientos urbanos. El presidente viajó, como solía hacerlo, a una concentración campesina de Arque, en el camino de Cochabamba a Oruro, donde terminan los valles y comienza la cordillera con estrechas gargantas y quebradas. Luego de los festejos, el helicóptero en el que retornaba se enganchó en los alambres del telégrafo y se incendió, pereciendo horriblemente quemados sus cuatro ocupantes.

El país, consternado, entró en un vacío político que abarcó las prolongadas exequias de los restos del general Barrientos, que se inhumaron en el cementerio de Cochabamba en medio de una gran masa de dolientes. Barrientos, el hombre de la restauración, solía dirigir a los indígenas discursos en quechua, bailar y festejar con ellos, de un modo muy campechano. Esta singular figura del militarismo político perdió la vida en abril de 1969.

Como en la guerra, la primera víctima en la contienda política es la verdad. La controvertida figura de Barrientos servirá para ilustrar este punto. Para Fernando Díez de Medina, que fue su ministro y asesor político, Barrientos fue

padre de los bolivianos [...] creador de una filosofía política que sigue conmoviendo las almas [...] adalid de una nueva mística [...] mago y profeta, dijérase que leía en el tiempo [...] soñador, nos legó una oración y una meditación para los bolivianos, que constituyen fuentes de sapiencia ética y de sentido práctico [...] su verbo taumatúrgico sacude todavía las almas [...] es un astro que alumbra el camino[...]

Mientras que otro escritor, Jesús Lara, opina, rotundo, que el finado mandatario fue "un orangután con cabeza de papagayo... charlatán uniformado, libertino y rapaz, que por desgracia fue presidente de Bolivia".

Muchos años después la opinión pública boliviana sería sacudida por las revelaciones que, urgidos por la prensa estadunidense y el Senado, realizaron personeros de la compañía Gulf Oil, en el sentido de haber hecho contribuciones al finado presidente y a partidarios suyos, en el año de 1966, por un total de 460 000 dólares, de los cuales 110 000 fueron empleados para adquirir un helicóptero que el mandatario habría exigido que se le obsequiara. En los meses sucesivos, gracias al celo de la prensa estadunidense, el público se enteró de contribuciones políticas de Gulf y de otras empresas multinacionales a mandatarios y a políticos de diversas partes del mundo.

Díez de Medina anota en *El general del pueblo* que las dos personalidades de mayor brillo e influencia en la gestión barrientista fueron el doctor Walter Guevara Arze, jefe del PRA, y el doctor Ricardo Anaya, jefe del PIR, aunque ninguno de ellos logró imponer sus puntos de vista al presidente. Es indudable también la impronta del propio Díez de Medina, visible incluso en los documentos que, con desprendimiento, atribuye en su libro al mandatario fallecido. El primero actuó de canciller y el segundo de presidente del Senado.

El vicepresidente de la nación, Luis Adolfo Siles Salinas, abogado y catedrático universitario de 45 años, de formación cristiana, asumió el poder sin pompa alguna, por el luto del país. Formó un gabinete con miembros de su partido, el Socialdemócrata. La presencia de personajes considerados como "rosqueros", por los sectores populares, produjo una primera fricción con la Confederación Campesina barrientista. El general Barrientos fue el arquitecto del pacto militar-campesino, de orientación anticomunista y "nacionalista". Salvador Vásquez dio un ultimátum al presidente Siles Salinas para continuar la obra de su predecesor, so pena de decretar una huelga general y marchar por las ciudades con las masas agrarias.

Una y otra vez el presidente Siles Salinas negó con sinceridad que fuese hombre de derecha, pero la situación política, que él no controló en ningún momento, puesto que tenía en sus manos el poder formal y no el real, conspiró para que su afirmación no tuviera credibilidad. No modificó en nada sustancial la política gubernamental de Barrientos, de la que se declaró continuador. Sin embargo, los dirigentes campesinos, que declararon "líder campesino" a cada uno de los presidentes, desde Paz Estenssoro hasta Barrientos, esta vez se abstuvieron de hacerlo y, en su lugar, confirieron tal apelativo al comandante en jefe de las fuerzas armadas, general Alfredo Ovando Candia.

Ciertamente que el campo de acción del gobierno se iba reduciendo porque no existía apoyo en su favor de una serie de fuerzas que levantaban el legado político de Barrientos, y porque, siendo prolongación del régimen anterior, no podía tampoco hacer un cuarto de conversión al encuentro del movimiento obrero y popular. En consecuencia, la acción gubernamental entró en una especie de marasmo, que levantó aún mayores críticas.

El doctor Siles Salinas, en una reflexión sobre su breve gobierno, declaró años después a la prensa:

Algo en lo que el país no ha reflexionado es que, a pesar de las circunstancias desfavorables que prevalecieron en ese momento, mi sola presencia en el gobierno evitó, sin recurrir a ningún estado de sitio, la lucha sin cuartel que tanto el gobierno como la oposición preparaban y que debía estallar a partir del 1º de mayo de 1969. Se mantuvo y se consolidó, en cambio, un consenso nacional, un respeto ciudadano a una limpia ejecutoria. Durante ese periodo no se tuvo un solo preso político; se reconocieron los derechos humanos y sociales; se mejoró el ingreso del trabajador minero en una escala importante; se creó el escalafón del magisterio nacional, y se confiaron a la mujer importantes tareas al asignársele ministerios y embajadas de gran importancia por primera vez en la historia del país.

La situación era precaria y podía cambiar en cualquier momento. Efectivamente, en septiembre de 1969 las fuerzas armadas, mientras el presidente Siles Salinas se hallaba en visita a la ciudad de Santa Cruz, se hicieron cargo del gobierno, dando a conocer un "mandato" y formando una Junta Civil-Militar encabezada por el general Ovando. No hubo derramamiento de sangre y solamente el doctor Siles Salinas salió camino del exilio.

Según el documento de las fuerzas armadas, ellas se ponían al servicio de la revolución y comprometían su concurso "en la lucha por la justicia social, por la grandeza de la patria y por la auténtica independencia nacional, hoy en riesgo de zozobrar al sojuzgamiento extranjero". Al final estaban los puntos programáticos que, en síntesis, expresaban: asegurar la soberanía nacional sobre las fuentes de producción del país; consolidar la industria minera pesada; proteger el capital nacional; mejorar la situación social de los trabajadores; restructurar la economía rural mediante las cooperativas y la mecanización agrícola; adoptar una política internacional independiente; sostener el derecho a la reintegración marítima; defender la cultura del país y librar una guerra frontal contra el analfabetismo.

Firmaban este documento los generales Juan José Torres, César Ruiz Velarde, León Kolle Cueto, Rogelio Miranda, Fernando Sattori y otros. La justificación del cambio de gobierno quedó establecida en un párrafo del primer mensaje que dirigiera Ovando a la nación, en el que hacía un llamado destinado especialmente a obreros, campesinos, mujeres y a los jóvenes de toda la República:

El gobierno revolucionario se propone realizar una democracia en la que el pueblo sea el principal protagonista; de ahí que hayamos decidido no prestarnos al juego de mantener las formas de legalidad constitucional bajo las que se amparaban quienes querían perpetuar el sistema de privilegio y de sometimiento a los intereses monopolistas extranjeros. Ese camino de simple acatamiento de tales designios condenaba al país al estancamiento económico y a la continuación del caos, del que no pueden surgir instituciones sólidas ni un rumbo cierto para la nacionalidad.

Ante la situación de contornos nuevos, la COB se adelantó a todos los partidos políticos en señalar que veía con buenos ojos a los militares progresistas y en proponer un plan de medidas antiimperialistas y antioligárquicas de carácter democrático. El gobierno civil-militar, compuesto por representantes de las fuerzas armadas y la llamada "nueva generación" de políticos e intelectuales, el mismo día de asumir el poder derogó el Código del Petróleo y su reglamento, el Decreto de Reglamentación Sindical y, en los días siguientes, la Ley de Seguridad del Estado, poniendo en vigencia la Constitución de 1967.

Se trataba ciertamente de un fenómeno inédito, pues los civiles llamados a colaborar con el nuevo régimen no habían aceptado tal invitación sino después de discutir y aprobar previamente un amplio plan de gobierno, contenido en el "mandato". Algunos habían dado la pelea a Barrientos en el Parlamento y en la prensa, como Marcelo Quiroga Santa Cruz, José Ortiz Mercado y Alberto Bailey Gutiérrez; otros provenían del MNR, como Mariano Baptista Gumucio y Carlos Antonio Carrasco; otros, del social cristianismo de izquierda, como Óscar Bonifaz Gutiérrez y José Luis Roca; y los últimos eran profesionales independientes o ligados a otros grupos de renovación democrática, como Eduardo Quintanilla, Édgar Camacho, Javier Ossio y Rolando Aguilera.

Juan Lechín retornó al país, la Central Obrera reabrió su local, los sindicatos se reorganizaron y los partidos comenzaron una activa vida de enjuiciamiento de los problemas nacionales.

NACIONALIZACIÓN DE LA GULF OIL

En octubre, el país vivió un acontecimiento singular. Los soldados del ejército ocuparon los campos petroleros y las oficinas de la Gulf Oil Co., mientras el gobierno de Ovando procedía a la nacionalización de los bienes de dicha empresa. Las organizaciones sindicales, los universitarios y los partidos de izquierda se solidarizaron con la medida. El gobierno llamó a esa jornada Día de la Dignidad Nacional. Frente al poderío de la compañía transnacional, el gobierno de un país débil y en vías de desarrollo tuvo que obrar en el mayor secreto para realizar los estudios de nacionalización, cuyo animador principal fue el ministro Quiroga Santa Cruz.

La presencia de la Gulf Oil en Bolivia se remontaba al año 1955, cuando el gobierno del MNR aprobó un nuevo Código del Petróleo con el argumento de que era imperativo atraer capitales y abrir extensas zonas del país a la iniciativa extranjera. *The New York Times* calificó el documento como "el más liberal, en muchos aspectos, de todas las leyes similares que existen en el mundo". De las 14 empresas que acudieron, sólo quedó Gulf, que amparada en el código podía explotar y exportar cualquier cantidad de petróleo sin limitación alguna, descontaba de sus ingresos cualquier suma gastada en el exterior y sólo estaba obligada a una contribución de 11% sobre su producción para regalías departamentales y de 30% sobre utilidades netas, mientras en el resto del continente ya era corriente una participación de 50% para el Estado respectivo. El contrato tenía una duración de 40 años, y hasta el momento de la nacionalización la Gulf contribuyó a la economía boliviana con 11 millones de dólares, mientras que en los cinco años siguientes entregó YPFB 48 millones de dólares a los departamentos de Santa Cruz, Chuquisaca y Tarija por concepto de la regalía de 11% sobre producción y 105 millones de dólares al Tesoro General de la Nación por impuestos. Luego de pagar estas obligaciones, la empresa estatal obtuvo una utilidad neta de 120 millones de dólares.

Los sectores reaccionarios que alzaron el grito al cielo en el momento de la nacionalización, afirmando que a Bolivia se le cerrarían todas las puertas del crédito internacional y que consideraban a la Gulf el hada madrina de la recuperación económica, tuvieron que callarse después, rendidos ante la evidencia de que ese audaz gesto permitió al país el dominio, en un momento crucial de la coyuntura económica internacional, de su mayor fuente de ingresos, con la que se ha logrado financiar buena parte de los programas de desarrollo de los últimos años. Si no se nacionalizaba en ese momento a la Gulf, el país habría tenido que soportar otro ciclo como el de Patiño: medio siglo de migajas para Bolivia y odres llenos a reventar para la empresa multinacional. En efecto, durante los 25 años siguientes de vigencia del contrato de venta de gas a Argentina, la Gulf habría pagado al Estado boliviano alrededor de 420 millones de dólares por concepto de impuestos en lugar de los 4 200 millones de dólares que facturó y cobró YPFB a Argentina en el mismo periodo, lo que literalmente salvó a este país. Buena parte de ese dinero, sin embargo, fue dilapidado por los gobiernos militares en proyectos sobredimensionados e incluso faraónicos. Pero con el gas en manos particulares no se habría podido tampoco negociar con Brasil y otros países.

Los dirigentes obreros discutían si debían respaldar la "brecha socialista" o si debían marchar de una vez al socialismo. La Federación de Mineros realizó, en los primeros meses de 1970, un congreso en Siglo XX y adoptó una tesis política que preconizaba la segunda vía. Al poco tiempo, se llevó a cabo el III Congreso Nacional de la COB. Las deliberaciones se transmitieron en directo por radio a todo el país, que se hizo copartícipe de las mismas. Hubo fuertes críticas a Lechín, quien fue tildado de "frenador del ascenso de los trabajadores". El congreso, en consecuencia, hizo suya la tesis de los mineros, que se conoció como "tesis política de la COB", mas, al margen de esos extremos programáticos de la vanguardia sindical, las pláticas de Lechín dieron resultado mediante la elección de un nuevo Comité Ejecutivo con representantes de varios partidos, incluido el MNR.

Un centenar de expertos y economistas nacionales y de Naciones Unidas, bajo la supervisión del Ministerio de Planeamiento, a cargo de José Ortiz Mercado, preparó la "Estrategia nacional de desarrollo económico y social de Bolivia", considerado como uno de los documentos capitales para la planificación del país, con metas que debían cubrir, bajo varios regímenes políticos, un horizonte de 20 años.

Otros logros de este corto periodo fueron la Reforma Administrativa, que modernizó la estructura del sector público, intocada desde el siglo pasado; la Ley del Sistema Financiero Nacional y la creación del Banco del Estado y de la Ley Forestal, con la constitución de organismos como la Dirección de Recursos Naturales y la Guardia Forestal, que mostraban por primera vez en la historia del país una preocupación por la preservación del medio.

Durante esta gestión se realizó el programa más serio que se haya intentado en el país para desterrar el analfabetismo, sin acudir a asesoramiento extranjero. Se crearon el Banco del Libro, el Instituto Nacional de Folklore y la Revista Nacional de Cultura; mediante convenios con los colegios privados, se dio albergue en sus edificios a los colegios fiscales que carecían de ellos; se realizó el primer Congreso Pedagógico, al que asistió como invitado Ivan Illich (poco antes había venido Paulo de Tarso); se creó la Fundación Cultural Agramont, recuperándose para el Estado esa fortuna que no tenía herederos, lo que permitió contar con un nuevo edificio para el Ministerio de Educación, totalmente amueblado, y se firmó el Convenio "Andrés Bello" de integración educativa, cultural y científica de los países andinos, todo esto en medio de huelgas constantes de maestros o estudiantes y de asaltos de locales escolares instigados por los extremistas empeñados en hacer fracasar el programa de alfabetización.

En lugar de toneladas de informes que se acumulaban en el Ministerio de Educación, faccionados por técnicos extranjeros que cobraban (y cobran) su peso en oro, en busca de una filosofía educativa, el gobierno aprobó, en enero de 1970, una declaración de 38 puntos para los campos de educación, cultura, ciencia y tecnología, que normó la política en esas áreas.

Se establecieron relaciones con la Unión Soviética, no por afinidad ideológica sino por la necesidad del país de vincularse al otro centro de poder mundial y aprovechar cuanto de positivo podía lograrse de una relación respetuosa pero fructífera con la órbita comunista, particularmente en el campo metalúrgico, política que desarrollaron los siguientes regímenes; y se aprobó el ingreso de Bolivia al grupo subregional andino, tema debatido en el Parlamento durante el gobierno de Siles Salinas y que provocó la radical oposición de la Falange.

Dado que varios de los miembros del gabinete habían sido participantes directos de la llamada "política de fundiciones", iniciada en 1965 bajo la presidencia también del general Ovando, durante el año de este gobierno se aprovechó para consolidarla, brindando el máximo respaldo a la construcción de las obras civiles de la fundición de estaño localizada en Vinto y a la adquisición, traslado e instalación de equipos y maquinarias adquiridos de la firma alemana Klockner. También se garantizó el abastecimiento de la fundición con los minerales apropiados producidos en el país, para cuyo efecto se dictó la disposición legal pertinente, declarando la obligatoriedad de todo productor minero de entregar su producción a la fundición nacional si ésta así lo requiriese, y materializando la dotación de la capacidad financiera de la Empresa Nacional de Fundiciones (ENAF) para el normal desenvolvimiento de sus actividades, que fueron inauguradas a los dos meses de la renuncia del general Ovando a la Presidencia de la República.

Se suscribió con la Unión Soviética por vez primera un contrato de venta de minerales concentrados de estaño, en condiciones que nunca se conocieron antes por lo ventajosas para los intereses nacionales. Así se rompió el misterio bajo el cual la fundidora inglesa William Harvey mantuvo a Bolivia durante cerca de medio siglo y se pudo mostrar que era posible lograr mejores condiciones económicas para la fundición del mineral de estaño boliviano en el exterior.

El gobierno declaró el monopolio de la comercialización de los minerales producidos en Bolivia a través del Banco Minero de Bolivia, rehabilitando económicamente a esta entidad, considerada como un instrumento más del nacionalismo boliviano y haciendo que la minería toda del país, estatal y privada, contribuyese a la consolidación de un ente necesario para la más lucrativa, ahora, de las fases de la economía minera.

Nuevo foco guerrillero

En esto sobrevinieron los sucesos de la guerrilla de Teoponte, encabezada por *Chato* Peredo Leigue, hermano de *Inti*. Se trató de un grupo de jóvenes radicales de la Juventud Demócrata Cristiana, que rompió con el PDC y se incorporó al ELN, que tomó las armas con mucha improvisación y se internó en el monte, en el norte selvático de La Paz. Los guerrilleros fueron acosados por el ejército, por el hambre y por las condiciones insalubres del trópico, llegando al extremo de fusilar a uno de sus compañeros que se comió dos latas de sardina, sin compartirlas con los demás. Eran discípulos y herederos directos de la ideología guevarista. Uno de ellos, el folclorista Benjo Cruz, lo declaró sin ambages en sus *Coplas de un jardinero*:

> Como algún día te dije:
> hoy cambio de profesión.
> De cantor y guitarrero
> paso al monte y a la acción.
>
> Si pregunta algún iluso
> con qué rumbo me marché
> digan que soy combatiente
> del ejército del *Che*.

Aprovechándose del entusiasmo nacional que había despertado la campaña nacional de alfabetización, los universitarios comprometidos con el operativo de Teoponte manifestaron que también la Universidad contribuiría al esfuerzo general en pro de la redención de millones de analfabetos, y solicitaron —como cualquier otro sector— cartillas y brazaletes que les sirvieron para alejarse en camiones de la ciudad como alfabetizadores. Debajo de sus frazadas escondían algunas metralletas.

Tan pronto se hicieron claras las intenciones del grupo guerrillero con el rapto de dos ingenieros extranjeros que laboraban en la draga de Teoponte, perteneciente a la empresa South American Placers, el presidente Ovando lanzó un mensaje a la nación, lamentando el gesto extraviado de los participantes en la loca aventura.

Este suceso y las resoluciones políticas del movimiento obrero causaron alarma en la jerarquía del ejército, que presionó sobre Ovando para que se alejara del gobierno a quienes se catalogaba como izquierdistas o socialistas. Al producirse reajustes en el gobierno, fueron retirados algunos ministros izquierdistas y, casi en seguida, el comandante de las fuerzas armadas, general José Torres, suprimiéndose el cargo del mismo.

En el gobierno de Ovando —atenazado por la reacción de la derecha y los sucesivos embates huelguísticos de la izquierda, sin olvidar el segundo "foco" guerrillero de Teoponte— se produjeron los misteriosos asesinatos de los esposos Alexander y del periodista del MNR Jaime Otero Calderón, atribuidos instantáneamente al régimen por la oposición, según el precepto italiano de *piove, governo ladro* (llueve, gobierno ladrón), descargando cuanto sucede, incluso los fenómenos naturales, en los atribulados hombres del régimen. La especie, ampliamente difundida, nunca llegó a tener asidero, pese al celo que el gobierno de Ovando, primero, y el de Torres, después, pusieron en descubrir a los autores. Las razones en favor de la inocencia de Ovando y sus inmediatos colaboradores son numerosas, empezando por la inutilidad y la barbarie de los crímenes, que no condecían con un estilo político que se caracterizó por el diálogo y por el rechazo de la pena de muerte, cuando un sector del ejército quiso imponerla (precisamente a raíz de la muerte de los Alexander). Que se trató de borrar con la muerte de estos dos periodistas la posibilidad de alguna revelación, es indudable. Pero la secuela del crimen continuó en el siguiente régimen, el de Torres, cuando el coronel Larrea, ex ministro de Industria de Barrientos, que se disponía a declarar ante la justicia sobre el manejo de los fondos de contrapartida de harina, fue ametrallado en el refugio en el que se hallaba escondido, lo que hace suponer que una tenebrosa mafia militar operaba desde tiempo atrás, tratando de borrar las huellas de latrocinios. Ya actuaba por entonces el mayor Luis Arce Gómez como jefe de seguridad de palacio.

La conspiración militar y los desafueros de los izquierdistas contribuyeron a minar el régimen de Ovando, que apenas se prolongaría por un año. Otro factor, de índole subjetiva, había desmoronado ya al mandatario, quitándole toda voluntad de luchar y de persistir en el programa de septiembre: la trágica muerte de su hijo mayor de 21 años, quien se precipitó a tierra cuando acompañaba a un piloto, edecán del presidente, en un avión Mustang de combate. A partir de entonces, Ovando ya no fue el mismo hombre.

Salieron a la luz pública pronunciamientos de personalidades castrenses contra el presunto peligro comunista y de dictadura del proletariado, mientras que los dirigentes sindicales de la COB pedían a Ovando que se deshiciera de sus ministros derechistas y profundizara la "apertura democrática". Bajo esas fuertes presiones contradictorias, que no posibilitaron el juego político del presidente, éste renunció a su investidura, desencadenando con ello una lucha político-social de gran rapidez y de extraordinario dinamismo.

La situación tuvo visos dramáticos y humorísticos y ciertamente los conjurados militares de Miraflores no habían leído *La técnica del golpe de Estado* de Malaparte, pues una vez lanzada su proclama, cuando Ovando se hallaba en Santa Cruz, fueron incapaces de tomar los puntos estratégicos de la ciudad —incluido el palacio de gobierno—, lo que permitió una rápida reacción de los miembros civiles del gabinete. Ovando prefirió dejar el gobierno antes que enfrentar en una lucha fratricida a las facciones en pugna del ejército.

Ante su desaparición de la escena, los mandos militares formaron un triunvirato de gobierno, con los representantes del Ejército, la Aviación y la Fuerza Naval. Esto fue considerado como un golpe derechista por el movimiento obrero, los partidos de izquierda y el grupo de militares que estaban con el general Torres. A raíz de las determinaciones del III Congreso Obrero, la COB formó un Comando Político, que era una especie de frente de las agrupaciones izquierdistas. Este comando y el Comité Ejecutivo de la COB llamaron a una huelga general para la defensa del llamado "proceso democrático", mientras que Torres se dirigió a la base militar de El Alto y, en nombre de la continuidad de la línea del presidente renunciante, formó allí su cuartel general y desconoció al triunvirato. Este último se descompuso en menos de 24 horas. La huelga general, que se hizo con la toma de centros de trabajo y barricadas callejeras, y el pronunciamiento de El Alto consiguieron la victoria el 7 de octubre de 1970.

Al día siguiente, al anochecer, en una entrevista con el Comando Político de la COB, Torres ofreció la formación de un gobierno obrero-militar con 50% de ministerios para cada parte. El ampliado de la COB y del Comando Político, reunidos en la Universidad, deliberon extensamente sobre la oferta, destacándose la posición de Lechín Oquendo y Lora, opuesta a coparticipar con un gobierno con "limitaciones pequeño burquesas";

el resto opinaba en el sentido de que el movimiento obrero debía impulsar la revolución desde dentro del gobierno. Ganó este último criterio, pero Lechín impuso, de inmediato, que en las ternas no se incluyeran miembros de primera fila.

Entre tanto, la situación del presidente Torres, que era precaria, fue amagada por un pronunciamiento militar en Oruro y por la resolución del regimiento con sede en el Estado Mayor general, comandado por el coronel Miguel Ayoroa, quien amenazó con salir a las calles para abatir el peligro comunista. Lechín, en consecuencia, dejó en libertad a Torres para formar su gabinete.

La Asamblea del Pueblo

Torres, de 49 años de edad, se vio de pronto alzado en hombros por una imponente manifestación que de El Alto lo llevó hasta el Palacio Quemado, como nuevo gobernante de Bolivia. Su ascenso sorprendió a todos, pues hasta la víspera se hallaba casi en desgracia, desposeído de la jefatura del Comando Conjunto y sin mayor apoyo en el ejército. Ovando, que se negó a provocar un enfrentamiento sangriento en las fuerzas armadas que había contribuido tanto a fortalecer, con su gesto de renuncia dio vía libre a su antiguo colaborador, quien parapetado en la base aérea de El Alto recibió el apoyo de los sectores ovandistas del ejército y también de la COB y de otros sectores de izquierda. Esta alianza era ciertamente precaria, pero probó ser decisiva en ese momento. En su gabinete, fuera de los ministros militares, estaban a título personal algunos

292

izquierdistas civiles, responsables de la orientación ideológica del régimen.

Torres había sido simpatizante o miembro de la Falange en sus años juveniles e incluso se vio envuelto en un golpe de ese partido contra el presidente Urriolagoitia, cuando siendo capitán, a la cabeza de los cadetes del Colegio Militar, pretendió infructuosamente apoderarse de un barrio de la ciudad. A la caída del MNR, se hallaba de agregado militar en Brasil, de donde retornó como ministro de Barrientos.

Pequeño de estatura, regordete, con bigote grueso y negro y una pelambre que le poblaba buena parte de la frente, mostraba una sonrisa simpática y los caricaturistas no tenían problema alguno en dibujar su estampa. Hasta el final, permaneció fiel a la institución que lo había formado, negándose frontalmente a entregar armas a otros sectores, como le urgían sus ministros y colaboradores. Los obreros le llamaban familiarmente *Jota Jotita*.

Las fuerzas armadas habían acentuado su lucha contra el foco guerrillero de Teoponte, que fue diezmado, y sus restos se vieron en una penosa fuga de supervivencia en un medio hostil. El gobierno de Torres intervino para realizar una operación de salvataje de los guerrilleros supervivientes, entre los que estaba Osvaldo *Chato* Peredo; permitió su asilo en la Nunciatura Apostólica y su salida a Chile. En abril de 1971, en forma rápida dispuso la excarcelación de los presos de Camiri: Regis Debray, Ciro Bustos y los guerrilleros de Ñancahuazú, siendo los extranjeros exiliados a Iquique, y los segundos amnistiados por ser bolivianos.

Anteriormente, por un contrato especial el Estado

otorgó derechos de explotación de las colas y de los desmontes de Catavi, que eran reservas mineralizadas de aproximadamente un millón de toneladas, a cambio de una regalía de 12% para el gobierno y de 8% para la Comibol, en favor de la empresa International Minning Processing Co. (IMPC), de los Estados Unidos. Hubo una campaña popular, principalmente de los mineros y estudiantes, contra ese contrato, que a su juicio atentaba contra el porvenir de la minería nacionalizada, por lo que el gobierno de Torres procedió a su anulación.

La medida más destacada de este periodo fue la rescisión del contrato de Mina Matilde, que se realizó en la base militar de El Alto. Durante el interinato del general Ovando se había dado en arrendamiento por 20 años, a un consorcio formado por la United States Steel Corporation y la Minerals and Chemical Phillips Corporation, el yacimiento de cinc de Mina Matilde (calculado en cerca de tres millones de toneladas) por una cuota fija anual de 120 000 dólares para la Comibol y una regalía de 2.20 dólares por tonelada de mineral exportado.

Probablemente, el gobierno pensó que con esta medida conseguiría el apoyo enfervorizado de las masas, pero no fue así. Había simpatía por el restablecimiento de la soberanía nacional sobre el mayor yacimiento de cinc del país, pero no más. El movimiento obrero y los sectores combativos de la clase media, como los universitarios, estaban muy radicalizados, desdeñaban al gobierno al que llamaban "pequeño burgués" y planteaban la salida socialista para Bolivia. En estas condiciones, durante la conmemoración del 1º de mayo de 1971 tuvieron lugar tres acontecimientos.

En primer lugar, la manifestación obrera que congregó a 50 000 asistentes fue nutrida, llena de vítores y de consignas de profundización de la "brecha democrática rescatada". En segundo lugar, se produjo la inauguración formal de las labores de la Asamblea Popular, como resultado de la conversión del Comando Político en sustitución, que se creyó revolucionaria, de la estructura del antiguo Parlamento. Luego de su inauguración, se resolvió que el primer periodo de sesiones de la Asamblea Popular se realizara en junio.

El tercer suceso fue la fundación del Partido Socialista en un congreso de delegados de todo el país, que se celebró en La Paz desde los días precedentes. El congreso inaugural del PS fue atacado por grupos derechistas, de manera que tuvo que instalarse en plena calle, ante una manifestación de obreros y estudiantes. Pasaron a formar el PS varios grupos de izquierda y numerosos sindicalistas, jóvenes y profesionales, además de campesinos. Antes del congreso, Aponte Burela dejó el gabinete, de manera que el PS no tenía vinculaciones con el gobierno de Torres, por lo que declaró su "independencia política". Adoptó la línea de apoyo a las "medidas revolucionarias de liberación nacional" y de la marcha por este camino al socialismo, postulando un gobierno popular encabezado por la clase obrera.

Poco tiempo después nació el Movimiento de Izquierda Revolucionaria (MIR). Ya en el periodo de Ovando, la escisión de la Democracia Cristiana de Benjamín Miguel dio por resultado la formación de un radicalizado Partido Demócrata Cristiano Revolucionario (PDCR), que, en reunión con el grupo "Espartaco", que evolucionó desde la juventud universitaria del MNR y desde

295

grupos de estudiantes marxistas independientes, resolvió la organización del MIR. Sus primeros dirigentes fueron Pablo Ramos, Jorge Ríos Dalenz, Antonio Araníbar, René Zabaleta, Jaime Paz Zamora, Óscar Eid, Adalberto Kuajara y otros. Otra parte de la Democracia Cristiana Revolucionaria fue la que hizo la guerrilla de Teoponte.

El cuadro político boliviano se polarizaba velozmente, de manera que el gobierno de Torres parecía apoyado precariamente en dos pilares: una fracción del ejército y un difuso sentimiento popular. El ministro del Interior, Jorge Gallardo (ex movimientista), al no poder conseguir el apoyo de su antiguo partido quiso formar una Alianza Popular Revolucionaria, mezclando grupos con raigambre obrera y popular con personas que ya habían dado muchas vueltas en el tinglado político, fracasando en su intento. Los primeros resistieron la idea de constituir un instrumento político del gobierno y se pronunciaron por un instrumento político "del pueblo".

Las formaciones ultraizquierdistas iban creando cada día problemas espinosos. Los universitarios de La Paz se apoderaron de los locales del Centro Boliviano Americano y de IBEAS, una entidad de investigación sociológica de la Iglesia; los universitarios de Potosí, de varios inmuebles privados; los de Cochabamba, de la Normal Católica, y los de Oruro, de varias casas, exigiendo la entrega de la sede del comando de la División Militar. Alentaron, igualmente, la toma de pequeñas minas privadas, pretextando abusos contra los obreros. El Partido Comunista Marxista-Leninista (pro chino) de Óscar Zamora, quien adoptó el nombre de "Comandante Rolando", organizó la Unión de Campesinos Pobres (Ucapo) en Santa Cruz, que se apoderó del fundo Chané Bedoya, acto ante el cual varios empresarios del oriente pensaron en armar grupos de defensa de la propiedad agroindustrial. El resultado de esta política infantilista fue el rápido traspaso de los pequeños propietarios, dueños de casas y clase media a la oposición activa del gobierno. Esto permitió que el Congreso de los Empresarios Privados de Bolivia anunciara la defensa de tales sectores contra los atropellos, uniendo a sus filas a taxistas y a lustrabotas a título de pequeños campesinos.

Las fuerzas armadas reorganizaron sus cuadros de dirección y de acción política, enfrentando resueltamente al gobierno. Los coroneles Hugo Bánzer Suárez, comandante del Colegio Militar del ejército, y Edmundo Valencia desafiaron a Lechín a una polémica que éste aceptó, pero que no se realizó. Era la primera campanada pública. En enero de 1971 hubo un intento fallido de golpe de Estado y Bánzer y Valencia se asilaron. Dichos militares marcharon al exilio, desde el que siguieron conspirando y luego volvieron clandestinamente al país. En las fuerzas armadas se acentuó la convicción de que había que poner, a cualquier precio, coto al desorden político y al desquiciamiento económico ante los que el gobierno se mostraba impotente y como una hoja al viento.

Culminando aproximaciones desarrolladas desde el gobierno de Ovando, las distintas alas del MNR realizaron en Lima un cónclave, en el que se abrazaron, después de muchos años y contumelias, Paz Estenssoro y Siles Zuazo. Se firmó un pacto de unidad, y entonces Paz Estenssoro destacó a sus representantes para la realización de conversaciones frentistas con los militares antitorristas y con la Falange, de Mario Gutiérrez. Se sentaron las bases para la actuación conjunta y para la coparticipación gubernamental.

La Asamblea Popular, bajo la presidencia de Lechín Oquendo, inició sus deliberaciones sin otro fin que el de organizarse y constituirse como institución, según rezaban sus proclamas. Al enjuiciar la situación política nacional, se formaron varios grupos o tendencias: desde la gente de la Ucapo hasta los universitarios, con Antonio Araníbar Quiroga y Óscar Eid Franco a la cabeza. Como fuerza moderadora y de prudencia actuaron los mineros y fabriles, políticamente representados por el PCB moscovita y por los militantes del Partido Socialista, que tenía un sector movimientista. La otra corriente, heterogénea, iba desde el PRIN de Lechín, la Falange y el MNR del Pacto de Lima hasta el MIR y el Partido Comunista Marxista-Leninista. El POR de Lora actuó junto a los mineros. Elementos extremistas, llevados de un radicalismo verbal incendiario, lanzaron proposiciones descabelladas, que fueron rechazadas, pero que tuvieron amplia cobertura radial y de prensa, desprestigiando al conjunto de la Asamblea Popular. Su segundo periodo de sesiones, señalado para septiembre, ya no pudo realizarse.

Los ideólogos de la Asamblea del Pueblo, entretenidos en un maratón verbal destinado a probar quién era más revolucionario o más proletario, nunca consideraron el hecho de que en buenas cuentas representaban quizá a 20% de la población económicamente activa. En su seno se encontraban dirigentes de sectores francamente parasitarios, como los estudiantes de secundaria, los universitarios y los maestros, y paradójicamente no apareció ningún campesino, grupo que constituía 70% de la población boliviana.

A estas incongruencias se añadía el complejo de la divinización del proletariado, como única clase que por explotada debía, a los ojos de los teóricos, representar una garantía de cambio para la sociedad, complejo proveniente de los años treinta, alimentado en la profusa folletería anarquista y marxista de las primeras décadas del siglo. Jóvenes y brillantes intelectuales de la clase media renegaban de apellidos y tradiciones, lamentándose de no haber nacido en un hogar obrero (credencial con la que creían que podían actuar sin rubores en los medios proletarios), sin considerar que la clase trabajadora no representaba, ni mucho menos, a la mayoría del país, ni tampoco el hecho de que la sola condición social no significaba, en parte alguna, garantía de pureza y consecuencia revolucionarias. Fueron obreros —entre otros— los que acompañaron a Lenin en 1917, pero también fueron obreros —entre otros— quienes estuvieron junto a Mussolini en 1922 y junto a Hitler en 1923. El obrero, según Ignazio Silone, puede ser activista de las causas más opuestas:

> [...]camisa negra o guerrillero, verdugo o víctima; o simplemente, en los países ricos y tranquilos, un avaro filisteo, asegurado contra la desocupación, la vejez y las enfermedades... pero preferiblemente en los países pobres... puede ser presa de los extremismos más opuestos. Puede ser todavía Cristo, el pobre Cristo que toma sobre sí los pecados de los otros y se sacrifica por ellos, y puede ser también Barrabás, un innoble Barrabás, totalitario, destructor de todo lo que en el hombre hay de humano... para juzgar a los hombres no basta ya observar si tienen

callos en las manos, es preciso mirarles a los ojos. La mirada de Caín es inconfundible.

Observando de qué manera los distintos grupos de la izquierda hablaban en nombre de los trabajadores, o pretendían su representación, era inevitable pensar en la reflexión de Jean Francois Revel, quien dice que

> la desgracia de la clase obrera no es tan sólo que debe asumir la parte más penosa de la producción, sino que alimenta la antropofagia intelectual de los no obreros. Éstos se baten por la clase obrera, a causa de ella, a espaldas de ella, a sus costas, armados de teorías que regulan su destino, su naturaleza, sus límites, sus necesidades, sus derechos, sus deberes, sus ideas, su porvenir. Nos preguntamos, según la frase célebre, si no le convendrá resguardarse de sus amigos tanto como de sus enemigos.

Sin efectivo apoyo civil (como le había sucedido a Ovando), el gobierno de Torres dependía de la vocinglería de la Asamblea del Pueblo y de la lealtad de algunos jefes militares, pero por miedo a ganarse más enemigos o ser motejado de "derechista" dio luz verde a cualquier exceso que se les ocurría a las izquierdas, desde asaltos a pequeñas empresas o propiedades hasta la toma del único motel que tenía La Paz, donde las muchachas de la Facultad de Asistencia Social, que no se habían apercibido de que la fornicación es tan antigua como Adán y Eva, munidas de escopetas y transformadas en revolucionarias al grito de "¡manos arriba, ha llegado el socialismo!", sorprendieron a ocho parejas, naturalmente desarmadas, en paños menores, algunas en cueros. Ocupado el local, el ministro del

300

Interior tuvo que negociar una noche entera con el rector de la Universidad de La Paz, a quien los asaltantes habían nombrado su representante, para la devolución del local, que las chicas querían convertir en una guardería infantil para escarmiento de los pequeñoburgueses fornicantes. El asunto no era fácil, pues los mozos que trabajaban en el local, y que como miembros de la clase obrera también apoyaban a Torres, reclamaban con justa razón que se les privara de una fuente de empleo. La solución salomónica que encontró el ministro Gallardo (convertir el motel en una empresa cooperativa con participación obrera) no satisfizo —como sucede en tales casos— a unos ni a otros.

En tanto proseguía la guerra verbal contra el imperialismo a través de altoparlantes colocados en la Universidad, se produjeron un par de secuestros —que se atribuyeron al ELN— y varios intentos de secuestro por parte de espontáneos y delincuentes, todo ello con la idea de recaudar fondos a costa de la gente adinerada y de la desidia de las autoridades.

En parte como reacción a este estado de cosas, se produjo el cambio de gobierno lidereado por el coronel Hugo Bánzer Suárez. Hasta la caída de Torres, la prensa adicta al régimen repetía incansablemente temas como el de la "liberación de toda dependencia exterior" (se cerraron los centros boliviano-americanos de enseñanza de inglés y se expulsó al Cuerpo de Paz), se exaltaba a la clase obrera como conductora del proceso revolucionario y se hablaba del arribo del "hombre nuevo" con el que soñó Guevara. Todo era posible en la región etérea de las ideas adonde los voceros de esta fraseología querían trasladar al país, olvidando que Bolivia no tiene acceso al mar, que recibía (hasta 1995) trigo gratuito de los Estados Unidos y que bastaba cerrar la frontera argentina para que en pocos días faltaran en el territorio boliviano artículos de primera necesidad.

La tarea del régimen de Torres no era, pues, como creían algunos ilusos, crear las condiciones para un paso inminente al socialismo. Su principal labor debió ser la edificación de un Estado nacional homogéneo, en el que, mediante instituciones renovadas que no fueran calca del Estado demoliberal de antes de 1952, el pueblo tuviera una amplia participación política. Dentro de tal esquema, el Estado, todavía en control de las industrias básicas, no tenía por qué buscar la estatización de todas las industrias y talleres.

Como no se produjo nunca esta definición, diversos sectores de izquierda entendieron que tenían autorización para proceder a expropiaciones, incautaciones y toma de edificios y empresas de la pequeña y mediana minería. El gobierno dejó hacer, además, porque carecía de una base civil y suponía que de esta manera se granjeaba el apoyo de los sectores populares. Con el mismo propósito, procedió a aumentar salarios y bonificaciones a los sectores más beligerantes o que poseían suficiente poder como para hacerse escuchar. Se beneficiaron de tal suerte los obreros de las minas, los maestros y los universitarios.

Hacía tiempo que no se producían inversiones y en ausencia del ahorro interno no había recursos para proyecto alguno, sobreviniendo así el estancamiento de la actividad económica y el aumento, de manera

302

alarmante, del desempleo en las ciudades, que afectó a 300 000 personas.

Y aquí se encuentra justamente el *quid* de la cuestión: si no se invertía alguna porción del ingreso, no había desarrollo posible; a una administración ya agobiada por el peso de su frondosa burocracia, se le recargaron desmedidamente nuevas obligaciones salariales.

En la época del MNR, se había contado con la ayuda económica de los Estados Unidos, que permitió desarrollar la zona de Santa Cruz y vertebrar el territorio con importantes caminos. Además, el régimen descansaba en un partido de fuerte raigambre popular. Torres no reunía estas condiciones y solamente lo acompañaba la retórica de la izquierda en sus diversos matices.

La profundidad del deterioro político demostró que las condiciones para el cambio estaban dadas. El gobierno, avisado de la fecha del levantamiento militar, hizo apresar al coronel Bánzer Suárez en Santa Cruz y lo trasladó a La Paz, donde estuvo preso. De todos modos, la revuelta estalló en esa ciudad. La presencia en la capital cruceña del regimiento "Manchego" de Rangers, comandado por el coronel Andrés Selich Shop, fue decisiva, ya que despejó los focos de resistencia que hubo en una emisora y en la Universidad, así como en sectores obreros adictos a la Central Obrera Departamental. La insurrección ganó rápidamente apoyo en la población y se impuso en Cochabamba y en La Paz. En este último sitio, los grupos armados hicieron de Miraflores, del cerro Laikakota y del monoblock de la UMSA su centro de lucha contra las fuerzas armadas, que emplearon su poderío bélico para aplastarlos, con muertos y heridos. Un sacerdote tercermundista, Mauricio Lefe-

303

bre, profesor universitario y decano de la Facultad de Sociología, encontró la muerte cuando trataba de auxiliar a un herido.

El levantamiento duró del 19 al 21 de agosto de 1971 y terminó con el triunfo de los conspiradores.

> Este país tan solo en su agonía,
> tan desnudo en su altura,
> tan sufrido en su sueño,
> doliéndole el pasado en cada herida.
> Su nostalgia se pierde
> más allá de la piedra;
> su metal designado estuvo ya en la sangre
> ardiendo en el destino de su nombre.
> De donde el río oscuro
> que hace a su rostro duro como el aire,
> hondo como el silencio de las rocas.

GONZALO VÁSQUEZ MÉNDEZ

IX. BÁNZER: SIETE AÑOS EN PALACIO

DENTRO del movimiento pendular, de un extremo a otro, que caracteriza a la política boliviana de los años sesenta, "del marasmo al espasmo", que decía Julián Marías refiriéndose a España, la caída de Torres representó un repliegue frontal de las izquierdas y el viraje político y económico del país hacia la derecha, sin abandonar, no obstante el modelo estatizante y centralista impuesto desde 1952. Nadie pudo suponer en ese momento que se iniciaba el régimen más largo del presente siglo. La tendencia hacia la dictadura se hallaba en el aire. Los militares uruguayos golpearon en junio y los chilenos en septiembre de 1973; el presidente Velasco fue sustituido por el general Morales Bermúdez en Perú en 1975, con un violento viraje a la derecha, y el general Videla se hizo cargo del gobierno argentino en 1976, acentuando el carácter necrofílico del régimen militar, sin duda el más horrendo que ha conocido América Latina en su larga historia de vejaciones a los derechos humanos, y cuyos testaferros no vacilaron por años en arrojar vivas al mar a sus víctimas, las que después figurarían, asépticamente, como "desaparecidos".

El coronel Hugo Bánzer Suárez, cruceño de origen alemán, de 44 años, que volviera del exilio, de Buenos Aires, fue apresado en Santa Cruz y llevado a La Paz en los últimos días de Torres, lo que le dio más notoriedad. Como ministro de Educación del presidente Barrientos, tuvo que lidiar con el siempre conflictivo gremio de los maestros y su dirigencia trotskista, de manera que aprendió el arte de la transacción e incluso el de la concertación. En esa gestión se fundó el Instituto Boliviano de Cultura, dando a esa área mayor jerarquía. Se le habían aproximado el MNR, bajo la jefatura de Paz Estenssoro, quien se hallaba exiliado en Lima, y la Falange, de Mario Gutiérrez, es decir, los dos partidarios que, pese a sus desgajamientos y tropezones, conservaban mayor fuerza en el espectro político y que, arguyendo que la continuación del predominio izquierdista ponía en riesgo la propia integridad territorial del país, olvidaron súbitamente los muchos agravios que se infirieron en el pasado para colaborar con el hábil oficial del ejército que se perfilaba como nuevo líder militar. Torres partió al exilio a Buenos Aires seguido por algunos de sus ministros civiles. Sus colaboradores militares se mimetizaron bien pronto en el nuevo orden de cosas. El cambio sangriento dejó una estela de 200 muertos en las ciudades de La Paz y Santa Cruz. La represión contra los caídos, sobre todo en el primer año de gobierno de Bánzer, fue sistemática y sostenida, afectando a jefes políticos, dirigentes sindicales y universitarios y a muchos periodistas. En los hechos, la Central Obrera dejó de funcionar y las universidades se cerraron.

Arrojados al exilio o a la clandestinidad, los partidos de la izquierda perdieron su vigencia. En la esfera oficial, ni el MNR era ya el vigoroso y creativo movimiento popular de los años cuarenta y cincuenta, ni la Falange era el partido austero y sacrificado que estructurara Unzaga. Sombras del ayer, ya no fueron capaces de insuflar entusiasmo a sus seguidores —la mayoría de los cuales buscaban tan sólo holganza burocrática y la posibilidad de algún negocio después de tantos años de palos y sinsabores—, ni menos eficiencia y dinamismo a su gestión. La prensa hablaba de la insólita alianza de la espalda y el látigo, aludiendo a los muchos azotes que recibieron los falangistas en los 12 años del MNR, azotes que no fueron olvidados sino momentáneamente arrinconados en el desván de los recuerdos.

Bajo el lema de "Orden, paz y trabajo" y la inspiración del modelo brasileño militar, se dictó una nueva ley de inversiones y un código de hidrocarburos, abriéndose el país a la inversión de compañías petrolíferas. El régimen, acudiendo al crédito exterior, indemnizó a la Gulf con 100 millones de dólares y a la Phillips, que explotaba la Mina Matilde, con 13 millones. Con la nacionalización de los bienes de la Gulf, y a través de la administración de YPFB, Bolivia se convirtió en el primer país exportador de gas en el continente, lo que indujo al gobierno a iniciar negociaciones con Brasil para la provisión a ese país de 240 millones de pies cúbicos diarios por 20 años, negociación que incluía un polo de desarrollo en el sureste del territorio boliviano, con siderurgia, petroquímica y generación de energía eléctrica. Esta negociación despertó violentas críticas de los opositores, que encontraron un buen motivo para fustigar al régimen, lo cual frustró la gestión. Brasil se encontraba en un excepcional momento de expansión económica, y una vez tendido el gasoducto, Bolivia habría obtenido hasta 1992 alrededor de 2 270 millones de dólares, suma suficiente para paliar de manera espectacular la extrema miseria de la mayoría de sus habitantes. El daño ha sido sin remedio, pues además el gas no utilizado ha continuado quemándose sin beneficio alguno.

La administración Nixon dio respaldo total al nuevo gobierno, duplicando la ayuda económica. También llovieron los créditos de Brasil. En octubre de 1972, de acuerdo con exigencias del Fondo Monetario, se procedió a suspender subsidios estatales a diversos servicios y productos básicos y a una devaluación del peso boliviano de 67%, lo que elevó el costo de la vida y provocó la reacción de los sectores populares, particularmente de los campesinos. Los bloqueos a los caminos en el valle cochabambino fueron despejados por la fuerza y el ejército mató a un número indeterminado de pobladores en las cercanías de Tolata. En realidad, la "alianza militar campesina", que sirvió a Barrientos para desplazar al MNR, ya no le era necesaria a Bánzer, quien podía gobernar tranquilamente con el exclusivo apoyo militar. El ejército actuaba, en los hechos, como un partido político. Cuando la dureza de las medidas económicas restó considerable apoyo popular al régimen, en noviembre de 1974 se estableció el gobierno exclusivo de las fuerzas armadas, con promesa de gobernar hasta 1980. Paz Estenssoro volvió al exilio y Gutiérrez dejó la cancillería, retirándose a su nativa Santa Cruz. Quedaron en la administración pública, en situación desairada, algunos elementos civiles de los dos partidos del Frente Popular Nacionalista.

Se decretó el receso general de todos los partidos y de las direcciones sindicales, se prohibieron las huelgas y los aumentos salariales, y se estableció el "servicio civil" para colaborar con el gobierno. Como quiera que la política se trasladó al seno de las fuerzas armadas, un movimiento de coroneles, lidereado por Raúl López Leytón y Gary Prado, trasladó los tanques del Tarapacá hasta la ciudad de La Paz, en demanda de que se castigara a los que se habían enriquecido a costa del Estado, pero el movimiento abortó y salieron al exilio, siendo reincorporados después paulatinamente a sus funciones castrenses. De ese tiempo data el testimonio *Si me permiten hablar,* de Domitila Chungara, dictado a una periodista brasileña y que alcanzó difusión universal. En ese libro esta ama de casa minera, enfrentada a los abusos de las fuerzas represivas, adquiere las dimensiones de un personaje gorkiano por su coraje y entereza indomables.

Éste fue el tiempo de la enorme expansión de la agricultura cruceña mediante créditos del Estado, destinados al cultivo y a la exportación de algodón, café, azúcar y madera, así como a la ganadería. La apuesta sobre el algodón llevó las exportaciones de siete millones de dólares en 1972 a 14 millones en 1978, pero la sobreproducción mundial restó interés a ese cultivo y tuvo que ser el Estado, como siempre, el que absorbiera las deudas de los productores al Banco Agrícola, que alcanzaron una suma aproximada a los 700 millones de dólares. Las regalías cruceñas por concepto de petróleo y gas se incrementaron también notablemente.

Dos productos sustituirían con el tiempo el colapso que había significado para Santa Cruz la caída del algodón: la soya y la cocaína, el primero de uso legal y la segunda de operación clandestina. La actividad del narcotráfico se había iniciado de manera subrepticia en los años sesenta y se señalaba al jefe de policía chileno Luis Gayán, que cayó con Paz Estenssoro, como uno de sus animadores. Los cultivos de coca florecían en el Chapare cochabambino y su mercadeo a Colombia se realizaba en Santa Cruz y, más tarde, por mejores razones logísticas, en el Beni.

Bolivia cayó también bajo el señuelo de los petrodólares y, con créditos del exterior, el régimen se lanzó a la construcción o expansión de grandes empresas públicas —carreteras, plantas de fundición, etc.—. En momentos en que el consumo interno apenas llegaba a 25 000 barriles diarios, YPFB se embarcó en proyectos de refinerías y oleoductos que operaron muy por debajo de su capacidad o no fueron utilizados. La deuda externa, que hasta 1971 llegaba a 782 millones de dólares, se disparó en 1978 a 3 100 millones, la mayoría proveniente no de las agencias internacionales de crédito, sino de bancos privados con intereses y términos más estrictos. Fueron años buenos para la minería de estaño, pues después del estancamiento de los años cincuenta los precios aumentaron entre 1972 y 1978 de 1.69 a 5.72 dólares la libra fina, sin que hubiera un aumento de la producción promedio de 30 000 toneladas al año. La Comibol producía el mineral con costos de operación cada vez más altos, mientras florecían las empresas de la minería mediana que habían logrado mejorar su capacidad tecnológica y que se beneficiaban también del clima político desfavorable a los sindicatos y a los aumentos salariales.

Fuera de las víctimas, casi anónimas, caídas en los primeros días de la toma del poder, hubo tres muertes que pesarían duramente en la suerte del régimen banzerista. La primera fue la del coronel Andrés Selich, protagonista en la guerrilla contra Guevara y que se preciaba de llevar en la muñeca el reloj del célebre comandante. Como jefe de la plaza militar de Santa Cruz, obtuvo el ministerio del Interior, pero poco tiempo después chocó con el presidente y fue enviado de embajador a Asunción, de donde retornó clandestinamente. La policía lo encontró en afanes conspirativos, y ya detenido se le quiso obligar a denunciar otros nombres, pero un golpe que le propinaron los forajidos que lo interrogaban le destrozó el hígado. La imagen de su cuerpo, tirado en el suelo de la morgue de La Paz conmocionó a la opinión pública y al ejército. El ministro del Interior se vio obligado a renunciar y se detuvo a los culpables de la golpiza. En mayo de 1976, cuando el embajador boliviano en París, general Joaquín Zenteno Anaya, se disponía a abrir su automóvil, a pocos pasos de su oficina, recibió un balazo en la nuca de un desconocido que se dio a la fuga. Zenteno Anaya había aceptado también ese exilio dorado por diferencias con Bánzer. Graduado en la academia de Saint Cyr y conocedor del idioma francés, era una curiosidad en un cuerpo de oficiales que apenas farfullaban el español. El gobierno francés no pudo esclarecer el crimen, aunque lo más probable es que se trató de alguna célula guevarista francesa. Un mes después se produjo en Buenos Aires el asesinato del general J. J. Torres, quien trataba de aglutinar las fuerzas que lo habían apoyado en el gobierno. Se encontraron sus restos con tres tiros en la cabeza a 100 kilómetros de la capital, debajo de un puente, ultimado por paramilitares argentinos, quienes posiblemente lo torturaron antes. Ante la negativa del gobierno de que se velara el ataúd en sitio visible, con intervención de la Federación de Mineros, la viuda prefirió trasladarlo hasta México, de donde en 1983 fue reconducido a Bolivia.

Otro factor que debilitó la solidez del régimen banzerista fue la frustrada negociación con Pinochet para una salida soberana de Bolivia al Pacífico. Los dos mandatarios se abrazaron en Charaña —en la frontera con Chile— en febrero de 1975, reiniciando relaciones diplomáticas después de 13 años. Se confió la misión en Santiago al periodista e industrial minero Guillermo Gutiérrez. La propuesta boliviana consistía en una salida al Océano Pacífico mediante una costa-corredor al norte de Arica y un enclave más al sur, y la contrapropuesta chilena negaba la posibilidad del último extremo y limitaba el pasaje a más o menos ocho kilómetros de costa. Desde el principio de la negociación se estableció que la salida marítima no sería más que en el punto limítrofe entre Perú y Chile, en tierras sobre cuya transferencia a terceros países tiene derechos de intervención el gobierno de Lima. Chile insistió en un trueque territorial modificando su proposición de 1950, en el sentido de que las compensaciones, en caso de haberlas, serían en bienes o servicios. En este punto, y de acuerdo con la cláusula secreta del tratado de 1929, Chile consultó a Perú y la respuesta de éste no constituyó una negativa, pero introdujo aspectos nuevos que provocaron el inmediato rechazo de Chile y la paralogización de Bolivia, ya que planteaba en la zona negociada una soberanía y una administración compartida por los tres países en el puerto de Arica. De tal manera, se ha vuelto hasta hoy a la situación de antaño.

Calibrando el fastidio de la opinión pública, en febrero de 1978 Bánzer volvió a romper relaciones diplomáticas con Chile.

Mi patria tiene montañas,
no mar.
Olas de trigo y trigales,
no mar.
Espuma azul los pinares,
no mar.
Cielos de esmalte fundido,
no mar.
Y el coro ronco del viento,
sin mar.

ÓSCAR CERRUTO

Para esa época confluían sobre el mandatario dos corrientes poderosas: la de la administración Carter, con su política de derechos humanos y retorno en América Latina del sistema democrático, y la de la oposición política civil dentro del país, que ya volvía a reagruparse y contaba con partidos nuevos, ansiosos de salir de la clandestinidad, como el Socialista, de Marcelo Quiroga Santa Cruz, y el Movimiento de Izquierda Revolucionaria, liderado por una *troika* conformada por Jaime Paz Zamora, Antonio Araníbar y Óscar Eid. El MIR surgió de la juventud de la Democracia Cristiana, partido pequeño que, en su constante zigzagueo, había colaborado con el gobierno de Barrientos, lo que provocó el repudio de los jóvenes, un sector de los cuales tomaría el camino de la guerrilla de Teoponte (en la que falleció de inanición Néstor

Paz Zamora) y el otro la clandestinidad y el exilio, para formar una alternativa a la "vieja" izquierda boliviana, caracterizándose por su repudio al caudillismo y su adhesión enfervorizada al socialismo, adoptando en sus pancartas el retrato del *Che* Guevara. Se trataba de conformar el Estado nacional junto al proletariado. Uno de los líderes del MIR, quizá el de mayor ascendiente en su momento, Jorge Ríos Dalenz, fue asesinado en Chile por la policía militar de Pinochet. Figuró entre los fundadores René Zavaleta Mercado (ministro de Minas del último gabinete de Paz Estenssoro), que concluiría sus días en el exilio de México cuando apenas bordeaba el medio siglo. Como Sergio Almaraz Paz, también desaparecido prematuramente, Zavaleta dejó una valiosa obra de interpretación del "abigarrado" acontecer boliviano, en la que se mezclaban sus lecturas del marxismo con sus vivencias reales en el poder, en la clandestinidad y el exilio en un estilo barroco, pues no en vano había escrito alquitarada poesía, ofreciendo fórmulas de interpretación mucho más creativas que la de los teóricos dogmáticos afiliados al stalinismo o al trotskismo. Antepuso el concepto de nación al de clase social para explicar la heterogeneidad boliviana, un poco a la manera de Carlos Montenegro y de Augusto Céspedes, a quienes admiraba.

A su retorno de Washington, donde asistió a la firma del Tratado del Canal de Panamá, en septiembre de 1977, Bánzer anunció el adelanto de las elecciones para las que no se presentó él sino su ministro del Interior, el general de aviación Juan Pereda Asbún, quien por razones difíciles de explicar fue escogido en lugar de Alberto Natusch Busch, ministro de Agricultura, de quien se decía que caía con frecuencia en estados de euforia o depresión y a menudo se mostraba irascible y huraño. Pereda posiblemente tenía mejor humor pero ninguna condición para el mando. El ejército se plegó a regañadientes a la fórmula que llevaría a la presidencia a un oficial de un arma pequeña como la aviación. En diciembre se levantaron las restricciones políticas y se anunció una amnistía *sui generis* que mantenía el exilio para 348 "disidentes políticos", entre los que se hallaba Lechín, Quiroga Santa Cruz y Siles Zuazo. Poco después de la Navidad, cuatro esposas de mineros exiliados declararon una huelga de hambre indefinida en la sede del arzobispado de La Paz, y por un momento pareció que sería una más de las tantas huelgas de ese carácter que se diluían o eran negociadas, pero con el paso de los días otros grupos ingresaron a la huelga en varias ciudades del país, hasta llegar a más de 1 000 personas. En enero el régimen se vio obligado a dictar una amnistía general e irrestricta.

El éxodo de bolivianos al exterior por falta de empleo o por razones políticas era de vieja data, y las colonias bolivianas habían proliferado, desde la muy grande en Argentina, con un millón de personas, hasta la reducida pero aguerrida de Suecia, adonde fueron a parar bolivianos que salieron a un doble exilio pues provenían del Chile de Allende. Sucesivos gobiernos habían echado mano del torvo expediente del exilio y muchas veces los exiliadores de hoy fueron los exiliados de ayer, con excepción de los miembros de la casta militar, libres de permanecer o alejarse del país como decisión individual de mejor vida. Pero otros muchos soñaban obstinadamente con el retorno.

315

Yo no logro explicar
con qué cadena me atas,
con qué hierba me cautivas,
dulce tierra boliviana.
Desde lejos yo regreso
a tus piedras trabajadas
por titanes ignorados
que cobija la altipampa.
Desde lejos, como el viento
traigo nombres de otras patrias,
pero busco en tu infinito
las raíces de mi alma.

MATILDE CASAZOLA

El único punto de los huelguistas de hambre no aceptado por el gobierno fue el retiro de las tropas de las minas. Vueltos del exilio, los jefes políticos se dedicaron frenéticamente a la reorganización de sus cuadros y a las alianzas con otros grupos. Hernán Siles Zuazo, que había roto con Paz Estenssoro desde el ingreso de éste al gobierno de Bánzer, fundó en Santiago de Chile el MNR de izquierda, ubicado en la socialdemocracia y que actuó como pivote de una vasta alianza izquierdista: la Unión Democrática y Popular, en la que figuraban el Partido Comunista Stalinista y el Movimiento de la Izquierda Revolucionaria, con gran influencia en las universidades. El MNR histórico, de Paz Estenssoro, mantenía su raigambre campesina y atraía a crecientes círculos de la burguesía urbana. Walter Guevara Arze, quien había fundado una década atrás su propia agrupación política, decidió plegarse nuevamente al MNR. Al final de la jornada electoral todos se acusaron mutuamente de fraude, aunque era evidente que el aparato estatal y la institución armada habían favorecido abiertamente a Pereda, quien pidió a la corte electoral la anulación del evento pese a declararse vencedor. Bánzer replicó que en vista de que la corte electoral había aceptado la anulación, él entregaría el poder a una junta militar, lo que llevó a Pereda a visitar las guarniciones de Cochabamba y Santa Cruz y proclamarse presidente. La poderosa guarnición de La Paz ya no respaldó a Bánzer, quien, después de un discurso ante los oficiales que habían gobernado con él y que ahora derramaban algunas lágrimas de nostalgia, abandonó el Palacio Quemado para hacerle campo al nuevo triunfador, que llegó en un avión de la fuerza aérea desde Santa Cruz.

La caída de Bánzer, por obra de sus propios e ingratos camaradas, mostró cuán endebles habían sido las bases del edificio construido en siete años y en cuya fachada se leía el lema de "Orden, paz y trabajo", pero cuyo pecado original era su falta de legitimidad. Cuando pudo hacerlo, Bánzer no llamó a elecciones, y cuando quiso, su desgaste ya era muy grande, y el candidato que escogió para que gobernara a su nombre resultó no sólo con pocas aptitudes para el cargo, sino también notoriamente ingrato, repitiendo una vez más el caso frecuente en la historia boliviana de la rebelión de los ahijados contra sus padrinos.

Sin embargo, el banzerismo, que se había asentado sobre las bayonetas, gozó de una suerte de consenso entre los empresarios privados, sobre todo la burguesía cruceña, que se benefició grandemente con la política de créditos y fomento a las exportaciones agropecuarias. Para no dar un salto al vacío, la oficialidad del

317

ejército, voluble "cual pluma al viento", decidió alinearse detrás de Pereda, quien sorprendió a muchos oficiales nombrando canciller al doctor Ricardo Anaya, dirigente de una fracción del viejo PIR de los años cincuenta, y ministro del Interior al coronel Faustino Rico Toro. De inmediato, el nuevo régimen, que no definía si iba a ser una continuación del banzerismo o algo nuevo, halló de frente las dos fuerzas que habían derrotado a Bánzer: la convulsión política y social para un retorno a la democracia, y la presión del Departamento de Estado estadunidense, que exigía se fijase una fecha para nuevas elecciones. Pereda salió del paso anunciando que serían en 1980, pues en el centenario de la Guerra del Pacífico, según él, el país requería un gobierno fuerte y estable para la magna fecha. La UDP de Siles Zuazo, principal damnificada por el golpe de Pereda, convocó a una manifestación masiva a fines de noviembre de 1978 a fin de exigir una nueva ronda electoral para el año siguiente. Los mismos oficiales que desafiaron años atrás a Bánzer, ahora coroneles y comandantes, utilizaron el pretexto de la conmoción social que crearía la manifestación de la UDP para dar un golpe incruento a Pereda, a los cuatro meses de su ascenso al poder, llevando al Palacio Quemado al general David Padilla Arancibia, quien no tuvo inconveniente en anunciar elecciones para julio de 1979, recibiendo por tal hecho el apoyo inmediato de la clase política. Padilla estaba rodeado por el movimiento generacional de coroneles, preocupados por buscar una salida institucional que precautelara el muy mellado prestigio y los privilegios de las fuerzas armadas.

Se trataba de organizar el repliegue táctico en los cuarteles, pues el descrédito de las fuerzas armadas parecía haber llegado a su punto máximo. El propio Padilla declaró que debía borrarse "la imagen de mentirosos" que tenían los militares del país. En sus ocho meses de gestión, restableció la vigencia de las libertades democráticas y sindicales y de la autonomía universitaria, y convocó a nuevas elecciones para las que se registraron 57 partidos políticos, entregados a una orgía verbal de acusaciones, insultos y virulencia. El gabinete de Padilla sería motejado como "Karachipampa" por haber aprobado, cierto que bajo la presión de entidades cívicas potosinas, el contrato para la instalación de la refinería de plomo y plata del mismo nombre, a pocos kilómetros de la villa Imperial, a un costo de 200 millones de dólares, la cual nunca entró en operación, dejando no obstante inmensas comisiones para sus avispados promotores.

En julio de 1979 se realizaron las elecciones generales en las que se enfrentaron la UDP de Hernán Siles Zuazo y el MNR histórico de Paz Estenssoro, apoyado por la Democracia Cristiana, y, curiosamente, el Partido Comunista Maoísta de Óscar Zamora. En tercer lugar figuraba Hugo Bánzer con su flamante partido Acción Democrática Nacionalista. Los dos primeros superaron el medio millón de votos cada uno y el tercero alcanzó casi el cuarto de millón de votos. La ventaja de Paz Estenssoro sobre Siles Zuazo fue de apenas 1 521 votos, de manera que se llevó la elección al Congreso, donde después de cuatro votaciones no pudo superarse el "empantanamiento" entre los dos primeros. Siles Zuazo y su compañero de fórmula, Paz Zamora, se declararon en huelga de hambre en la Biblioteca del Congreso.

A principios de agosto el general Padilla advirtió a los congresistas que si no elegían un presidente para la fecha de transmisión de mando, él delegaría el poder nuevamente a las fuerzas armadas, de manera que los representantes encontraron la solución de elegir presidente constitucional interino por un año al presidente del Congreso, Walter Guevara Arze, con el encargo de convocar a nuevas elecciones.

La presencia de un gobernante civil después de una década de regímenes militares resultó urticante para los mandos castrenses, habituados al uso y al abuso del poder. Reiniciadas sus labores camarales, el Congreso escuchó durante 14 horas la acusación formulada por Marcelo Quiroga Santa Cruz contra el gobierno de Bánzer, acusación que en los medios militares fue tomada como una ofensa a toda la institución y no a quien había gobernado a nombre de ella. El juicio de responsabilidades no prosperó, entre otras razones porque el partido de Bánzer tenía representación en el Congreso. De otra parte, Lechín, retomando un antiguo argumento que había esgrimido antes, propuso que se limitaran los gastos de defensa para paliar la crisis económica. Algunos diputados del partido de Paz Estenssoro, aparentemente con la anuencia de éste, establecieron contacto con el coronel Natusch Busch, en vista de que Guevara, que había organizado un gabinete de independientes, proclamó la neutralidad del gobierno ante las próximas elecciones e hizo alguna declaración en sentido de que su gobierno no podría afrontar la crisis y enderezar la maltrecha economía del país en menos de dos años, lo que fue tomado como una intención prorroguista.

Con el pretexto en mano, en octubre se levantó la guarnición de Trinidad, que quedó aislada, entre otras cosas, porque Natusch Busch, que se encontraba allí, volvió precipitadamente a la Paz. En estas circunstancias tuvo lugar en La Paz la IX Asamblea de la Organización de Estados Americanos, que declaró que la mediterraneidad de Bolivia afectaba la paz del hemisferio y que debía buscarse una solución inmediata en acuerdo con las partes. Cuando todavía una parte de los delegados americanos se encontraba en La Paz, aparecieron en las calles de la capital los tanques traídos del altiplano, mientras el ejército ocupaba el resto del país. El palacio de gobierno fue escenario del juramento presidencial del coronel Alberto Natusch Busch, en cuyo gabinete civil-militar figuraban prominentes diputados del MNR, como Guillermo Bedregal y Edil Sandoval Morón. Paz Estenssoro negó su participación personal en el golpe y entró en polémica en la prensa con el flamante canciller Bedregal. Natusch Busch, insólitamente, prometió gobernar con el Congreso y consultar a la Central Obrera para respetar el sindicalismo y los derechos humanos. El Partido Comunista mostró una actitud conciliatoria, y el propio Juan Lechín fue invitado a palacio para conversar con el nuevo gobernante.

En esta situación, y con el Parlamento en actividad, la furia popular se desbordó en las calles y los manifestantes atacaron con piedras y palos a los tanques, que no vacilaron en responder con sus proyectiles de alta capacidad, provocando una masacre de dos centenares de muertos y otros tantos desaparecidos civiles. Natusch Busch quedó virtualmente prisionero en palacio, mientras afuera corría generosa la sangre de los humildes; en tanto, los políticos se embarcaban en conciliábulos para buscar una salida a la situación. Tan insólita como la actitud de Natusch Busch fue la decisión del gabinete de Guevara de no buscar asilo diplomático, sino de continuar gobernando en la clandestinidad. El propio Guevara Arze se presentó en el Parlamento y arengó a la multitud, después de una misa en San Francisco en memoria de los caídos. Ante la creciente resistencia popular, Natusch Busch propuso un gobierno surrealista, tripartito, presidido por él —en representación del ejército— y por otros dos miembros, del Parlamento y de la Central Obrera. La propuesta fue bien recibida por el Partido Comunista, pero ya se habían perdido muchas vidas. Delegados militares acudieron al Congreso para buscar una fórmula, que consistía en aventar a Natusch Busch y en no permitir el retorno de Guevara, y apenas a dos semanas de producido el golpe (mediando el clásico asalto a las arcas del Banco Central, primera medida del régimen espúreo), se llegó al acuerdo de elegir a la presidenta de la Cámara de Diputados, Lydia Gueiler, para la primera magistratura, mientras el ejército a regañadientes volvía a sus cuarteles, bajo el compromiso de la señora Gueiler de que no habría sanción alguna para los masacradores —Doria Medina, Alberto Grybowski, Víctor Peredo, Moisés Chiriqui, Mario Oxa—, ni se tocaría el alto mando.

Mientras la nueva mandataria entraba a palacio por la puerta principal, rodeada de diputados y periodistas, Natusch Busch salía a medianoche por una puerta lateral y se embarcaba de incógnito en una tanqueta del ejército. La señora Gueiler pertenecía a la alianza política del MNR histórico y había actuado durante 30 años dentro de ese partido, del que se desvinculó para apoyar a Lechín Oquendo en el PRIN. Con la exclusión de quienes habían apoyado a Natusch Busch, su gabinete fue predominantemente pazestenssorista.

El amor, la muerte, tienen idéntica confianza:
la dicha y el coraje de vivir como se pueda,
y la muerte que comparte
lo mejor de la vida.

ROBERTO ECHAZÚ

La idea de que la presidenta era, de acuerdo con el mandato constitucional, capitana general de las fuerzas armadas, provocaba cuando menos hilaridad en militares y coroneles, que habían salido sin un rasguño del nuevo enfrentamiento con la población civil. Se negaron a aceptar cualquier nombramiento proveniente del palacio de gobierno, y de hecho, el general Luis García Meza Tejada, que actuó como comandante del ejército con Natusch, se autoposesionó como comandante en jefe del ejército. El ministro de Gobierno, Jorge Selúm Vaca Díez, hombre de confianza de la presidenta, pues provenía también de los cuadros del PRIN, no pudo destituir al coronel Freddy Quiroga, a quien Natusch nombrara jefe del Servicio de Inteligencia, y tuvo que ser mudo espectador del asalto a los archivos de su ministerio que realizó el coronel Arce Gómez, donde figuraban los expedientes tanto de izquierdistas como de narcotraficantes. Ante las exigencias del Fondo Monetario Internacional, en noviembre el gobierno devaluó el peso boliviano en un cuarto y suspendió los subsidios a la gasolina, lo que produjo un aumento general de precios, todo ello a cambio de un crédito *stand by* de 100 millones de dólares. La protesta popular se inició con los campesinos, que recurrieron al bloqueo de caminos, dejando sin alimentos a las ciudades. Lechín se opuso a la devaluación ante una multitud, pero no se llegó a la huelga general. Proliferaron las huelgas de fabriles, maestros, bancarios y otros sectores, paliadas con la concesión de bonos contra la inflación. La población vivía sobrecogida entre las manifestaciones diurnas de diversos sectores y las explosiones de bombas militares en las noches, que no causaban daños físicos pero sí aumentaban la intranquilidad general.

En febrero se fundó, a instancias de la COB y de los principales partidos políticos, excluyendo a ADN, el Comité de Defensa de la Democracia (Conade) para garantizar las elecciones generales. En marzo la policía encontró en el matadero municipal el cuerpo atormentado del sacerdote jesuita Luis Espinal, director del semanario *Aquí*, donde se habían publicado denuncias de la vinculación de oficiales del ejército con el narcotráfico. En abril, a instancias de la presidenta, el Comité Ejecutivo de la COB firmó un insólito pacto con el alto mando militar, incluido García Meza, para observar "un recíproco respeto" y sostener el proceso democrático hasta su consolidación electoral. García Meza, que ya empezaba a hablar de una "democracia inédita", negó pocos días después toda validez al pacto. Con todo, los partidos se aprestaron a la nueva contienda.

En junio una avioneta contratada a la empresa de los coroneles Arce Gómez y Norberto Salomón, y que debía llevar a Hernán Siles Zuazo al oriente, se precipitó a tierra, muriendo carbonizados todos sus pasajeros, menos Jaime Paz Zamora, quien envuelto en una bola de fuego logró saltar a tierra, de donde lo recogió un campesino llevándolo envuelto en una frazada hasta El Alto. (Quedó en el misterio cómo dos coroneles, cuyos sueldos anuales conjuntos no llegaban a los 20 000 dólares, pudiesen tener una flotilla de aviones de 500 000 dólares por unidad.) Tratado de emergencia en una clínica de La Paz, el candidato vicepresidencial fue llevado a los Estados Unidos, donde prosiguió su recuperación.

Pocos días después de este accidente, el coronel Carlos Estrada, comandante de la escolta presidencial, armado con una ametralladora automática y en estado de ebriedad, ingresó a la residencia presidencial con el propósito presumible de dar muerte a la presidenta, quien ante el ruido de los guardias atinó a cerrar con llave su dormitorio. Estrada trató de derribar la puerta a patadas, pero finalmente se tranquilizó y se retiró como había entrado, con su arma al brazo. Pese a la consternación de la opinión pública, no sufrió ni siquiera una reprimenda del alto mando, el mismo que, reunido en Cochabamba, resolvió más bien pedir la postergación de las elecciones con el argumento de que aumentaría el desorden y empeoraría la situación económica. En La Paz, una manifestación de la UDP fue interrumpida con el estallido de una granada de guerra que causó varias muertes. Pese a todo, las elecciones generales se realizaron a fines de junio con el neto triunfo de la UDP, con medio millón de votos, seguida por el MNR, de Paz Estenssoro, con 263 000, y la ADN, de Bánzer, con 220 000. Hubo consenso entre los partidos, incluido el de Bánzer, de que se entregara el gobierno al ganador. Pero era otra la voluntad del ejército, que volvió a alzarse en Trinidad, al amanecer del 17 de julio, declarándose las demás guarniciones del país "en emergencia".

Esta vez no salieron tanques a las calles, sino flamantes ambulancias repletas de paramilitares que se dirigieron a la sede de la COB y al Palacio Quemado, donde se hallaban los dirigentes de la Conade. Juan Lechín y la mayoría de los dirigentes que se encontraban allí fueron cargados en las ambulancias, que transportaron medio millar de detenidos de distintos sitios a la ciudadela militar de Miraflores. Hubo algunos muertos y heridos; entre los segundos estaba Marcelo Quiroga Santa Cruz, quien también fue llevado al Estado Mayor, donde sería torturado hasta su muerte. La presidenta fue obligada a firmar su carta de renuncia, mientras varios de sus ministros eran capturados y otros buscaban asilo diplomático. Arce Gómez, que apareció como nuevo ministro de Gobierno, estaba rodeado de militares de inteligencia argentinos que habían planificado cuidadosamente el golpe, evitando los "errores" de Natusch Busch. En la tarde, en una ceremonia siniestra llevada a cabo en el cuartel general de Miraflores, se hizo cargo del poder una junta presidida por García Meza, con todos los asistentes vestidos de trajes de campaña y pistolas en la cintura, menos los alcahuetes civiles. Premonitoriamente, la pluma flamígera de Franz Tamayo había dejado para la posteridad un retrato parecido: "Es la erupción de todos los apetitos y consecuentemente de todas las brutalidades y turpitudes. Es el reino de la bestia".

La oposición se concentró en algunos centros mineros, cuyos habitantes fueron apaciguados a balazos. La huelga general de la COB se desmoronó con una argucia ideada por los argentinos: en la noche la televisión mostró a Arce Gómez platicando con Lechín, quien dirigiéndose a la audiencia pidió que no se derramara inútilmente sangre obrera y exhortó al pueblo a abandonar la resistencia civil.

MARCELO QUIROGA SANTA CRUZ

Perteneciente a una ilustre familia cochabambina, hijo de un ministro de Salamanca y luego alto funcionario de la casa Patiño, Quiroga Santa Cruz pudo haber seguido el curso tranquilo de existencia acomodada que le permitían sus bienes y su clase. Pero desde muy temprano dio muestras de inconformidad y de talento en. diversos campos, desde el cine experimental hasta el periodismo, sobresaliendo en todos. A los 26 años incursionó en la literatura con la novela *Los deshabitados*, con la que le marcó un rumbo nuevo a la narrativa boliviana. Elegido diputado por Cochabamba, se enfrentó al régimen de Barrientos, por lo que fue apresado y confinado en Alto Madidi. Su anciano padre, a quien llegó la noticia de que Marcelo había sido asesinado, murió en Cochabamba víctima de un síncope cardiaco. En 1969, con la toma del gobierno por el general Alfredo Ovando Candia, fue elegido ministro de Minas y Petróleo, y desde esas funciones impuso la nacionalización de los bienes de la Gulf Oil. Poco después se alejó del gobierno, sobre el que, en forma creciente, hacían presión los sectores derechistas del ejército.

En 1971 fundó el Partido Socialista de Bolivia y salió al exilio, a la caída del gobierno de Torres, primero a Chile, hasta el derrocamiento de Allende, luego a Argentina, donde sufrió un atentado de paramilitares argentinos, y después a México. En todos estos países combinó la cátedra universitaria con la actividad periodística y política. Reingresó clandestinamente a Bolivia en 1979, y en el Parlamento planteó un juicio de responsabilidades al régimen de Bánzer, que concitó la atención de todo el país. Totalmente entregado a su partido, y habiendo roto definitivamente todo vínculo con los sectores del poder y de la riqueza, en cuyo medio nació, obtuvo, en las elecciones de 1980, en las que se postuló a la presidencia de la República, más de 100 000 votos y para su partido 10 diputados y un senador. Pero ya entonces era un hombre marcado. Quienes ordenaron su asesinato, en la toma de la COB, y los propios ejecutores del mismo eran la hez de la sociedad boliviana. Veían en Quiroga Santa Cruz al hombre brillante, valeroso, que no pedía ni daba cuartel, entregado a su pasión reivindicadora del país, mientras a ellos sólo les interesaba medrar a costa de Bolivia y al amparo de instituciones deformadas y manoseadas por sus malos miembros. Personas inhabilitadas para pronunciar un discurso que no fuese redactado por un pendolista alquilado, envidiaban en Quiroga Santa Cruz la maestría oratoria; incapaces de redactar un telegrama, celaban al novelista premiado y al periodista insobornable; incapaces de renunciar a cualquier ventaja material, denostaban al hombre que se había desprendido de todo para darse a la causa de los desheredados. Otra diferencia importante era que mientras uno había nacido en el seno de un hogar respetable y conocido —era delgado, de buena estampa y facciones regulares, y vestía con sobriedad y buen gusto—, los segundos mostraban en los rostros y en los cuerpos su fealdad física y moral, su ordinariez repulsiva y degradante. Marcelo tomaba ocasionalmente un vaso de vino en las comidas, y más raramente todavía, saboreaba una copa de coñac en la sobremesa, cuando la charla con los antiguos amigos se alejaba de la política para incursionar en la literatura, la poesía, el cine. No hacía concesiones al folklorismo mediante la ingestión de chicha o el baile de la cueca, rituales casi obligados de los políticos bolivianos. Sus asesinos, en cambio, hicieron gala de su dipsomanía y lascivia cual si ellas fuesen cualidades que abonaban a su bastarda hombría. Sus asesinos pasaban del cuartel al burdel, tratando con la misma torpeza y desconsideración a soldados, a prostitutas y a caballos. Es cierto que el jefe de ellos no conocía mejor aroma que el de la bosta de los animales que montaba. De todas estas diferencias insuperables nació la envidia, y de allí el crimen horrendo del diputado de 49 años, a quien el novelista mexicano Juan Rulfo ha comparado con San Martín y Sucre, por la gallardía de sus gestos y la pureza de su entrega.

"ANNUS HORRIBILIS"

Entrevistado por una revista chilena, García Meza no escondió su admiración por Pinochet y prometió seguir su ejemplo, por lo menos en cuanto a su duración en el poder. Dijo que se quedaría 20 años hasta ver a

Bolivia reconstruida. Acusaba de todos los males del país a los políticos, sobre todo a los viejos líderes del MNR. No había salido nunca de Bolivia, sino ocasionalmente a algún país vecino, y su trato fue siempre con conscriptos y caballos. De una absoluta ignorancia, apoyaba sus acciones en la torpeza de su carácter, que los militares confundían con capacidad de mando; y en medio de la espantosa crisis que sufría la institución por tantos años de corrupción del gobierno, García Meza lucía como una firme esperanza de prorrogar el mandato militar, montado en la silla presidencial como si se tratase de una bestia a la que había que domeñar con fuete y espuelas. Videla, dictador militar argentino, le había prestado apoyo logístico y asesoramiento antes del golpe, y acudió en seguida a auxiliarlo financieramente con un crédito de 200 millones de dólares, puntualmente dilapidados. Pero el resto de las naciones, empezando por los Estados Unidos, le dieron la espalda. No era solamente el afán de preservar el sistema democrático que venía ganando terreno paulatinamente en América Latina, sino una preocupación mucho más grave, la de la vinculación del nuevo régimen con el narcotráfico. Hasta entonces, y desde los años setenta, no era un secreto para nadie que no solamente altos oficiales del ejército y la policía estaban envueltos en el nefando negocio, sino también ministros de los sucesivos gobiernos y miembros de la judicatura, pero ahora la prensa internacional hablaba sin tapujos de que la mafia narcotraficante se había apoderado del gobierno en Bolivia, especie que se difundió en forma fulminante en los Estados Unidos cuando el periodista Mike Wallace dedicó su programa de "60 Minutos" al ministro del Interior,

Arce Gómez, denunciándolo de ser cabecilla del negocio. En la lucha entre los grupos mafiosos vinculados a Colombia, Arce Gómez organizó uno propio con su primo Roberto Suárez Arce, conocido como el "Rey de la cocaína".

El ministro del Interior se apoyaba en una agrupación autodenominada "Los novios de la muerte", compuesta por viejos nazis y neonazis, alemanes, italianos y de otras nacionalidades, bajo el mando de Klaus Barbie, "El carnicero de Lyon", torturador y asesino del líder de la resistencia francesa Jean Moulin y del envío a las cámaras de gas o fusilamiento de millares de patriotas franceses y judíos, incluyendo muchos niños. No vale la pena recoger los nombres de todos estos mercenarios que desaparecieron del escenario al finalizar el ciclo militar. Basta señalar que el coordinador del Consejo Nacional de Lucha contra el Narcotráfico era Pier Luigi Pagliai, conocido como *Putino* ("querubín", en italiano), que fuera secuestrado por la DEA en octubre de 1982 como jefe de una banda narcotraficante. *Putino,* terrorista de derecha, antes de asesorar a Arce Gómez, había puesto una bomba en la estación ferroviaria de Boloña, matando a 85 personas e hiriendo a 200.

En mayo de 1980 el Centro de Instrucción de Tropas Especiales de Cochabamba, bajo el mando del teniente coronel Emilio Lanza, se insurreccionó en dos ocasiones pidiendo la renuncia de García Meza por el escarnio que representaba para las fuerzas armadas su conducta disoluta, pero el régimen pudo apagar el incendio distribuyendo profusamente "bonos de lealtad" en el resto de las guarniciones militares.

A mediados de enero de 1981, ocho dirigentes del

MIR, sorprendidos en una reunión para analizar las recientes medidas económicas del régimen, que tuvieron un fuerte impacto inflacionario, fueron asesinados a sangre fría por agentes de la policía política. Sobrevivió Gloria Ardaya, quien quedó cubierta por uno de los muertos. Se trataba de la plana mayor de ese partido, que había quedado en el país, y la noticia de que los jóvenes profesionales, ninguno de ellos armado, fueran eliminados de esa manera repercutió en la opinión pública. Bánzer pidió a los integrantes de la ADN que no colaboraran con el gobierno, aunque algunos se mostraron renuentes y continuaron haciéndolo. Entre las acusaciones de los Estados Unidos y el asesinato de los miristas, cuya sangre no se borraba de sus manos, Arce Gómez fue retirado del Ministerio del Interior y enviado nada menos que de comandante del Colegio Militar, lo que provocó la repulsa de los cadetes.

La represión del régimen, despiadada y brutal, se concentró en los dirigentes sindicales y de partidos de izquierda. Pero el mayor número de conspiraciones provino del interior del ejército, una de ellas en agosto, encabezada por Natusch Busch en Santa Cruz, en una especie de reivindicación por sus errores pasados. Ocupada esa plaza oriental por los rebeldes, el ejército finalmente se atrevió a pedir a García Meza su renuncia, para preservar la institución, al año del nuevo asalto al Palacio Quemado. García Meza salió desafiante, dando un portazo, para en seguida tomar un avión y descansar en Taiwán.

Quedó en su lugar la junta de comandantes integrada por Waldo Bernal, de la aviación; Celso Tórrelio, del ejército; y Óscar Pammo, de la armada. Con cada sucesión militar el mineral detrás del uniforme era de peor ley, y los argumentos que privaron para elegir, en septiembre, como presidente a Torrelio consistían en que representaba el arma más numerosa y antigua y que no había sido tan manchado como sus dos compañeros con escándalos y corruptelas. Sus propios camaradas no le descubrían ninguna luz. En su corto gobierno, por poco Bolivia se ve envuelta en el conflicto de las Malvinas, que había precipitado la dictadura militar argentina con la ocupación de esas islas para recuperar algún prestigio. Inglaterra reanimó su vieja alianza con Chile, y desaprensivamente los militares bolivianos pusieron, por unas horas, a disposición de la fuerza aérea argentina los aeropuertos del país y la gasolina de YPFB, lo que provocó un bramido del viejo león británico, que aunque desdentado podía dar todavía más de un zarpazo, como lo probó puntualmente con la recuperación de las islas. Torrelio no fue ajeno a la norma de los "ahijados" políticos de dar la espalda de inmediato al padrino de ayer, pues alejó a los elementos más duros del garcíamezismo pero mantuvo intacta la estructura del poder, con un rostro más benigno. Nombrado canciller el doctor Gonzalo Romero, logró finalmente el tan ansiado reconocimiento de los Estados Unidos y de la comunidad europea, y el régimen anunció nueva convocatoria a elecciones generales ante el agravamiento de la crisis económica y las continuas huelgas. Pero las pugnas internas continuaban en el interior del ejército, donde el sector garcíamezista apostaba su última carta con el coronel Faustino Rico Toro. No obstante, en septiembre, por una disposición interna del ejército, fue llamado de Cochabamba y posesionado el general Guido Vildoso, cuya mejor credencial era haber mantenido su honestidad personal en medio de camaradas que hacían grosera ostentación de sus fortunas. Su régimen se prolongó apenas por 80 días, en los cuales aumentó notablemente la efervescencia política y se produjo una manifestación de la Central Obrera, que convocó a más de 100 000 personas en demanda de solución a los problemas económicos e instauración de la democracia. Vildoso resolvió que la mejor manera de superar la crisis económica y política era llamar, mediante la Corte Nacional Electoral, a los diputados y senadores que habían triunfado en 1980, lo que implicaba también reconocer como presidente a Hernán Siles Zuazo y como vicepresidente a Jaime Paz Zamora, en octubre de 1982. Concluyó así un ciclo militar de 17 años, difícil de entender si no hubiese contado con aliados civiles y con un contexto internacional tolerante con los gobiernos de fuerza que presentaban su "anticomunismo" como la mejor credencial ante el gobierno estadunidense. La empresa privada boliviana, muchos de cuyos miembros se habían habituado a hacer negocios y a prosperar al amparo del autoritarismo, percibió a tiempo que el modelo militar estaba agotado y se enfrentó —junto a los trabajadores— a los remanentes del garcíamezismo. El retiro de los militares a sus cuarteles tuvo lugar sin estridencias, con impunidad, preservando presupuesto y privilegios.

Yo no vengo a pedirles nada,
nada que les pertenezca.
Mi pueblo quiere su paz,
quiere su barco

para recoger de playas lejanas
un canto de gaviotas nuevas;
quiere sembrar su trigo
y levantar sus fábricas;
quiere que sus niños rían,
jueguen y salpiquen los campos
como las gotas del rocío al alba;
quiere que todos crezcan
a lo largo de los ríos como el trigo,
y que todos se hinchen de sol y de lluvia
como las uvas
en la cuenca dilatada de los valles.

ELIODORO AYLLÓN TERÁN

X. ESTRENO DE LA DEMOCRACIA

CON mucha ligereza se menciona a 1982 como el año del retorno al sistema democrático cuando en verdad, como hemos podido ver en este recuento, el país nunca conoció la democracia, bien sea por el carácter despótico del régimen colonial español y por las autocráticas tradiciones nativas, que la República heredó, como porque los protagonistas políticos hasta los años setenta estaban muy lejos de entender la democracia como un ejercicio de alternabilidad en el poder con base en el voto ciudadano, la concertación, el respeto a las minorías y la negociación. Unos y otros, a la izquierda y a la derecha del espectro político, tenían una concepción totalitaria del poder: o la revolución, o el mantenimiento del *statu quo* por la fuerza de las armas, con sus secuelas de violencia o represión.

LA UNIÓN DEMOCRÁTICA POPULAR

Mientras Siles Zuazo dirigía su primer mensaje al Congreso y al pueblo en el hemiciclo parlamentario, en presencia de algunos gobernantes de países amigos, y vacilaba en poner en orden las páginas de su exhortación, se producían dos hechos que la prensa relegó a sus páginas interiores: el secuestro del terrorista italiano *Putino*, en Santa Cruz, por agentes de la DEA y el asesinato

336

de un grupo de agentes contra el narcotráfico, en Yungas, a manos de los campesinos cultivadores de coca, que prendieron fuego a su alojamiento, dejándolos perecer en las llamas. Eran pinceladas de un espectro que ya se había apoderado del país y de sus instituciones: el tráfico de la cocaína.

No en vano habían transcurrido 30 años desde la primera vez que Siles Zuazo entrara a palacio como líder de una revolución popular. Esas tres décadas las pasó casi en su totalidad en el exilio, entre Montevideo y Caracas, siempre en reuniones políticas en las que el caudillo paceño bebía incontables tazas de café y consumía un cigarrillo tras otro, lo que a la postre afectó irremediablemente su salud. Este retorno, bordeando los 70 años, tenía lugar en circunstancias muchísimo más complejas que las de aquel lejano abril de tantas esperanzas. La crisis económica azotaba a todos los sectores, y nadie garantizaba que, después de ese repliegue táctico del ejército a sus cuarteles, la democracia pudiese florecer con vigor. La economía no mostraba ningún crecimiento desde hacía años. El estaño confrontó una nueva caída en sus precios internacionales y en el Banco Central apenas había un millón de dólares de reservas. El único sector próspero era el del narcotráfico, lo que se evidenciaba en las calles por el libre movimiento de dólares a cargo de los cambistas, cuando tres décadas atrás era necesario hacer un trámite engorroso ante el Banco Central para obtener limitadas sumas que permitieran seguir estudios o tratamientos médicos en el exterior. Antaño, el grueso del público nunca había visto un dólar, y ahora era de manejo común en cualquier transacción. En lugar de un solo partido, Siles Zuazo dependía y debía favorecer al suyo propio, al MNR de izquierda, al MIR, el Partido Comunista prosoviético y a la Democracia Cristiana, aparte de otras agrupaciones menores, lo que dio lugar a frecuentes cambios de gabinete, con lo que se llegó a batir el récord de 150 ministros, nombrados en tres años. De inmediato se hicieron visibles los roces y la pugna por el control de las instituciones estatales. Cargando todavía el bagaje de la ortodoxia estatizante, el ministro de Finanzas del MIR hizo aprobar la "desdolarización" de la economía, con la presunta intención de doblegar a la burguesía y de recuperar algo de soberanía con el restablecimiento del peso boliviano como moneda de uso. Lo que funcionaba bien en el decreto resultó un desastre en la realidad, pues al eliminarse la cláusula de garantía de valor en relación con el dólar en las cuentas de ahorros, se provocó la proletarización masiva de la clase media, que había acumulado sus recursos en la banca. Por el contrario, los grandes prestamistas terminaron pagando sus compromisos internacionales en moneda local, cargando al Tesoro la deuda externa de la banca. Poco después renunciaban los ministros del MIR, dejando en papel desairado al vicepresidente Paz Zamora. Quebrada la espina vertebral de la confianza en el sistema financiero, la gente se dedicó a la especulación con dólares y al ocultamiento de productos, lo que encareció aún más el costo de la vida. Por su parte, la Central Obrera Boliviana volvió a la gimnasia huelguística que había contribuido tanto a la caída de varios gobiernos, entre ellos el de Lydia Gueiler Tejada.

Siles Zuazo, quien nunca fue partidario de aceptar el Congreso de 1980, al que sin embargo debía esta segunda presidencia, encontró en el Poder Legislativo el más formidable opositor, bajo la batuta del MNR de Paz Estenssoro y del ADN de Bánzer. Los parlamentarios apoyaban irresponsablemente todos los reclamos salariales de los sindicatos, que se atendían con emisiones inorgánicas que paliaban brevemente la situación, pero que al propio tiempo hacían crecer geométricamente el monstruo inflacionario. El presidente viajó a Francia después de que su ministro del Interior entregara a ese gobierno a Klaus Barbie, quien pereció en la cárcel, donde purgaba una condena de por vida. El resultado del viaje presidencial fueron algunas ofertas vagas de apoyo y un cargamento de armas cortas, destinadas aparentemente para la lucha contra el narcotráfico, pero que al llegar a Bolivia fueron decomisadas por el ejército con el pretexto de que estaban destinadas a algún grupo proguerrillero del MNR de izquierda.

Ni la naturaleza fue magnánima con el régimen. Las últimas coletadas de la "Corriente del Niño" provocaron tormentas e inundaciones en Santa Cruz, mientras el altiplano sufría una sequía tan grave como la que precedió a la guerra de 1879, quedando la ciudad de Potosí sin agua para el consumo doméstico. La prolongada carestía del líquido afectó las tierras altiplánicas por varios años, obligando a que las mujeres y niños del campo emigraran a otras ciudades para mendigar, fenómeno que no se ha paliado todavía en 1996.

Los Estados Unidos, que habían jugado un papel destacado en el restablecimiento del sistema democrático, se mostraban reacios a conceder una mayor ayuda económica, condicionándola a acciones decisivas contra el narcotráfico, lo que implicaba no solamente la persecución de las mafias, sino además la erradicación de cultivos en el Chapare cochabambino, convertido en zona de colonización y donde los habitantes se habían quintuplicado en una década gracias a los caminos 1 y 4, de penetración al Beni, construidos por Alfonso Gumucio en las primeras gestiones del MNR. Si lo primero era probable, aunque existía la convicción de que los narcotraficantes contaban con poderosos padrinos en todos los niveles del poder y disponían de armas y equipos mucho más sofisticados que los de la policía y del ejército, lo segundo, en cambio, representaba un enfrentamiento con una vasta población campesina cuyos ingresos, mucho más altos que los del común de agricultores, dependían exclusivamente de la coca, fácil de cultivar, que no exige ningún cuidado y que es capaz de dar cuatro cosechas al año.

La espiral de huelgas envolvió a todos los sectores, desde los policías hasta las vendedoras de los mercados e incluso los empleados de YPFB y del Banco Central, famosos por esquilmar a sus instituciones hasta verles el hueso. El sindicato del Banco llegó al atrevimiento de enviar un telegrama al presidente del Fondo Monetario Internacional en el que desautorizaba al ministro de Finanzas, que se hallaba haciendo gestiones en Washington. Exasperado por los paros laborales y por los enfrentamientos sangrientos, el presidente ofreció el cogobierno a la Central Obrera, como hiciera en su momento la presidenta Lydia Gueiler, ofrecimiento que Lechín rechazó nuevamente. Cada aumento laboral aprobado por el Parlamento provocaba mayor inflación, que a su vez era mitigada por poco tiempo con un nuevo aumento salarial, mientras en palacio, con alar-

mante regularidad, el presidente hacía cambios de gabinete. Contagiados por la fiebre de las huelgas, también los empleados públicos decretaron más de una, y
los empleados de telecomunicaciones y de aeropuertos aislaron a Bolivia de todo contacto con el exterior.

En este clima impredecible, con 500 huelgas conta-
bilizadas por año, a fines de junio de 1984 un grupo
de policías formados para la lucha antinarcóticos ocupó la residencia presidencial de San Jorge y secuestró
al presidente Siles al amanecer, en espera de que este
gesto lograría la adhesión inmediata de los comandantes de las fuerzas armadas. El gabinete, en reunión
de emergencia, tomó rápidamente el control de la situación, mientras transcurrían algunas horas en las que
no se sabía el destino que había corrido el mandatario.
Ante su orfandad, algunos de los facinerosos (quienes,
según se sabría luego, fueron contratados por dirigentes del MNR histórico) buscaron refugio en la embajada de Venezuela, donde refirieron al embajador que
Siles Zuazo se hallaba detenido en una casa de seguridad en Miraflores. El diplomático avisó de inmediato a
su presidente y éste se puso en contacto con el Palacio
Quemado. De esa manera, y con el apoyo del ejército,
se hizo un rastrillaje de la zona, ubicando la casa en la
que los mercenarios retenían al presidente. Siles Zuazo acompañó a sus captores hasta la embajada argentina, donde se refugiaron, y él volvió a palacio después
de este episodio rocambolesco, que reafirmó su autoridad y prestigio por un breve tiempo.

Pocos días más tarde la Central Obrera decretaba
una huelga general, con una estrategia que ya no se limitaba a las simples reivindicaciones salariales (puesto

que el tiburón hiperinflacionario se había devorado uno tras otro los seis "paquetes económicos" que decretara el gobierno), sino a la toma misma del poder, insistiendo en un discurso revolucionario totalmente disonante en medio de la crisis generalizada. En tanto, el dólar alcanzaba cotizaciones cada vez más altas en el mercado negro y la divisa controlada era objeto de especulaciones por avispados funcionarios del Banco Central. El Partido Comunista, al retirarse del gobierno, planteó la liquidación de la empresa privada, acusándola de parasitaria y golpista, lo que provocó el enojo de la Confederación de Empresarios, que a su vez amenazó con un *lock out* general.

Aunque el gobierno había firmado varios convenios con los Estados Unidos sobre prevención del narcotráfico y erradicación de cocales, Siles Zuazo, radicalmente enemigo de la violencia, no se mostró dispuesto a obligar a los cocaleros a cambiar sus cultivos, y el régimen cayó en el señuelo que le tendió Roberto Suárez, quien en privado pidió reunirse con el jefe de la lucha contra el narcotráfico, Rafael Otazo, con quien el presidente tenía una antigua relación de amistad como fundadores del MNR, amistad que no pudo sobrevivir a este episodio. Suárez ofrecía nada menos que hacerse cargo de la deuda externa boliviana (que para entonces alcanzaba alrededor de 3 000 millones de dólares), si el gobierno a su vez lograba que la justicia estadunidense liberara a su hijo detenido en Miami. La noticia de la reunión para esta proposición delirante se filtró al público, presumiblemente por amigos de Suárez, quien por supuesto nunca tuvo tanto dinero ni se propuso hacer donación tan generosa.

En el Congreso los diputados opositores se rasgaron las vestiduras y acusaron al régimen y al propio presidente de tener relaciones con el "Rey de la cocaína", y hablaron de plantearle un juicio de responsabilidades. Indignado, Siles Zuazo, cuya honestidad personal nunca se había puesto en duda (devolvió al Tesoro los 300 000 dólares que le correspondían por erogaciones de viajes y por otros conceptos de gastos de palacio, gesto absolutamente inusitado en el siglo XX boliviano y para el que habría que retroceder hasta los gobiernos conservadores para encontrar un ejemplo parecido), reaccionó con un gesto típico pero extemporáneo, declarándose nuevamente en huelga de hambre en defensa de su honor personal y de la dignidad de su familia. Después de algunos días de ayuno en palacio, a principios de diciembre los bandos en pugna en el Congreso buscaron la mediación de la Iglesia, y ésta logró que el mandatario suspendiera la huelga. Simultáneamente, Siles Zuazo anunció que, como una contribución personal a la salvaguarda del sistema democrático, acortaba su periodo de gobierno en un año, convocando a nuevas elecciones para junio de 1985, fecha en la que la hiperinflación había llegado a 24 000% y un dólar se cambiaba por 1 800 000 pesos bolivianos. Se trataba, según los entendidos, de la séptima inflación más alta en la historia de la humanidad.

La ferocidad y frecuencia con que los sindicatos paralizaban actividades, bloqueaban arterias o marchaban sobre las ciudades inermes provocó una de las mayores crisis de gobernabilidad, restando al gobierno la capacidad básica de ejercer autoridad. Las condiciones estaban dadas para un golpe de timón.

El partido de Paz Estenssoro recuperó en la corte electoral su antiguo nombre de MNR, e invitó a muchos de sus disidentes, unos colaboradores de los gobiernos militares y otros que habían formado tiendas políticas propias, bajo el argumento de Paz Estenssoro de que en el país no había cadáveres políticos, ni de los enterrados a tres metros de profundidad, y que era imperativo "barrer para adentro sin importar la clase de basura que pudiera colarse en la escoba". Walter Guevara Arze resolvió disolver su partido y reincorporarse al MNR. Filosóficamente comentó, frente a la eventualidad de sentarse en la misma mesa con quienes lo habían derrocado, que en Bolivia para hacer política era menester tragarse algunos sapos.

Después de un desenfrenado izquierdismo —que incluía desde el poder omnímodo del Estado, para dirigir vidas y haciendas, hasta la guerrilla, como método de combatir "al imperialismo y a sus agentes internos"—, soplaban nuevos vientos en el país hacia el otro extremo del espectro político, que coincidían en el plano externo con el decaimiento del bloque soviético y en el interior con la crisis económica y con la hiperinflación, que habían tocado fondo, pues ya no se podía llegar más abajo. Paz Estenssoro, con el pragmatismo que lo había distinguido a todo lo largo de su carrera política, captó inmediatamente el cambio y con su partido realizó un giro de 180 grados. En este avance arrollador de la derecha, emergió también como ganador el general Hugo Bánzer, quien, despojado de su antigua imagen dictatorial, se mostraba —y pudo comprobarlo en más de una ocasión— como un demócrata convencido, creyente en el voto popular y en la oposición constructiva. Con el asesoramiento de un joven economista de Harvard, Jeffrey Sachs, el ADN planteó un ajuste estructural de la economía boliviana por la vía del *shock,* que con diferencias de matiz planteaba también el MNR pazestenssorista. Por entonces, se produjo la división del MIR, que llevó como candidato a la presidencia a Jaime Paz Zamora, cuyo mandato vicepresidencial quedó también truncado en un año. El sector radical del partido, adherido todavía a la ortodoxia marxista, formó tienda propia con Antonio Araníbar Quiroga, bajo la denominación de "Movimiento Bolivia Libre". Realizados los comicios, el ADN triunfó con 28% de los votos, seguido por el MNR, que logró 26%, y el MIR, con 8%. El electorado castigó al candidato del MNR de izquierda con 4% de votos.

La elección se decidió en el seno del Parlamento, donde Paz Estenssoro tenía mayoría de representantes. Bánzer, ganador del voto popular, decidió no solamente desoír a sus más fervientes partidarios, que querían imponer su triunfo, sino además ayudar a Paz Estenssoro en la aplicación de una nueva política económica, apenas tres semanas después de instaurado el nuevo régimen, con la firma de un pacto por la democracia, que permitió la aprobación legislativa de las leyes de reforma económica.

El decreto 21 060, que marcaría el nuevo rumbo de la política económica por mucho tiempo en el país, era calca de lo que había planteado Sachs, quien quizá por ello continuó de asesor del gobierno pazestenssorista. Había que desmontar desde los cimientos el Estado erigido en 1952, que no había cambiado tampoco con los gobiernos militares y que acentuaba incluso sus rasgos perversos, como el crecimiento elefantiásico del aparato burocrático y la absoluta irresponsabilidad en el manejo de las empresas públicas. En su mensaje que anunciaba las medidas económicas, Paz Estenssoro declaró imperturbable: "Bolivia se nos muere". Para evitar su deceso, el nuevo mandatario, de 82 años, se propuso frenar de golpe la hiperinflación mediante la eliminación de proteccionismos y de subvenciones, liberar los precios, reponer los depósitos de moneda extranjera con mantenimiento de valor y liberar las tasas de interés, unificar los aranceles a un nivel general de 20%, permitir la libre contratación laboral y la libre negociación salarial, eliminar el crédito fiscal a las empresas públicas y establecer un "bolsín" en el Banco Central para la compra y venta libre de dólares. A fin de paliar la inminente convulsión social que anunciaban todos los despedidos de las empresas, se creó un fondo social de emergencia con recursos de donaciones internacionales, que ejecutó centenares de obras públicas en todo el país, contratando considerable mano de obra. La inflación bajaría en poco tiempo, de 24 000% a 10%. Aumentaron los depósitos bancarios y por primera vez en seis años el producto interno bruto subió en un 2%, mientras el país volvía a ser sujeto de crédito internacional. La respuesta de los trabajadores a los despidos y a la contracción económica fue otra vez una huelga de hambre de dirigentes, encabezada, también otra vez, por Juan Lechín Oquendo, la cual no prosperó por la rápida intervención del gobierno mediante el estado de sitio y el confinamiento de los sindicalistas, incluido Lechín, al oriente del país. El líder obrero no salía de su asombro al ver a su antiguo compañero de lucha de 1952 convertido ahora en adalid del neoliberalismo, aunque Paz Estenssoro se encargara de declarar que su mentor no era Friedmann sino J. K. Galbraith, su maestro de siempre, sobre todo en aquello de que "las circunstancias están por encima de las ideologías".

Los mineros recibieron el impacto más brutal cuando la Comibol los echó a la calle en número de 20 000, pagándoles una indemnización promedio de 3 000 dólares per cápita, en circunstancias en que el precio del estaño bajaba de 5.8 a 2.4 dólares por libra fina, y el petróleo de 23 a 11 dólares por barril a fines de 1985. Un último y desesperado intento de la clase minera por detener los despidos fue la "Marcha por la vida", en la cual participaron centenares de trabajadores y sus familias que recorrieron 200 kilómetros en el altiplano inhóspito para llegar a La Paz, como habían hecho durante el gobierno de Siles Zuazo, cuando 10 000 mineros ocuparon pacíficamente la sede de gobierno por una semana sin cometer ningún desmán. Unos 50 kilómetros antes de que llegaran a La Paz, el gobierno envió los tanques del ejército, deteniendo en seco la marcha proletaria, que tuvo que dispersarse después de unas tensas horas de negociación.

> Promiscua, salada angustia,
> la pobreza mezcla sus humores,
> recorta cruces contra el cielo,
> raspa el empedrado,
> congela en las gargantas
> los gritos antiguos.

Los mineros han llegado
para recordarnos quiénes somos,
los mineros se alzan, otra vez
sobre nosotros.

ALFONSO GUMUCIO DAGRÓN

Para asegurar el éxito de la aplicación del decreto
21 060, Paz Estenssoro prescindió sin miramientos de
su primer gabinete, formado por militantes del MNR,
buscando la colaboración de connotados empresarios.
Gonzalo Sánchez de Lozada dejó la presidencia del Senado para conducir el nuevo modelo económico desde
el Ministerio de Planeamiento. En las primeras elecciones municipales, el MNR sufrió varios reveses, emer-
giendo el MIR como una posible opción política, pero
además surgieron en 1989 nuevos actores políticos,
como Conciencia de Patria, cuya cabeza era Carlos Palenque, comunicador social, propietario de un canal y
una radiodifusora, que por algunos años se había dedi-
cado a ventilar en público los pequeños dramas de sus
"compadres", buscándoles alguna solución o dándoles
por lo menos un consejo. Palenque emergió a la política cuando Roberto Suárez intervino en un debate sobre el narcotráfico, acusando al gobierno de beneficiarse del negocio de la droga, lo que provocó la clausura
del canal de Palenque y la salida a las calles de co-
madres y compadres, en un número tan considerable
que hizo ver a muchos políticos de diversas tendencias
tan distantes como el trotskismo y el falangismo, que
no encontraban acomodo, que allí tenían un filón a la
mano. Así nació CONDEPA, en un acto realizado al pie
de las ruinas de Tiwanaku para destacar su adhesión a

un difuso indigenismo basado en las tradiciones andinas y en la posibilidad de que los bolivianos produzcan
lo que necesitan. Este endogenismo fue también tenta-
do en el gobierno de García Meza, lo que hace pensar
que el teórico que trató de acomodar esta mercadería
ideológica a ese régimen militar logró su propósito
sorprendiendo la buena fe de Palenque.

Más inusitada, si aún cabe, fue la aparición de Unidad Cívica Solidaridad, tienda política fundada por el
socio mayoritario de la Cervecería Boliviana Nacional,
Max Fernández Rojas, cuya vida y abrupta muerte
darían para una novela del realismo fantástico latinoamericano. Nacido en cuna humilde en un pueblo de
Cochabamba, empezó a trabajar como camionero de la
empresa estadunidense Gulf, estableciendo, cuando esa
empresa fue expulsada de Bolivia, su propio negocio
de transporte de cerveza, convirtiéndose en pocos años
en presidente de la cervecería, desde donde repartió
millones de dólares en obras en favor de pueblos y capitales. Apoyándose en ese prebendalismo fundó su propio partido político en el que, según declaró en algún
rato de mal humor, "hasta los ceniceros" eran pagados
por él, alcanzando el segundo lugar en el torneo presidencial. En el gobierno de Sánchez de Lozada, al que
apoyó con muchas reticencias, fue determinante para
que el régimen consiguiera la aprobación en el Parlamento de sus leyes de reforma. Súbitamente, su me-
teórica carrera terminó en un accidente aéreo en el altiplano, en noviembre de 1995, minutos después de
obsequiar al pueblo de Uyuni un nuevo *stadium*. Desaparecido el controvertido personaje, la comunidad boliviana y sobre todo los humildes que se habían benefi-

ciado con su munificencia lloraron por su desaparición, pues un empresario con el corazón de oro es todavía una *rara avis* en Bolivia y en el mundo.

Ambos grupos han tenido el mérito de atraer a la política a vastas capas de los estratos marginales que no encontraban eco ni representación en los partidos del *establishment* político. Basta comparar la reciente evolución de Perú, radicalizado entre la violencia de Sendero Luminoso y la del ejército, con una frágil democracia autoritaria en medio y con sus 30 000 muertos y sus 100 000 huérfanos, para entender el bien que le han hecho a Bolivia los nuevos populismos, por los que se encauzan las inquietudes y reclamos de los más pobres y preteridos.

> Este laberinto
> es mi patria,
> es la única
> que tengo
> y está
> perdida
> en el
> mundo.

EDGAR ARANDIA QUIROGA

Pese a la fuerte oposición de parlamentarios que alegaban violación de la soberanía nacional, el gobierno aceptó el ingreso al país de 150 efectivos militares estadunidenses, con su correspondiente parafernalia de aviones, helicópteros y armas, que debían dar cobertura a los policías de UMOPAR. Pero su presencia resultó inútil, pues en todos los lugares a los que llegaban, no encontraban narcotraficantes y apenas algunas cantidades de precursores y de pasta. El aporte positivo de la tropa estadunidense fue aplanar un cerro para mejorar la pista de aterrizaje de Potosí y algunas obras menores de construcción en el oriente. Esta presencia no evitó tampoco que en la serranía de Huanchaca mercenarios brasileños que operaban una gran fábrica para la elaboración de cocaína, asesinaran a sangre fría al ecologista Noel Kempff Mercado y a sus compañeros, que habían llegado allí en avioneta en una misión científica: sólo un español sobrevivió al internarse en la selva. La noticia conmocionó al país, y mucho más a la ciudad de Santa Cruz, donde, como puede leerse en la novela *Jonás y la ballena rosada,* de Montes Vanucci, la sociedad había visto con bastante tolerancia el fenómeno del narcotráfico, por la bonanza que traía, pero esta vez el asesinado era uno de sus representantes más ilustres, con una larga vida dedicada al servicio público. La tardanza que mostraron el gobierno y la DEA para llegar y rescatar los cadáveres y para apresar a los asesinos hizo que desaparecieran los turriles de precursores y, por supuesto, los delincuentes, que fueron capturados años más tarde y extraditados de Brasil para cumplir en Bolivia, a partir de 1994, una condena de 30 años, pero estos dos mercenarios fueron los únicos detenidos de una banda de muchos miembros e influencias. El hecho provocó tanto la caída del ministro del Interior, acusado de negligencia o encubrimiento, como meses después el asesinato del diputado Edmundo Salazar, a quien el Congreso había encomendado la investigación del asunto.

Paz Estenssoro firmó cuantos convenios de erradicación y represión le pidió el gobierno estadunidense, con la esperanza de aumentar de ese modo el apoyo económico de ese gobierno al país, pero no pudo cumplir las metas fijadas en ellos, y los narcotraficantes continuaron gozando de influencia y encubrimiento en diversos niveles e instituciones. Casi al término de su mandato, en julio de 1989, el régimen hizo aprobar por el Congreso la draconiana ley 1 008, elaborada en los Estados Unidos y que desde entonces ha normado la represión antinarcóticos, abarrotando las cárceles de "pisacocas" y de pequeños intermediarios. Como siempre, han cumplido y cumplen condenas los que no podían pagar su libertad a jueces y a policías, con excepción de Roberto Suárez, que finalmente fue capturado en su hacienda, y de unos cuantos peces gordos del negocio.

La novela de un novelista

Muy joven, Joaquín Aguirre Lavayén escribió la novela *Más allá del horizonte*, sobre el descubrimiento del río Amazonas por un grupo de alucinados conquistadores españoles capitaneados por Francisco de Orellana, en busca de el Dorado. La atracción del autor por la selva y el trópico no lo abandonaría nunca. Muchos años después el novelista dejó sus actividades de empresario en el exterior y se dedicó a recorrer los ríos del país buscando el lugar apropiado para instalar un puerto, que ubicó en la laguna Cáceres, en la frontera con Brasil. Sobre un área de 220 hectáreas se inauguró puerto Aguirre a fines de 1988, frente a la ciudad brasileña de Corumbá, en un sitio selvático abandonado que había permanecido por siglos habitado solamente por yacarés y pirañas.

La apertura de este puerto, el único hasta ahora de importancia que tiene Bolivia sobre el Atlántico, abrió a los mercados mundiales la producción del inmenso departamento de Santa Cruz, cuya extensión territorial es mayor que la de Paraguay o de Ecuador. Por la hidrovía Paraguay-Paraná, y a través de esta vía, salen al mercado mundial 700 000 toneladas de soya (1995), calculándose que antes del año 2000 se alcance una exportación de cinco millones de toneladas con un valor anual superior a los dos millones de dólares. La producción de soya que ha generado en el agro cruceño la presencia de puerto Aguirre —nombre puesto en homenaje a Miguel María de Aguirre, ministro de Hacienda del mariscal de Ayacucho, y a Nathaniel Aguirre, antecesores de Joaquín— ya es equivalente al ingreso que tiene el país por la exportación de gas. Aguirre Lavayén culmina, de esta manera, el sueño de tantos pioneros y exploradores que buscaron una salida para Bolivia hacia el Atlántico.

DESMORONAMIENTO DEL MARXISMO Y DEL MITO DE LA REVOLUCIÓN

En un balance objetivo, al cabo de los cuatro años del cuarto gobierno de Paz Estenssoro, el país tuvo conciencia de que el nuevo modelo económico, si bien tenía un costo social altísimo porque mantenía a los sectores depauperados en sus mismos niveles de pobreza y abandono, era el único posible en las circunstancias, percepción fortalecida por la caída del muro de Berlín en noviembre de 1989 y por el súbito desmoronamiento del bloque soviético, aquejado de colapso económico y esclerosis política irremediable. Como naipes empujados por un vendaval cayeron los regímenes afines de Europa oriental. La gerontocracia gobernante de China roja, desaparecido Mao Tse Tung, se liberó rápidamente de la "Banda de los cuatro", que pretendía, a través de su viuda, heredar su legado político. De retorno del frenesí de desmanes de la revolución cultural, China inició la liberalización de su economía sin abandonar la fórmula del partido único y totalitario, como pudo comprobarse por la masacre de estudiantes en la plaza de Tiananmen.

Todos estos hechos dieron fin, después de más de un siglo de influencia abrumadora en todos los confines del orbe, al mito de la revolución universal y de la dictadura del proletariado, proclamados por Marx y Engels en su célebre manifiesto de 1848. Desde aquella lejana época, en la que se viajaba a pie o a caballo, se leía en la noche bajo una luz de vela o de aceite y se pensaba, como Engels, que el fusil era el arma que terminaría con todas las guerras, pues podía matar al adversario a más de 100 metros de distancia, el marxismo, con sus diversas variantes, se constituyó en la referencia política inevitable y la gente se alineaba a favor o en contra de la nueva ideología que, como el cristianismo primitivo, mostraba al proletariado como el pueblo elegido y ofrecía la revolución para implantar un paraíso terrenal de sociedad sin clases, a través del Partido Comunista, donde estaban los santos y los elegidos. En los diversos escenarios y épocas, el marxismo, que se proclamó científico y ateo, y que sostenía que la religión era el opio de los pueblos, se convirtió en los hechos

354

en la nueva religión de obreros e intelectuales, de la que surgieron sectas disidentes y herejías. Incluso el fascismo, que emergió como una opción contra el liberalismo y el comunismo, se proclamaba socialista, considerando al liberalismo como una antigualla residual del siglo XVIII. Nunca se vio más cerca el arribo del "tren de la historia" a su estación final: el comunismo, que en los días de la Guerra Fría, cuando la Unión Soviética, con la obsesión de seguridad heredada del zarismo, ocupó los países vecinos e impuso gobiernos afines, mientras en Asia casi media humanidad, representada por China, se permeaba de la misma ideología, y en América Latina Fidel Castro instauraba el primer gobierno con las mismas características de partido único, economía centralizada y régimen policiaco.

Un poco como había sucedido en la Edad Media, cuando las personalidades más brillantes apostaban su vida a la salvación eterna menospreciando el reino de este mundo y se devanaban los sesos para debatir los más intrincados y abstrusos problemas de la teología, en la última mitad del siglo XIX y bien avanzada la segunda mitad del XX, en el mundo y en Bolivia fueron incontables los intelectuales, artistas y escritores que abrazaron devotamente el marxismo como filosofía, norma de vida y acción política, sufriendo a su nombre cárceles, persecuciones, torturas y exilios, en tanto que decenas de miles de obreros y jóvenes se lanzaban a las barricadas o se iban a las montañas, con metralletas al hombro, para inmolarse en el "sendero luminoso", como calificaba al marxismo José Carlos Mariátegui. La propia Iglesia católica, otrora tan conservadora en América Latina, proclamó en 1967, bajo la inspiración del obispo brasileño Elder Cámara, su compromiso con los pobres, adoptando oficialmente en Medellín, en presencia del papa, al año siguiente, la Teología de la Liberación, cuyo símbolo fue el cura colombiano Camilo Torres, quien murió abrazado a su metralleta.

La desaparición del universo bipolar sin necesidad de una explosión nuclear y el surgimiento de los Estados Unidos como primera potencia militar del mundo, así como el triunfo del liberalismo y de la economía de mercado, tuvieron como efecto, a fines de los años ochenta, la súbita caída de la izquierda y el colapso de las ideologías, aunque la política siguió fluyendo, alimentada por nuevos nacionalismo y por reivindicaciones étnicas y religiosas, de una ferocidad inusitada.

Militares y obreros salen del escenario

En Bolivia, el duelo mortal entre la Central Obrera y las fuerzas armadas, que tiñó sombríamente el escenario de la política desde 1964 (la primera, con las armas tradicionales del paro, las manifestaciones callejeras, las huelgas de hambre, y las segundas, con el uso de sus armas, no en las fronteras sino en el corazón de las ciudades), dio paso de pronto a los antiguos líderes políticos y a nuevos grupos de poder, sustentados en el prebendalismo y el populismo, con lo que se esfumó la visión totalitaria y excluyente de esas instituciones, que pasaron a ocupar un segundo lugar.

En trance de desaparecer la otrora poderosa izquierda boliviana (cuyo caudal electoral bajó de 50%

en 1979 a 7% en 1985), las elecciones de 1989 tuvieron tres favoritos: Gonzalo Sánchez de Lozada, con Walter Guevara Arze de compañero de fórmula, por el partido oficial; Hugo Bánzer por el ADN, y Jaime Paz Zamora por el MIR. El ex ministro de Planeamiento, en la curva final de la campaña, rompió el Pacto por la Democracia, que había unido a su partido con el ADN. No habiendo un nítido ganador entre los dos primeros, se llevó la decisión al Congreso, y para sorpresa general, en la negociación política quedaron eliminados mutuamente Sánchez de Lozada, que fuera el favorito del voto popular, con 363 000 votos, y Bánzer (con 357 000 votos), que prefirió apoyar a Jaime Paz Zamora, quien había alcanzado 309 000 votos, ante el argumento planteado por Paz Zamora de que en el MIR "nueva mayoría", había diputados que no votarían en ningún caso por Bánzer, lo que no sucedería en la bancada adenista, obediente al mandato de su jefe.

> Fuiste atacada, pero persistes. Devastada, pero persistes.
> Borrada del mapa y de la memoria de los hombres,
>   pero persistes.
> Torturada y traicionada más de un millón de veces,
>   pero persistes.
> Persistes persistiendo, y es urgente decirlo:
> yo no conozco patria más terrible y hermosa,
> yo no conozco patria más dura y sorprendente,
> más dulce y exigente, más triste y combativa.
> De ahí viene mi orgullo tan duro como el bronce
> de ser un hijo digno de tu incansable amor.

MARCELO DE URIOSTE

El Acuerdo Patriótico

Los enemigos de Paz Zamora y Bánzer señalaron que tuvieron que cruzar "un río de sangre" antes de darse la mano, aludiendo a la persecución constante que había sufrido el MIR en los años de gobierno del general. Sin necesidad de firmar ningún documento, ambos alegaron que bastaba la palabra empeñada para formar el nuevo gobierno, al que dividieron, como una torta, en dos pedazos iguales, desde el gabinete y las subsecretarías hasta las demás dependencias. Los guasones afirmaron que la virgen de Urkupiña, que ha desplazado a las demás en el fervor popular, había atendido solícitamente el pedido de los tres candidatos, pues a Sánchez de Lozada le hizo ganar las elecciones, a Bánzer le dio el poder y a Paz Zamora la presidencia. Visto objetivamente, este acuerdo y el Pacto por la Democracia, que firmara el jefe de la ADN con Paz Estenssoro, permitieron la continuidad sin sobresaltos del proceso democrático y la ejecución de las medidas económicas que detuvieron la hiperinflación y lograron la recuperación financiera del país, avances debidos a la renuncia, por segunda vez, que hizo Bánzer de sus propias aspiraciones.

El nuevo mandatario tenía medio siglo de vida al ocupar la silla presidencial. De complexión deportiva y facciones atractivas, pese a las quemaduras (en el rostro y en las manos) que sufriera en el accidente de aviación, Paz Zamora llegó al poder con el convencimiento, quizá inconsciente, de que la providencia le había dado una segunda oportunidad de vida, una suerte de renacimiento para ejercer ilimitadamente sus dotes de mando. Bien pronto afloraría también un venero eudomológico en su conducta y manejo del poder que le hizo mucho daño.

El gabinete aprobó el decreto 22 407, que normaría la acción del gobierno, acentuando la privatización de las empresas públicas para, con ese dinero, pagar la deuda social que el régimen anterior no había atendido. Pero del enunciado a la ejecución quedó un trecho muy grande, pues se avanzó poco en los contratos de riesgo compartido o en las *joint ventures* de la Comibol con empresas privadas. El caso más grave fue el del incumplimiento del convenio suscrito con la Lithco de los Estados Unidos para la explotación de las reservas de litio en el salar de Uyuni, largamente negociado desde el gobierno anterior pero que encontró la oposición del Comité Cívico de Potosí y de otras agrupaciones, que amenazaban con hacer arder literalmente la ciudad si el gobierno cumplía su palabra empeñada con la empresa. La Lithco resolvió retirarse para explotar yacimientos parecidos en Argentina; mientras, continúa el éxodo de los potosinos por falta de trabajo en su tierra. El programa privatizador del régimen se limitó, a la postre, a dos hoteles confiscados a sus dueños por deudas, y a una fábrica de aceite.

Bolivia, que hasta entonces no había confrontado el azote de los secuestros para extraer dinero de los familiares, común a otros países latinoamericanos, amaneció un día con la noticia de que el industrial Jorge Lonsdale había caído en manos de unos forajidos, que mataron a su guardaespaldas. Transcurridos pocos meses, se hizo evidente que dos grupos de guerrilla urbana estaban operando en el país. El primero era la Comisión "Néstor Paz Zamora", conformada por residuos del Ejército de Liberación Nacional de Teoponte, y el Ejército "Tupaj Katari", EJTK, que se reclamaba de raíz aimara pero estaba conformado por universitarios. La policía actuó con inusitada eficacia, y después de obligar a hablar a uno de los detenidos ubicó la casa de seguridad en la que Lonsdale había estado sobreviviendo, encerrado en una caja de madera. En el episodio de la captura de la vivienda perecieron varios guerrilleros y el propio Lonsdale, por quien sus captores reclamaban a la familia medio millón de dólares. En poco tiempo quedaron los grupos cortados en agraz y sus miembros condenados a la cárcel. El nombre de Néstor Paz Zamora obedecía al recuerdo que había dejado el hermano del presidente en los nostálgicos de la lucha armada.

Al inicio del gobierno, y debido a la buena amistad que cultivó Paz Zamora con el presidente Carlos Menem, se hizo un acuerdo de borrón y cuenta nueva de la deuda bilateral con Argentina, que canceló al día las abultadas obligaciones que tenía Bolivia y en las cuales figuraban los negociados de la dictadura de García Meza y las cifras por concepto de gas que debía pagar Argentina.

El éxito más importante del régimen en el campo internacional fue el logrado con el presidente Alberto Fujimori, de Perú, consistente en la concesión a Bolivia de una zona franca en el puerto de Ilo, a 160 kilómetros del Desaguadero, o sea, la vía más corta de Bolivia al mar. Correspondió a Paz Zamora y a su canciller Carlos Iturralde concluir las negociaciones en enero de 1992, con el uso de las facilidades portuarias y el establecimiento de una zona libre, y playa para desarrollo turístico de cinco kilómetros de costa. Aunque debe todavía construirse la carretera de 460 kilómetros desde La Paz, Ilo representa ya una opción potencial para el ingreso y salida de mercaderías desde y hacia el océano Pacífico, ante las limitaciones y chicanerías empleadas tradicionalmente por Chile en los puertos de Arica y Antofagasta, que por fuerza debe utilizar Bolivia, y una demostración evidente de espíritu integracionista frente a las rivalidades de campanario que han normado siempre las relaciones internacionales en el Cono Sur.

Contando con la amistad de varios mandatarios de la socialdemocracia en Europa y en América Latina, Paz Zamora realizó una política exterior directa, batiendo el récord de 44 salidas al exterior —un cuarto del tiempo de su mandato—, con el objetivo declarado de reinsertar al país en el contexto mundial y de buscar mayor colaboración internacional para el desarrollo boliviano, en notorio contraste con Paz Estenssoro, quien quizá por su avanzada edad prefirió no moverse del Palacio Quemado ni asistir siquiera a las efemérides departamentales, como establece un precepto constitucional.

El Ejecutivo intentó enjuiciar ante el Congreso a miembros de la Corte Suprema de Justicia por prevaricato, intención que no prosperó pero que se reactualizó en 1993 cuando se destituyó al propio presidente de la corte, y también a uno de los miembros acusados de haber recibido coimas. Paradójicamente, habiendo sido el régimen de Paz Zamora uno de los que más legisló contra la corrupción (aprobó, entre otras varias medidas, la Ley del Sistema de Administración Financiera y Control Gubernamental —SAFCO—, las de organización del sistema judicial, del Ministerio Público y para la nominación congresal por dos tercios de autoridades judiciales y fiscalizadoras, el fiscal general de la República, el contralor general, el superintendente de bancos y de las cortes electorales), fue al mismo tiempo uno de los más afectados por esa clase de delitos, de los que ciertamente no se ha librado ningún gobierno contemporáneo y mucho menos los regímenes militares, que actuaron con absoluta impunidad.

En agosto de 1990 partió de la ciudad de Trinidad una marcha indígena, que en el trayecto fue engrosándose hasta pasar del millar de personas, que un mes después llegaron a pie hasta la ciudad de La Paz en demanda de tierras y territorio, de atención de sus necesidades básicas y de respeto a su dignidad humana. El gabinete en pleno, con el presidente Paz Zamora a la cabeza, fue a dar alcance a la muchedumbre a la región de los Yungas, y el país tuvo, quizá por primera vez, conciencia del grado de postergación de los diversos grupos étnicos, particularmente del oriente del país. Poco se ha avanzado, sin embargo, en la satisfacción de estas reivindicaciones en los años siguientes.

En noviembre de 1992 el régimen intervino el Consejo de Reforma Agraria debido a los escándalos de tráfico de influencias en la dotación de tierras. El organismo, creado 30 años atrás por el MNR, fue utilizado prácticamente por todos los gobiernos para hacer clientelismo con los campesinos y los validos. Veamos un recuento de las dotaciones: entre 1953 y 1964 los tres gobiernos del MNR entregaron seis millones de hectáreas (17% de la tierra titulada); entre 1964 y 1969 Barrientos tituló cuatro millones de hectáreas (12% del total de dotaciones); y entre 1971 y 1978 Bánzer entregó 17 millones de hectáreas (48% de las tierras tituladas), con la diferencia en este último caso de que el mayor número de hectáreas concedidas fue en el oriente para empresas forestales o agroindustriales, las cuales se beneficiaron individualmente con 2 000 hectáreas, lo máximo permitido por la Ley de Reforma Agraria. En los hechos se ha reconstituido una suerte de latifundismo en las zonas bajas, pues la mayoría de estas tierras acaparadas por pocas empresas no han sido trabajadas.

La eficacia del régimen del Acuerdo Patriótico se probó, en cambio, en su capacidad de concertación y diálogo para la modernización del aparato del Estado y para el progreso de la sociedad civil, mediante los acuerdos con los partidos grandes y pequeños, en febrero de 1991 y julio de 1992; para la reforma del sistema judicial y el perfeccionamiento del sistema electoral; para las leyes de necesidad de la reforma constitucional y la descentralización política y administrativa del país, y para la reforma educativa, que facilitaron el camino a los cambios introducidos por el siguiente gobierno.

El gobierno logró del Banco Mundial el crédito para la reforma educativa, que se materializaría en la siguiente gestión; y en el campo de la cultura restauró el llamado "Palacio Chico" como sede del Instituto, ahora Secretaría, de Cultura; creó el Museo Pedagógico "Carlos Medinaceli"; dotó de un Museo de Arte a Santa Cruz; restauró casas de la cultura e institutos de arte en diversos lugares del país; instituyó el Festival Bianual de Cultura en Sucre y Potosí, y gestionó con éxito ante

363

la UNESCO la declaratoria de Patrimonio Cultural de la Humanidad de la ciudad de Sucre y de las misiones jesuitas del oriente.

Por imposición del Banco Mundial —y con el argumento de que se debían utilizar mejor los capitales y los programas de cooperación a los países atrasados, así como empequeñecer el aparato administrativo—, a partir de este gobierno se procedió a la liquidación de los bancos del Estado, Minero y Agrícola, que si bien se habían convertido en feudos de la clientela política de cada gobierno, también desempeñaron un papel importante en el fomento de la actividad minera y de pequeños industriales y agricultores.

La política de coca por desarrollo, que llevó adelante con imaginación pero con poco éxito práctico Paz Zamora, consistió en buscar la responsabilidad compartida de la comunidad internacional, particularmente de los países consumidores, mediante la sustitución de la coca por otros cultivos y del desarrollo equilibrado del país, a fin de evitar el éxodo de ex mineros y campesinos pobres del altiplano al Chapare. Mayor éxito tuvo en plantear un control internacional del tráfico de precursores, sin los cuales la coca no puede transformarse en cocaína. Ante el pavoroso cuadro de la violencia colombiana provocada por el narcotráfico, el Acuerdo Patriótico aprobó un decreto que ofrece la oportunidad a los narcotraficantes de entregarse a cambio de ser juzgados en el país y no en los Estados Unidos, lo que dio como resultado la prisión voluntaria de siete de los principales traficantes, quienes, como era previsible, recibieron sentencias no mayores a los cinco años. Paz Zamora visitó al presidente Bush, y Bolivia tuvo un papel destacado en las reuniones de Cartagena de febrero de 1990 y de San Antonio, Texas, de febrero de 1992, a las que asistió el presidente estadunidense junto con sus colegas del sur, dando por primera vez a la lucha contra el narcotráfico un carácter continental y de responsabilidad compartida.

Estas iniciativas se tomaron al margen y frecuentemente en oposición a la política del Departamento de Estado, orientada por el ex embajador Robert Gelbard, convertido en subsecretario de Asuntos Interamericanos. Bastante tuvo que ver entonces la embajada estadunidense cuando, una vez que Paz Zamora dejó el poder, estalló el escándalo de los "narcovínculos" a través de un ex empleado de Isaac *Oso* Chavarría, que se convirtió en informante de la DEA. Chavarría fue formalmente acusado de narcotraficante y permanece en prisión. El soplón, desde el exterior, declaró que su jefe había ayudado en la campaña electoral del MIR, lo cual dio lugar a una investigación del Congreso que no llegó a establecer responsabilidades, pero que ha dañado la imagen de ese partido y de sus conductores.

A principios del mandato de Paz Zamora, la DEA secuestró al coronel Luis Arce Gómez, quien cumple una condena de 30 años por narcotráfico en una cárcel de Miami. (En el gobierno siguiente, con trámite de extradición, los estadunidenses se llevaron al coronel Faustino Rico Toro, acusado del mismo delito.)

Y crecieron como nardos en las copas de los montes
tras las últimas tormentas de la noche que se fue.
Se llevaron nuestros sueños como arroyos maldecidos
a la mar de los nacidos bajo el cielo de Alelí.

RENZO ABRUZZESE A.

La presencia de la coca en la economía y la cultura del país se remonta a la más lejana antigüedad, pues hay rastros de ella en los pueblos que habitaron el altiplano y la costa de Perú hace 4 000 años. Durante el incario pertenecían a la familia real todas las plantaciones y aparentemente sólo la nobleza tenía derecho a mascar las hojas. Su consumo masivo se produjo cuando los españoles descubrieron el cerro de Potosí y se dieron cuenta de que la única manera de poder hacer trabajar a los mitayos en la oscuridad absoluta de las entrañas de las montañas, donde las temperaturas variaban del calor asfixiante al frío más crudo, era proporcionándoles hojas de coca, que actuaban de sedante para el hambre, pues los estómagos quedaban adormecidos por el mágico jugo, y también servían para paliar el dolor físico. La coca se convirtió en otra de las riquezas de la Corona y de los encomenderos. La economía del Cuzco y de La Paz tuvo desde aquella época como ingrediente básico a este arbusto, que exige tan pocos cuidados y que ofrece tan abundantes cosechas.

Mientras las autoridades españolas no se dieron cuenta del valor que tenía la coca para que los indígenas soportaran los rudos trabajos mineros, consideraron que su uso era "inútil, peligroso y un arma del demonio", como sostuvo el segundo concilio religioso de Lima, en 1576. Pocos años después, el virrey Francisco de Toledo sostenía:

Esta planta no es más que una invención del diablo. Sólo parece darles fuerza por cierto poder demoniaco. Carece de virtudes benéficas y, más aún, destruye la vida de muchos indios, quienes en el mejor de los casos dejan las plantaciones en pésimo estado de salud. Por estas razones, en ningún caso y bajo ninguna circunstancia deberían ser forzados a tal trabajo. Por el contrario, su salud debe ser protegida y su vida preservada.

Pedro Cieza de León, soldado y cronista de la conquista española, elogió las propiedades estimulantes y anoréticas de la coca después de oír a los indios que la hoja les proporcionaba vigor y fuerza y suprimía su hambre. Juan Matienzo, juez en la Audiencia de Charcas, fue uno de los más ardientes defensores del consumo de coca, pues tenía conciencia de que la mita sería insoportable sin ella, y llegó a decir que si los indígenas fuesen privados de la hoja perderían sus dientes y al no poder masticar y comer morirían de hambre.

En el siglo XIX se produce en Europa y los Estados Unidos un verdadero deslumbramiento con la coca, reflejado en la divulgación que de ella hizo el científico italiano Paolo Montegaza, y en el clásico libro de Mortimer, *The history of coca,* de 1901, pues es entonces cuando se logra aislar la cocaína en los laboratorios y se descubren sus propiedades anestésicas. Sigmund Freud fue uno de los más entusiastas *(Uber Coca,* 1885), y llegó a decir que los españoles sitiados por los indígenas en La Paz, en 1780, sobrevivieron ¡gracias a la cocaína! El vino Mariani, tan elogiado por personalidades de la época como el elixir de la vida, empezando por Anatole France, Julio Verne, H. G. Wells, Thomas Edison, los papas Pío X y León XIII, el escultor Augusto Rodin, la actriz Sara Bernhardt, fue seguido por la Coca-Cola, en cuya fórmula secreta se empleaba cocaína. Hasta 1894, cuando se introduce la aspirina, las únicas drogas para calmar el dolor, recetadas comúnmente por los médicos, eran la cocaína y la morfina. En 1914 el acta Harrison de narcóticos, de los Estados Unidos, declara ilegal la cocaína y la propia coca. El consumo de diversas drogas en la primera mitad de este siglo, en Europa y los Estados Unidos, se mantuvo en niveles que no alarmaron a la opinión pública o a los gobiernos, y son las generaciones de la posguerra de Corea y mucho más la de Vietnam las que popularizan el consumo de la mariguana, la heroína y finalmente la cocaína.

La demanda por cocaína hizo subir de modo espectacular la producción de coca en el área andina y particularmente en Bolivia. A principios de la década de los setenta, que es cuando el país se integra al mercado mundial de la cocaína con la intermediación de Colombia, se calculaban en 7 000 las hectáreas dedicadas al cultivo de la coca en los Yungas de La Paz y del Chapare de Cochabamba. En 1985 subió a 34 300 y en 1994, a 48 100, es decir, a 270 toneladas métricas de producción potencial de cocaína (frente a 515 de Perú y 70 de Colombia).

Este aumento vertiginoso en dos décadas debe atribuirse al narcotráfico, pues se estima, y quizá se exagera, que solamente 20% se emplea en el consumo tradicional. No es posible dar cifras sobre el impacto tremendo que ha tenido en la economía, la política, el sistema de valores y la cultura del país, la aparición de este nuevo producto por el que se supone que ingresan a Bolivia 600 millones de dólares al año y frente al cual lucen como pigricias del pasado otros bienes naturales de los que dependió la economía boliviana. Y no se trata solamente de la dependencia a una droga universalmente condenada, sino además de los efectos que tiene sobre la propia población.

Bolivia, además de tratar de cumplir con los programas de erradicación del cultivo excedente de coca, pactados con los Estados Unidos, y de reprimir a los narcotraficantes, ha sostenido en los últimos años, en el campo internacional, una lucha muy desigual, pues carece de los recursos para llevarla adelante, por "desatanizar" la hoja de coca y lograr que los elementos positivos de ella puedan comercializarse en el mundo entero. Para ello habría que revocar la Convención de Viena de 1961, de la que Bolivia es signataria, y en la que se condena a la coca como estupefaciente sujeto a la fiscalización escrita a cargo de los órganos de las Naciones Unidas y se acuerda la supresión, en un cuarto de siglo, de la masticación de coca.

Ya hemos visto la mala suerte que ha tenido el país con los dones que le dio la naturaleza. Esta experiencia se ha repetido inexorablemente con la coca y, por supuesto, con la cocaína. ¿Quién podría calcular ahora la inmensa riqueza en dólares que ha significado la exportación de cocaína en los últimos 30 años? Por lo menos 70% de esa fortuna ha beneficiado exclusivamente a los grandes jefes del narcotráfico en Colombia y los Estados Unidos. Del 30% restante, que habría quedado en Bolivia en tres décadas de explotación constante y sistemática del negocio, no hay obra significativa que pueda mencionarse en las regiones productoras o en el conjunto del país.

Los potentados de la plata y del estaño, que labraron

su fortuna en varias décadas o la transmitieron de generación en generación, dejaron a Bolivia un sistema de valores e instituciones. Por debatibles que fuesen, esas costumbres y usos hicieron una contribución positiva al progreso y a la modernización de Bolivia. Hasta en este campo el narcotráfico ha sido una maldición, pues esa riqueza fácil y súbita no ha servido más que para el envilecimiento de sus beneficiarios, que la han derrochado, con la misma rapidez con que la obtuvieron, en residencias de dudoso gusto estético, automóviles que envidiarían los emires del Golfo Pérsico, francachelas o viajes al estilo del *jet set* a Miami y a Rio de Janeiro, en hoteles de cinco estrellas con vista al mar. Bolivia, como siempre, es convertida en tierra de tránsito: ayer, campamento minero; hoy, campo de cultivo para la materia prima de la droga.

La cocaína resulta mucho más diabólica que el metal con el que bautizó una de sus novelas Augusto Céspedes, pues inevitablemente su tráfico provoca también el consumo interno y hace estragos, sobre todo, entre los jóvenes. Desde el punto de vista ecológico, solamente en el Chapare la tala y quema de bosques para nuevos cultivos de coca ha provocado la destrucción de miles de hectáreas. Los daños en los Yungas paceños son también pavorosos, y como si ya se anunciara un castigo bíblico, hay días en el año en los que por la quema constante de bosques los habitantes de las ciudades no pueden ver el sol. Y ahí no termina el daño. El uso inevitable de gran variedad de precursores ya ha causado y sigue causando daños terribles a la flora y a la fauna de las regiones afectadas, envenenando los ríos y provocando la muerte de animales y

370

plantas, pues todos ellos son muchos más tóxicos que los herbicidas y deflorantes que se emplean en la actividad agrícola.

¿Qué remedio intentar a nivel internacional frente a un negocio que mueve 500 000 millones de dólares al año y que significa, como señaló la prensa, la única industria exitosa del área andina en los años ochenta? Las posiciones varían entre quienes abogan por una mayor educación preventiva, los que plantean el problema en términos represivos y militares o aquellos, como el economista Milton Friedman, premio Nobel a quien acaba de unirse otro premio Nobel de economía, Gary Becker, que piden la legalización pura y simple del consumo para dar fin con la actividad delincuencial que deriva de su prohibición.

Cincuenta años de predominio del MNR

La elección de Gonzalo Sánchez de Lozada, jefe del MNR en agosto de 1993, sin necesidad de consulta al Congreso, frente a la fórmula de Hugo Bánzer-Óscar Zamora (ex jefe del extinto PC maoísta), significó medio siglo de predominio movimientista en la política boliviana. Paz Estenssoro, retirado en Tarija, había dado ya años antes la tónica pragmática para que el partido pasara de diversos tonos de marxismo y de un encendido nacionalismo estatizante a una adhesión total al neoliberalismo, con el argumento incuestionable de que en cada momento de su vida supo percibir los vientos de cambio que soplaban en torno. Sánchez de Lozada, de 63 años, que acumuló una fortuna en la minería

371

mediana, había sido antes diputado y ministro de Planeamiento. Su riqueza personal y la de Max Fernández se consideraban entre las más grandes del país, y por ello no resultaba extraño que ambos figuraran en la cúspide de la política. ¿Qué tenía esto de extraño si en la puritana China los ex guardias rojos, convertidos en *yuppies,* habían echado al cubo de basura el *Libro rojo* de Mao Tse Tung y seguían sin rubor el nuevo evangelio de la riqueza individual predicado por Diang Peng?

Convenientemente asesorado por una agencia de evaluación de encuestas, "Goni", como prefiere hacerse llamar, encontró por computadora al compañero ideal de fórmula, a un dirigente de origen aimara de un pequeño partido katarista, Víctor Hugo Cárdenas, cuyo padre, apellidado Choquehuanca, cambió el patronímico familiar indígena alegando que lo perjudicaba en su carrera de maestro rural. El estilo *post modern,* que se difundió arrolladoramente en la arquitectura, también permeó la política, y de esa manera podían entenderse las extrañas alianzas de las elecciones de 1993: la de un próspero empresario de la burguesía cochabambina con un dirigente indigenista nacido en las riberas del lago Titicaca, o la de un general, que por siete años había gobernado sin Parlamento, con un ex guerrillero de la línea china.

Apoyado intermitentemente en el Congreso por el partido de Max Fernández y por el del Movimiento "Bolivia Libre", cuyo jefe, Antonio Araníbar, se desempeña como canciller, el nuevo gobierno redujo siete ministerios, triplicando en cambio las subsecretarías. Desde el principio, el afán de perfeccionismo del presidente (quien, según informó la prensa, dedicó 320 horas de su tiempo al estudio de una sola ley) restó eficacia y celeridad al gobierno, que finalmente en dos años concluyó con la aprobación de las leyes fundamentales: la reforma de la Constitución Política del Estado, que ahora reconoce el "carácter multiétnico y pluricultural de la República", con el voto a los 18 años, la elección de diputados uninominales (al margen de los partidos) y la ampliación del periodo del gobierno central y de los gobiernos municipales a cinco años; la creación del Tribunal Constitucional y del Defensor del Pueblo; la capitalización de las principales empresas públicas con la participación accionaria de sus empleados y obreros y de todos los ciudadanos mayores de edad; la participación popular con la transferencia de autoridad y de recursos a 300 municipios, y la reforma educativa paulatina, que empieza por el nivel primario, reformas con las que confía el presidente Sánchez de Lozada "hacer de Bolivia un país viable".

Estos cambios aprobados por el Congreso deben enfrentar ahora su puesta en ejecución, en medio de una situación económica que castiga como siempre a los sectores populares. Algunas de ellas, como la reforma educativa, han encontrado una tenaz oposición del magisterio, liderado por los trotskistas, que sostuvo una prolongada huelga que llevó al gobierno a dictar el estado de sitio. Ante los intentos de la policía de capturar al presunto inspirador Guillermo Lora, éste anunció que tenía una bomba amarrada al cuerpo, que activaría en caso de detención. Alcanzados los 73 años, Lora continúa pensando que la panacea para Bolivia es la Tesis de Pulacayo, de un gobierno obrero-campesino, elaborada por él en 1947. "Yo soy del linaje de los Panzas —bien podría decir el jefe del trotskismo, parafraseando al escudero del Quijote—, que todos somos testarudos, y si una vez dicen nones, nones han de ser aunque sean pares a pesar de todo el mundo."

La mitad del crédito exterior para la reforma educativa está destinada a la compra de libros, la mayoría extranjeros, pago de asesores y publicidad, y se limita hasta el año 2001 al ciclo básico, centrando su atención en la escuela y en la lectura, cuando la televisión, la informática y otros medios ya dominan la atención infantil en el mundo entero. En las universidades "autónomas" pero dependientes del Tesoro la matrícula apenas cuesta a cada estudiante el precio simbólico de cinco dólares anuales, por lo que el gobierno subvenciona a ese sector con 83 millones de dólares por año, suma que se aproxima a lo que cuesta el mantenimiento de las fuerzas armadas, con lo que se prueba que las dos instituciones se reparten de manera equitativa el presupuesto nacional, dando pie a la antigua imagen del siglo XIX en la que doctores y generales disponían alternativamente de la suerte de Bolivia.

Igualmente grave es el hecho de la absoluta desproporción que existe entre esos recursos para atender a 130 000 universitarios, mientras el Estado cuenta solamente con 184 millones de dólares anuales para educar a 1 341 000 estudiantes de primaria y secundaria. Se ha sostenido por eso que más económico sería sin duda cerrar esas casas de estudio en las que medran legiones de profesores y empleados administrativos, y becar a todos los estudiantes en buenas universidades del exterior.

Ante la amenaza de descertificación (suspensión de ayuda bilateral y de créditos en los organismos internacionales) por parte de los Estados Unidos, el régimen cumplió con la exigencia, largamente postergada, de erradicar 1 700 hectáreas de cultivos de coca en el Chapare hasta junio de 1995, con un cronograma a futuro para la erradicación de toda la coca de consumo no tradicional. Acordó también un nuevo tratado de extradición destinado casi exclusivamente a narcotraficantes, sustituyendo al de 1900, que habría servido para capturar a los famosos bandidos del oeste Butch Cassidy y Sundance Kid, si antes no hubiesen sido muertos en una refriega con el ejército boliviano cerca del pueblo de Tupiza.

En el Informe sobre Desarrollo Humano (PNUD, 1994), en una lista de 173 países, Bolivia ocupa el lugar 119 (tomando como base el ingreso per cápita: 710 dólares en 1993). Se ha multiplicado la deuda externa 18 veces en las últimas dos décadas y cada ciudadano boliviano está, en términos reales, 15 veces más pobre. En cuanto a pobreza, Bolivia ocupa todavía el tercer lugar de Latinoamérica, después de Honduras y de Haití, considerando que 70.5% de la población se halla en esa categoría, que afecta a 95% en el área rural. 2.8 millones de sus habitantes carecen de servicios de salud, 3.6 millones no cuentan con agua potable, 69% vive en condiciones de hacinamiento y la mitad de las casas carecen de servicios y están construidas con materiales de mala calidad; el analfabetismo funcional alcanza la mitad de la población y el promedio de escolaridad es de apenas cuatro años. La industria boliviana es la más atrasada del continente y casi todo lo que se consume en el interior es manufacturado en el extranjero. La caída de la minería ha aumentado los índices de desempleo y se calcula en medio millón las personas inmersas en el fatigante ejercicio de empleos eventuales. Como un pálido consuelo al enorme costo social del modelo neoliberal aplicado a partir de 1986, añadiremos que la inflación ha sido controlada y alcanza un promedio de 10% anual.

De la sangrienta caterva

En marzo de 1995, después de un trámite largo ante las autoridades de Brasil, se extraditó al ex general García Meza, a quien en 1993 la Corte Suprema de Justicia de Bolivia condenó a 30 años de cárcel por ocho grupos de delitos. Con la protección de sus ex camaradas y validos, García Meza permaneció cinco años en la clandestinidad y se trasladó a Brasil, donde vivía confortablemente una telenovela, disfrazado de ingeniero uruguayo, asesorado por un coronel que le manejaba sus finanzas desde su época de gobernante y que no en vano se apellidaba Rico, y gozando de la compañía de una pelandusca del país llamada María Divina, telenovela interrumpida abruptamente por la delación de otra mujer y por su captura por el comisario Roberto Precioso. El prisionero llegó en avioneta expresa hasta su celda de la cárcel de Chonchocoro, donde escribe sus memorias. Se ha hecho notar que García Meza siempre sostuvo que no había gobernado solo, que las fuerzas armadas se comprometieron con su régimen *in totum*, en tanto que la clase política y los propios militares lo convirtieron en el chivo expiatorio de todos los males y de la corruptela de los gobiernos autoritarios.

Por lo menos en este tema los bolivianos pueden sentirse algo reivindicados frente a otros pueblos vecinos, que han visto con impotencia cómo la sangrienta caterva de los Stroessner, Videla, Pinochet y otros napoleones de trapo forrados de oro gozan de impunidad garantizada como para vivir espléndidamente hasta el resto de sus días.

LAS REGIONES

Un estudioso de la historia boliviana sostiene que en ella no se da la lucha de clases sino de regiones. "Hasta donde sabemos —dice José Luis Roca—, en esta tierra no pelearon los yanaconas y atunrunas contra los amautas y los orejones. El enfrentamiento se produjo entre el pueblo tihuanacota y el aimara, y éste contra el quechua, y el Imperio incaico contra las demás nacionalidades de la antigua Bolivia." En el siglo pasado, según a esta tesis, la lucha fue de Sucre contra La Paz con la mediación de Cochabamba, y desde mediados del presente siglo ha sido de Santa Cruz contra el altiplano. Paulatinamente, en las últimas décadas ha ido creciendo la importancia económica y demográfica de Santa Cruz frente a unos Andes cada vez más deprimidos. Basta pensar que de los 15 000 trabajadores que tenía Catavi-Siglo XX en los ochenta, en 1992 quedaron menos de 300 en las listas de la Comibol, y otros 7 000 calificados de cooperativistas se internan en los precarios socavones bajo su propio riesgo, en parecidas condiciones a las que regían la minería del siglo XVII, con innumerables accidentes graves y muertes. Concretada la negociación con Brasil y el gasoducto a São Paulo, según el convenio de agosto de 1995, Santa Cruz se beneficiará con un movimiento económico de 500 millones de dólares por ese concepto.

El Congreso aprobó en julio de 1995, previa huelga de hambre de los dirigentes cívicos de Tarija y Santa Cruz, la Ley de Descentralización Administrativa, con prefectos nombrados por el presidente de la República, pero también con asambleas departamentales de elección indirecta, encargadas de fiscalizar e incluso censurar a la primera autoridad departamental.

El gobierno de Sánchez de Lozada ha cumplido con su propósito de "capitalizar" importantes empresas públicas de cuya suerte se harán cargo los inversionistas extranjeros, con el derecho de los bolivianos a comprar acciones. Con el producto de estas ventas se creará un fondo de jubilación que favorezca a la población trabajadora. Han entrado ya en este esquema los ferrocarriles (ENFE), las comunicaciones internacionales (Entel), la línea aérea oficial (LAB), la electricidad (ENDE), quedando por librarse "la madre de las batallas", como ha calificado el doctor Paz Estenssoro desde su retiro en Tarija a la capitalización de los yacimientos fiscales de petróleo (YPFB), operación compleja que en realidad forma un triángulo energético con una nueva ley de hidrocarburos y el gasoducto a São Paulo, cuyo costo está estimado en 1 800 millones de dólares. Si esta operación resulta exitosa, Bolivia podrá ingresar con optimismo al siglo XXI. Agotadas las grandes materias primas de las que vivió el país en sus distintos ciclos y con la minería

378

deprimida, se abren dos campos promisorios para el país. El primero es el de su papel como eje de integración, ubicado a medio camino entre Brasil y Argentina en el Atlántico y entre Chile y Perú en el Pacífico, que tienen enfrente el fabuloso mercado de Japón, los seis *tigres* asiáticos (Hong Kong, Taiwán, Malasia, Singapur, Corea y Tailandia), China continental, Australia e incluso la India, esto es, 65% de la población mundial. Una vez que Bolivia, cuya particularidad única en la zona es pertenecer simultáneamente a los sistemas andino, amazónico y rioplatense, desarrolle sus corredores de exportación hacia el Pacífico, desde Cobija, Guayaramerín, San Matías, Hito Villazón y Yacuiba, se abrirá una nueva etapa mucho más fecunda y equitativa que las que conoció el país en sus mejores momentos, a los que se unirá la hidrovía Paraguay-Paraná, que comunica el estado de Matto Grosso de Brasil y el oriente de Bolivia con los puertos argentinos y uruguayos y con los mercados de Europa. Cálculos conservadores señalan que, anualmente, sólo para transportar soya a los ávidos mercados asiáticos, recorrerían territorio boliviano 220 000 camiones brasileños de 40 toneladas métricas.

Esta función de servicios, dictada por su excepcional ubicación en el continente, puede complementarse con el desarrollo del ecoturismo, cuyas inmensas posibilidades apenas se han tocado.

LA VIDA DE LA CULTURA

Bolivia es uno de los países más dotados de atractivos turísticos del continente. A principios del siglo XIX, el viajero francés Alcides D'Orbigny lo calificó como una suerte de síntesis del mundo, y en muchos lugares de su recorrido creyó hallarse en el paraíso terrenal. A sus paisajes de selvas, valles y cumbres nevadas se añaden las obras que el hombre ha forjado desde la más remota antigüedad. Con su característica arbitrariedad, Giovanni Papini atribuyó a un boliviano haber inventado la música del silencio, cuando una de las riquezas mayores del país es su inagotable manantial de canciones y de danzas folklóricas, imitadas y copiadas en países vecinos de menor tradición cultural. La plástica y la cinematografía bolivianas han ido conquistando lauros y reconocimientos en el mundo entero. Desde los tiempos heroicos de Jorge Ruiz y Óscar Soria, el cine boliviano ha tenido un avance espectacular. El nombre del director Jorge Sanginés es conocido entre los más importantes del mundo, pero también es justo mencionar a Antonio Eguino, Juan Carlos Valdivia, Marcos Loayza y Mela Márquez.

Cada día estoy comprendiendo más angustiosamente —escribió Carlos Medinaceli en los años treinta— que lo que más urge en nuestro pueblo es despertarlo a la vida de la cultura… a la creación de valores humanos: arte, ciencia, moralidad. Eso es, vivir con la impetuosa desesperación de vencer a la muerte, a la materia. Sólo así se vive con plena vida histórica. Así fueron los pueblos de valimento: la India, Grecia, el pueblo hebreo. Lo que vale, porque triunfa de la muerte, es el espíritu. Todo lo demás, riqueza material, poderío militar, opulencia suntuaria, lo carcome el tiempo. Fenicia y Cartago nada han dejado para bien de los hombres. Nada les debemos. Con su riqueza se perdieron. Con su opulencia las olvidamos.

La cultura boliviana de hoy, en sus mejores expresiones, no reniega de su paternidad europea ni de su maternidad indígena. Tres nombres fulguran con luz propia que irradia muy lejos en las primeras décadas del siglo XX: Franz Tamayo, poeta excelso *(La prometheida, Nuevos Rubayat, Scherzos);* Ricardo Jaimes Freyre, autor de *Castalia bárbara* y *Los sueños son vida,* entre otras obras, introductor, con Rubén Darío, del modernismo en América Latina; y Gregorio Reynolds *(El cofre de Psiquis, Prisma, Illimani),* quien cultivó todas las formas poéticas, destacándose en el soneto. Óscar Cerruto, Guillermo Vizcarra Fabre, Octavio Campero Echazú, Óscar Alfaro, Jaime Sáenz, Julio de la Vega, Eduardo Mitre, Gonzalo Vásquez, Pedro Shimose, Jesús Urzagasti, Alfonso Gumucio Dagrón, para nombrar a unos pocos, pertenecientes a sucesivas promociones poéticas, ocupan sitio de relieve en la lírica boliviana. Sobre la experiencia de mestización de cuatro siglos van forjándose un arte y una literatura que, aunque inacabados como todo lo que palpita de vida, son ya auténticos y ricos dentro de la originalidad y riqueza cultural americana.

Recibe este canto, Patria.
No sé si es mío, o ha nacido
del corazón de todos
los que conmigo te aman
más allá del dolor y de las lágrimas.
Recíbelo,
como un día habrás de recibirme,
maternal en tu regazo
para que sea definitivamente tuyo.

JULIO AMELLER RAMALLO

INDICADORES SOCIOECONÓMICOS

POBLACIÓN

Población 1992	6.4 millones
PNB per cápita 1991 (dólares)	650
Crecimiento población 1976-1992	4.16
Población de 10 a 24 años (1994)	2 500 000
	(32% del total)

SALUD
(1990)

Mortalidad infantil	92
Mortalidad menores de 5 años	160
Tasa de fecundidad	4.8
Expectativa de vida (años)	60
Población sin acceso a agua potable	47
Población sin acceso a saneamiento básico	35
Porcentaje de la población que muere antes de los 15 años	13%

EDUCACIÓN
(1990)

Tasa de analfabetismo en adultos	23
Tasa de matrícula en enseñanza primaria	81
Tasa acumulada de deserción	

escolar después de ocho años de
primaria:

	urbana		rural	
masculina	urbana	41	rural	90
femenina	urbana	54	rural	95

Sistema universitario estatal
y privado:

matriculados	114 252
egresados	4 744
titulados	2 796

Fuentes: pnud Informe sobre Desarrollo Humano 1994; World Bank, World Development Report; Censo Nacional 1992.

BIBLIOGRAFÍA BÁSICA

Albarracín Millán, Juan, *El poder minero,* La Paz, 1972.

————, *Orígenes del pensamiento social contemporáneo de Bolivia,* La Paz, 1976.

Alborta Velasco, Guillermo, *El flagelo de la inflación monetaria en Bolivia, país monoproductor,* Madrid, 1963.

Alcázar, José Luis, *Ñancahuasú. La guerrilla del* Che *en Bolivia,* México, 1969.

Alcázar, Moisés, *Drama y comedia en el Congreso,* La Paz, 1957.

Alexander, Robert, *La revolución nacional boliviana,* La Paz, 1958.

Almaraz, Sergio, *Petróleo en Bolivia,* La Paz, 1958.

————, *Réquiem para una República,* La Paz, 1969.

Álvarez Paz, Sergio, *Réquiem para una República,* La Paz.

Anaya, Ricardo, *Nacionalización de las minas de Bolivia,* Cochabamba, 1952.

Andrade U., Víctor, *La revolución boliviana y los Estados Unidos, 1944-1962,* La Paz, 1979.

Aramayo, Carlos Víctor, *Memorándum sobre los problemas de la industria minera de Bolivia,* La Paz, 1947.

Arze Aguirre, René, *Carlos Salinas Aramayo,* La Paz, 1995.

Arze Cuadros, Eduardo, *La economía de Bolivia,* La Paz, 1979.

Baptista Gumucio, Fernando, *Estrategia del estaño,* La Paz, 1966.

BID, *Bolivia, desarrollo diferente para un país de cambios,* 1995.

Céspedes, Augusto, *El dictador suicida,* Santiago de Chile, 1966.

————, *El presidente colgado,* Buenos Aires, 1966.

Crespo, Alfonso, *Los Aramayo de Chichas,* Barcelona, 1981.

Curt Lange, Francisco, *Impresiones andinas,* Buenos Aires, 1935.

De Rokha, Pablo, *Interpretación dialéctica de América,* Santiago, 1950.

Díaz Machicao, Porfirio, *Guzmán, Siles, Blanco Galindo,* La Paz, 1955.

————, *Toro, Busch, Quintanilla,* La Paz, 1957.

————, *Peñaranda,* La Paz, 1958.

Dunkerley, James, *Rebelión en las venas. La lucha política en Bolivia, 1952-1982,* La Paz, 1985.

Fellman Velarde, José, *Historia de Bolivia,* La Paz, 1970, tres tomos.

Finot, Enrique, *Historia de la literatura boliviana,* México, 1943.

————, *Nueva historia de Bolivia,* Buenos Aires, 1946.

Francovich, Guillermo, *El pensamiento boliviano en el siglo xx,* La Paz, 1985.

Guzmán, Augusto, *Historia de Bolivia,* La Paz, 1990.

Keenleyside, *Informe,* La Paz, 1952.

Klein S., Herbert, *Historia general de Bolivia,* La Paz, 1988.

Lazarte R., Jorge, *Bolivia. Certezas e incertidumbres de la democracia,* La Paz, 1993, tres tomos.

López, Pedro N., *Bolivia y el petróleo,* La Paz, 1922.

Lora, Guillermo, *Historia del movimiento obrero boliviano,* La Paz, 1967.

Marof, Tristán, *La tragedia del altiplano*, Buenos Aires, 1934.

Mesa Gisbert, Carlos, *Presidentes de Bolivia, entre urnas y fusiles*, La Paz, 1990.

Montenegro, Carlos, *Nacionalismo y coloniaje*, La Paz, 1953.

Naciones Unidas, CEPAL, *El desarrollo económico de Bolivia*, México, 1958.

Ostria Gutiérrez, Alberto, *Una obra y un destino*, Buenos Aires, 1946.

Pando Monje, Mario, *Los movimientistas en el poder*, La Paz, 1970.

Pierre Lenoir, Noel, *Revolución a 4 000 metros de altura*, Buenos Aires, 1955.

Querejazu Calvo, Roberto, *Masamaclay. Historia política, diplomática y militar de la guerra del Chaco*, La Paz, 1965.

Reyeros, Rafael, *Caquiaviri*, La Paz, 1946.

————, *El pongueaje*, La Paz, 1949.

————, *Historia de la educación en Bolivia*, La Paz, 1952.

Rolón Anaya, Mario, *Política y partidos en Bolivia*, La Paz, 1966.

Saavedra, Bautista, *El último jirón de la patria*, La Paz, 1938.

Sánchez de Lozada, Enrique, *Breve ensayo sobre la realidad política boliviana*, La Paz, 1940.

Solón, Pablo (CEDOIN), *La tierra prometida*, La Paz, 1995.

Tamayo, Franz, *Creación de la pedagogía nacional*, La Paz, 1944.

Toro R., David, *Mi actuación en la campaña del Chaco*, La Paz, 1941.

Zondag, Cornelius, *La economía boliviana, 1952-1964*, La Paz, 1967.

HEMEROGRAFÍA

La Gaceta de Bolivia (revista), *Última Hora, Hoy* y *Presencia* (diarios), de 1932 a 1995.

ÍNDICE

Introducción.. 7

   I. *De un siglo al otro*............................. 13
      Las primeras décadas del siglo xx 16
      Los liberales.................................. 18
      Simón I. Patiño, Rey del Estaño 23

  II. *Se avecina la tormenta*........................ 27
      Los republicanos.............................. 27
      Hernando Siles y los jóvenes "nacionalistas" . 31
      Una estatua para el tiranicida................. 40
      El austero Salamanca llega tarde 42

 III. *Sangre en los arenales*........................ 47
      Boquerón, "tigre hambriento y sediento" 53
      Nanawa 58
      Alihuatá y Campo Vía.......................... 60
      El "corralito" de Villa Montes y el fin de la
        guerra...................................... 65
      Villa Montes 68
      La ambigüedad de la Standard Oil 72
      Marof y el trotskismo 75
      La impaciencia de los socialistas............. 78

 IV. *Los albaceas de la tragedia* 82
      El general Toro se convierte al socialismo.... 85

Busch entre dos fuegos 93
Jaime Mendoza y el macizo boliviano 113

V. *Dies Irae*. 116
No había sitio para otro héroe 118
La escuela de Warizata y Elizardo Pérez 121
Peñaranda en la pendiente 122
Patiño, Céspedes y "el Metal del diablo". 124
Socavones en minas y pulmones 133
Villarroel al farol. 140
Juan Lechín y los hombres del subsuelo..... 150
"La nación del cansancio y la respiración ta-
    quicardíaca" 158

VI. *El sexenio*. 161
La Tesis de Pulacayo 162
El mamertazo 169
El Informe Keenleyside 178
La insurrección de abril de 1952 183

VII. *La revolución nacional*. 189
La Central Obrera Boliviana. 191
La nacionalización de las minas 195
La Reforma Agraria. 200
La ayuda estadunidense 214
Gumucio, la integración nacional y el desa-
    rrollo cruceño 223
Tamayo: "Mi silencio es más que el mar que
    canta" 230
Hernán Siles Zuazo 231
Óscar Unzaga de la Vega 240
Segundo gobierno de Paz Estenssoro y caída
    del MNR 244

VIII. *Restauración y populismo* 256
    El general Barrientos 256
    La guerrilla del *Ché* Guevara................. 264
    Sergio Almaraz................................ 274
    Ovando y la "apertura democrática"......... 280
    Nacionalización de la Gulf Oil............... 282
    Nuevo foco guerrillero 287
    La Asamblea del Pueblo 292

IX. *Bánzer: siete años en Palacio*..................... 305
    Marcelo Quiroga Santa Cruz 327
    Annus horribilis 329

X. *Estreno de la democracia*.......................... 336
    Cuarto gobierno de Paz Estenssoro 344
    La novela de un novelista.................... 352
    Desmoronamiento del marxismo y del mito
      de la revolución........................... 353
    Militares y obreros salen del escenario 356
    El Acuerdo Patriótico....................... 358
    Minibiografía de la coca y de la cocaína..... 366
    Cincuenta años de predominio del MNR..... 371
    De la sangrienta caterva 376
    Las regiones 377
    La vida de la cultura 379

Indicadores socioeconómicos 383
Bibliografía básica................................... 385

Este libro se terminó de imprimir en junio de
1996 en los talleres de Impresora y Encua-
dernadora Progreso, S. A. de C. V. (IEPSA), Calz.
de San Lorenzo, 244; 09830 México, D. F. En su
composición, parada en el Taller de Composición del FCE, se usaron tipos New Baskerville
de 10:12, 9:11 y 8:9 puntos. La edición consta de
2 000 ejemplares.